国家出版基金项目
NATIONAL PUBLICATION FOUNDATION

“十二五”国家重点出版物出版规划项目

人才强国研究出版工程·国外人才发展丛书

全球创新政策指数报告(2012)

QUANQIU CHUANGXIN ZHENGCE ZHISHU BAOGAO (2012)

中国人事科学研究院　编

〔美〕罗伯特·阿特金森　史蒂芬·埃泽尔　卢克·斯图尔特　著

杨耀武　郭　华　魏喜武　等编译

党建读物出版社

国外人才发展丛书编委会

前　言

进入新世纪，我国制定并全面实施了人才强国战略，提出到2020年，实现进入世界人才强国行列的宏伟目标。当前我国人才发展的总体水平同世界先进国家相比仍存在较大差距。为了使我国的人才工作具有国际竞争力，急需借鉴国外人才发展经验，以便为我国实施人才强国战略提供参考。为此，中国人事科学研究院和党建读物出版社合作，于2011年底开始启动国外人才发展丛书项目。

国外人才发展丛书项目坚持为我所用的原则，围绕我国实施《国家中长期人才发展规划纲要（2010—2020年）》（以下简称《规划纲要》）的实际需要，选择典型国家的人才发展政策法规和创新实践，在深入分析和研究的基础上，分为专题、国别和名著三个系列，进行原汁原味地编译、翻译。

专题系列以《规划纲要》提出的人才发展体制机制为核心内容，系统介绍各国人才发展相关政策法规、创新做法和实践经验，具体包括：国际人才竞争战略、国外人才评价发现、发达国家人才流动配置以及国外高技能人才开发战略等。

国别系列以典型国家的人才发展经验为主线，每本书介绍一个国家的人才发展战略、创新政策和典型实践，具体包括：美国、加拿大、英国、德国、日本和新加坡等。

名著系列聚焦世界各国人才理论与实践研究方面的经典著作，重点关注体现人才发展一般规律的重要思想、理念和方法的著作，具体包括：全球创新政策报告、欧洲主要国家人事管理制度等。

党的十八大提出，要形成具有国际竞争力的人才制度优势，推动我国由人才大国迈向人才强国。国外人才发展丛书项目的系列成果尝试为我国实施人才强国战略提供国外的经验借鉴，并为相关理论研究提供参考。为此，人才强国研究出版工程计划将丛书项目纳入其中，于近期陆续出版，以飨读者。

自　　序

最近10年，政策制定者和经济学家都愈加确信，创新已成为驱动发展的关键要素，成为提高和改善国民生活水平的重要动力。为此，重视发展创新型经济的理念崛起，并催生出一轮激烈的“全球创新优势竞争”国别赛。为在这轮国别赛中增强国家竞争力，许多国家都运筹帷幄并制定实施了一系列建设性创新政策，旨在加速信息和通信技术应用，助推企业生产力和创新力提升，创建高附加值产品和服务类新公司。

在这些国家中，中国尽管目前仍滞后于创新型经济长期发展的诸多领先国家，但无疑已取得了增强本国经济创新能力的重大进展，其创新政策也已发生了显著改善。例如，中国政府非国防研究经费投入占 GDP 的比重与美国旗鼓相当，中国在增加高校相关领域研究基金资助的同时也重视支持区域创新集群建设。而关于信息通信技术（ICT）创新及其应用，中国也做得很好，特别是与同等发展水平国家相比，诸如在学校使用 ICT、移动电话覆盖等方面，中国表现尤其突出。

创新从来都是动态阐释的，而不是弱者的游戏。创新成功既需要持续创新，也需要开放包容，不断接受新观念和新方法。这一点，对中国如此，对发达国家也一样。这就意味着，我们需要发展一个更广义的创新概念，创新不仅包括技术产品创新，而且包括商业模式创新、服务创新和流程创新。同时也意味着，国家创新政策要确保能够激励所有部门的创新和生产力，而不仅是技术生产单位。通常情况下，国家创新政策往往偏重支持后者（技术生产单位），实施诸如进口关税，差异化政策采购，以及其他类似政策支持。这样做的结果，可能会支持帮助到该技术行业发展，但同时会挫伤其他行业的技术应用和创新。最后，成功创新还意味着可能初始失败。换句话说，成功创新的一个关键要素，就是为了确保企业强劲市场竞争水平，必须持之以恒去创新。通过竞争，包括来自国外的竞争，一些企业也许不能成功，但那些佼佼者，则能在全球市场激烈竞争中，脱颖而出，兴旺发达。

为了解世界各国正在做些什么以及这些国家在哪些方面引领政策走向，我们需要一个评估框架，以识别和推进有效的创新政策部署。有效的创新政策既能驱动本国经济增长，同时也能确保世界各国都有一个有益的可持续的创新生态系统。有效的创新政策不能局限于科学政策以及高新技术产品开发领域，而应同时聚焦全面提高所有经济部门的生产率。世界上具有卓越创新战略及其配套政策的国家，能够统筹协调其劳动技能、科学研究、信息通信技术、税收、贸易、知识产权、政府采购、标准和规则等政策工具，并综合运用于创新驱动经济发展的总体路线设计部署中。政府应将促进创新的主要政策议题列入议事日程，营造一个能让所有机构或组织，无论是民营企业、政府机构，还是非营利组织，都能成功创新的政策环境。非此，可持续的、高收益的创新红利将可望而不可即。

为此，本项研究提出了一份基于国家创新能力的结构化的政策评价报告，并对包括中国在内的共计 55 个国家和地区进行了评价研究。报告重点研究了各国正在使用的用以增强其创新能力的最有效的政策，解析了各国在卓越政策部署实施方面的相互学习借鉴情况。目的只有一个，就是希望这样的研究工具，能够帮助政策制定者明白，哪些他们能做得更好？哪些他们还需要改进？如果所有国家都把这事放在心上，全球经济将会更具创新，更加繁荣。

美国信息技术与创新基金会主席
罗伯特·阿特金森博士
2013年12月

编译者序言

实施创新驱动发展战略，实现2020年创新型国家建设目标，科技是第一动力，人才是第一资源，政策是第一工具，创新是第一要务。如何加速中国创新政策科学化进程，怎样加快中国创新政策升级版步伐？我们认为：面对新形势、新目标、新要求，建构全球坐标系，释放市场导航器，落实改革路线图，至关重要。

全球创新生态需要全球创新政策。创新政策作为一门新兴学科，固有其科学属性和世界特征。创新政策作为一种发展工具，更有其国别特色和区域特点。以全球化推进区域化，以区域化走向全球化，应是中国积极参与全球创新生态建设的基本政策取向。立足中国国情，聚焦中国目标，提出中国主张，作出中国贡献，应是中国积极参与全球创新生态建设的主要政策要求。深化改革开放，加强交流合作，系统比较借鉴，积极取长补短，务实共建共享，应是中国积极参与全球创新生态建设的重要政策路径。

2006年以来，随着《国家中长期科学和技术发展规划纲要（2006—2020年）》正式实施，特别是《实施〈国家中长期科学和技术发展规划纲要（2006—2020年）〉的若干配套政策》的落实执行，中国创新政策体系建设无疑取得了重大进展，应该说，具有中国特色的科技创新政策体系框架目前已经初步形成。但同时，中国创新政策的系统性、协调性、操作性、科学性等仍有待加强，中国创新政策理念、政策架构、政策质量、政策绩效、政策运用等仍有待提高，中国创新政策设计、政策项目、智库建设、学科发展、国际合作等仍有待改进。

它山之石，可以攻玉。上海科学技术政策研究所秉承“开明睿智，大气谦和”的宗旨精神，践行“求真务实、至善达美”的政策理念，主要从事创新管理、科技人才、区域科技等重点领域发展政策研究，致力于建成上海乃至全国科技政策智库。跟踪研究国外科技创新政策前沿动态，特别是国外科技政策智库最新研究报告，是我们的研究重点之一。

2012 年 4 月，在对国外科技创新政策的跟踪调研中，我们关注到由美国信息技术和创新基金会（该基金会在美国宾夕法尼亚大学公布的 2011 年全球科技智库中排名第 7 位，为华盛顿特区的政策智囊团）和美国考夫曼基金会于同年 3 月联合发布的《全球创新政策指数报告》（英文版）。该报告基于全球创新生态系统，首次提出了 7 大核心政策领域 22 个细分领域共计 84 个指标的创新政策评价体系，并对全球 55 个国家和地区创新政策情况进行了分类评价。我们认为，科教兴国、人才强国战略实施已到了需要更加充分利用全球创新资源、尽快融入全球创新生态系统并力争在全球价值链中发挥重要作用的关键阶段，需要以更广阔的国际视野、国际标准、国际规则等来思考和推进我们的创新政策体系建设。该报告的研究方法、评价结论及政策建议，对于促进中国创新政策模式转变，建构全球化时代的国家科技创新政策体系，具有积极的参考和借鉴价值。

为此，2012 年 6 月，在上海市科委软科学研究计划项目支持下，我们着手组织力量，翻译印制《全球创新政策指数报告（2012）》（内部版），作为研究资料，提供决策咨询。2013 年 2 月，在得到有关领导专家肯定后，决定启动《全球创新政策指数报告（2012）》（中文版）公开出版工作。经过多次与美国信息技术和创新基金会的联系沟通，得到作者罗伯特·阿特金森博士（美国信息技术和创新基金会主席、创新经济学研究创始人、国家及区域政策重要顾问、中美创新对话美方专家组领衔专家等）的热情支持并达成翻译出版意向。2013 年 9 月 16 日，罗伯特·阿特金森博士同我们成功召开视频会议，2013 年 12 月 13 日，罗伯特·阿特金森博士专门为中文版写了序言。特别是 2013 年 9 月 30 日后，在中国人事科学研究院、党建读物出版社支持下，根据“国外人才发展丛书”规范要求，我们重新组织力量，在前期翻译工作基础上，又进行了更高标准的修改完善审校工作，最终完成本报告中文版的各项编译事项。

需要说明的是，本次编译工作力求忠实原文，文中内容仅代表作者观点，不代表译者看法，请读者理性分析，科学参考。另外，基于中国读者阅读习惯和知识基础，本次翻译我们补充增加了章节序号，保留了一些常用英文专有名词如 WTO（世界贸易组织）等，同时把文后的注释调整为脚注。需要特别说明的是，文中关于中国的数据、排名等，均不含港澳台。由于时间仓促和能力所限，错漏在所难免，恳请读者和专家批评指正。

上海科学技术政策研究所所长　杨耀武

2013 年 12 月

目　录

翻译篇　2012年全球创新政策指数报告

翻译篇　2012 年全球创新政策指数报告

摘　要

最近 10 年，政策制定者和经济学家都愈加确信，创新已成为驱动发展的关键要素，成为提高和改善国民生活水平的重要动力。为此，重视发展创新型经济的理念正在崛起，并催生出一轮激烈的“全球创新优势竞争”国别赛。为在这轮国别赛中增强国家竞争力，许多国家都运筹帷幄并制定实施了一系列建设性创新政策，旨在加速信息和通信技术应用，助推企业生产力和创新力提升，创建高附加值产品和服务类新型公司。然而，有些国家实施了一些损坏全球创新系统的政策，并且试图以牺牲其他国家和地区的利益来赢得竞争。因此，需要确定一个框架来识别和促进创新政策的部署实施。有效的创新政策要在拉动本国经济增长的同时，确保现有全球创新生态系统能让所有国家和地区都持续受益。

有效的创新政策不能局限于科学政策以及高新技术产品开发领域，而应同时聚焦全面提高所有经济部门的生产率。世界上具有卓越创新战略及其配套政策的国家，能够统筹协调其劳动技能、科学研究、信息通信技术（ICT）、税收、贸易、知识产权、政府采购、标准和规则等政策工具，并综合运用于创新驱动经济发展的总体路线设计部署中。如果各国和各地区政府不实施广泛的创新支持政策，就不可能实现持续的高水平创新。这些支持政策还要营造一个能让各机构或组织（无论是民营企业、政府机构还是非营利实体）都能成功创新的环境。

为了最大程度地推动创新，各国和各地区需要重点实施其贸易、科技研发、信息通信技术、知识产权、国内市场竞争、政府采购和高技术移民等领域的创新政策，但同时又不破坏全球贸易。要做到这些，各国和各地区的政策除必须透明、非歧视、尊重市场规律之外，还要以国际标准和人才、资本、信息、产品、服务和技术的自由流动为原则。以下简要地概括了7个核心创新政策领域的要素。

贸易：随着创新政策和贸易政策相互越来越交织，以开放市场准入和接受外国直接投资为特征的贸易开放已经成为一个国家和地区创新能力的基础支柱：

◆自由贸易惠及各国和各地区，可使其专注于发展本国和本地区具有比较和竞争优势的产品或服务。

◆各国和各地区不应涉及所有技术和产业；相反，贸易会使各国和各地区专注于其所擅长的行业，而不擅长的就用贸易去解决。

◆自由贸易的一个重要组成部分是对外国直接投资的双向开放。

◆另一个关键的部分是自愿的、市场导向的、全球标准的使用。

科学和研发：科学和研发政策促进国家和地区的创新潜力，同时又促进各国和各地区从技术创新中获利。

◆发达国家应该专注于能够给其经济带来更多理念、知识和技术，并且激励其商业化的科学和研发政策。

◆发展中国家应该更加关注实施一些能使其各机构采用更新、更好技术的科学和研发策略。

◆各国和各地区应该针对其技术和产业的不同发展阶段，充分利用科学研发多样化投资组合。

◆技术和研发政策应该由一个国家创新基金机构来协调，以便充分利用固有政策之间的协同效应。

◆科学和研发政策不应该歧视在本国和本地区运营的外国企业。

国内竞争：一个充满活力的国内市场仍然是繁荣的关键，这样的市场应以健康和规范的监管环境为基础，确保已有的和新创企业（无论国内或外资）在一个公平的环境中竞争。

◆市场竞争是创新和生产率增长的最强推动力之一。

◆各国和各地区应该解除那些不利于竞争的各种限制，包括众多的监管限制、现行保护政策、跨境贸易限制和劳动力市场限制等。

◆那些拥有透明和非歧视监管系统的国家和地区为所有利益相关者提供了正当程序和参与的机会。

◆各国和各地区应该在所有经济领域创造一个适合创业的环境。

知识产权：接受并认可知识产权（IPR）是全球贸易和外国直接投资能否蓬勃发展的一个至关重要的元素。

◆有效的知识产权保护和执法能够鼓励创新者投资研究、开发和技术的商业化，并推广技术。

◆薄弱的知识产权保护会减少外国直接投资和技术转让的互动。

◆知识产权保护不力，会导致创新总体水平的降低，不利于国家和地区的发展。

◆无论各国和各地区的发展水平如何，知识产权变革都会带来积极的经济结果。

数字政策：信息与通信技术是全球经济中最强的生产力和创新推动者。

◆有效的数字化政策首先要激励信息通信技术在整个经济中的应用。

◆信息与通信技术的最大好处在于它的广泛应用，而不是它的生产。

◆一些主要国家认识到，促进其经济增长的最大机会在于提升本国的生产力，尤其在通过信息技术的应用方面。

政府采购：政府采购在大多数国家的经济活动中占了很大比例，所以政府采购政策是各国创新策略的一个合法且重要的组成部分。

◆政府应该合理定位其采购政策，使之成为创新的强大动力。

◆政府采购应该基于供应商为政府提供的最佳价值，而不是按供应商的国别来区别对待。

◆政府采购政策应该是透明的、非歧视性的、公开竞争的，并以绩效为基础。

◆各国和各地区应避免采取或继续推行某些不恰当的措施，如以发展地点、或拥有知识产权、或国内企业需有知识产权执照等，作为申请政府采购资格的基本条件。

高技术移民：人才已经成为世界上最受欢迎的“商品”，因此，拥有一个高技术人才库对于国家和地区的经济发展至关重要。

◆高技术移民为社会引进新的技能、人才和知识，在促进新企业发展、满足企业用人要求、促进经济增长方面发挥着重要的作用。

◆移民政策在促进国家和地区知识库的建设和提升创新能力方面发挥着重要作用。

第一章
引　言

创新是对已有东西进行改进，或是创造新的产品、工艺、服务、商业模式、组织结构等，它是推动经济增长的核心驱动力。创新观点的萌发并非“天赐之物”，它是受政策制定影响的，而且政府需要推出适时、有效的创新政策来激励创新活动，进而促进经济的繁荣发展。鉴于此，本报告从以下7个核心创新政策领域，对55个国家和地区的综合实力进行了排名：（1）开放、非歧视性的市场准入和外国直接投资（FDI）政策；（2）刺激创新的科学和研发政策；（3）国内市场竞争和创业的开放度；（4）有效的知识产权保护政策；（5）确保信息通信技术（ICT）平台健康发展的数字化政策；（6）公开透明的政府采购政策；（7）对高技术移民的开放度。

根据各国和各地区在与这7个创新政策领域相关的一系列重要子指标中的表现，将它们在每一领域中的排名分为高级、中高级、中低级和低级四个级别。本报告对7个核心创新政策领域内的84个子指标进行了评估。正如表1—1所示，这7个领域的权重如下：贸易、科学与研发（R&D）、数字化与信息通信技术各占总量的17.5%，知识产权保护和国内市场竞争各占15%，政府采购为10%，高技术移民为7.5%。

表1—1　各核心政策领域的权重

核心政策领域	权重（%）
贸易与外国直接投资	17.5
科学与研发	17.5

续表

核心政策领域	权重（%）
国内市场竞争	15
知识产权	15
数字化与信息通信技术	17.5
政府采购	10
高技术移民	7.5

表1—2显示了综合考量各国和各地区7个加权核心创新政策领域排名后，得出的反映各国和各地区创新政策能力的综合排名。①

表1—2 各国和各地区创新政策能力综合排名

高级	中高级	中低级	低级
澳大利亚	比利时	巴西	阿根廷
奥地利	塞浦路斯	保加利亚	印度
加拿大	捷克	智利	印度尼西亚
中国台湾地区	爱沙尼亚	中国	墨西哥
丹麦	匈牙利	希腊	秘鲁
芬兰	冰岛	意大利	菲律宾
法国	爱尔兰	拉脱维亚	俄罗斯
德国	以色列	马来西亚	泰国

① Methodology: Raw scores for each sub-indicator were standardized. Using these standardized sub-indicator scores, a weighted average score was calculated for each country in each section and overall. The tiers then are calculated as four equidistant partitions between the resulting maximum and minimum scores in each section and overall. The number of countries in each tier can vary widely within section rankings, for example, a country whose average-score is a relative outlier may be the sole member of a tier. Country scores are calculated with available data only; missing values are ignored and do not affect a country's position in the tiered rankings.

续表

高级	中高级	中低级	低级
中国香港特别行政区 日本 荷兰 新西兰 挪威 新加坡 瑞典 瑞士 英国 美国	立陶宛 卢森堡 马耳他 葡萄牙 斯洛文尼亚 韩国 西班牙	波兰 罗马尼亚 斯洛伐克 南非 土耳其	越南

表 1—3 则反映出各国和各地区在 7 个核心创新政策领域每个子指标中的排名及其综合排名。这 55 个国家和地区包括经济合作与发展组织（OECD）所有成员国、欧盟所有成员国、亚太经合组织（APEC）21 个国家和地区中的 19 个，以及阿根廷、巴西、印度、南非等大型的发展中国家。根据世界银行对收入的分类，这 55 个国家和地区中有 36 个为高收入国家和地区或发达国家。发展中国家中有 15 个是中高收入国家，其中印度、印度尼西亚、菲律宾、越南四国是中低收入国家。由于缺乏相关的数据，低收入国家不在分析之列①。

① The effective policies discussed in the report remain broadly applicable to both developed and developing countries alike. However, low-income countries may emphasize the adoption of existing technologies as opposed to internal innovation. Furthermore, due to limited resources, developing countries may need to be more specific in their innovation strategies by allocating resources to a more limited set of competitive sectors.

表 1—3　核心创新政策领域的国家和地区排名

国家和地区	综合	贸易	科学与研发	国内市场竞争	知识产权	信息通信技术	政府采购	高技术移民
阿根廷	低级	低级	中低	低级	低级	低级	低级	中低
澳大利亚	高级	高级	高级	高级	高级	中高	中高	中高
奥地利	高级	高级	高级	中高	高级	中高	高级	中低
比利时	中高	高级	中低	中高	高级	中高	高级	中低
巴西	中低	低级	中高	低级	低级	中低	低级	中低
保加利亚	中低	中高	低级	中低	中低	中低	中高	低级
加拿大	高级	高级	高级	高级	高级	高级	高级	高级
智利	中低	高级	中低	中低	中高	中低	中高	中低
中国	中低	低级	中高	中低	中低	中低	低级	中低
中国台湾地区	高级	中低	高级	中高	中高	高级	高级	高级
塞浦路斯	中高	中高	中低	中高	中高	中高	高级	中低
捷克	中高	高级	中高	中高	中高	中高	中高	低级
丹麦	高级	高级	高级	高级	高级	高级	高级	中低
爱沙尼亚	中高	高级	中高	中高	中高	中高	高级	中低
芬兰	高级	高级	高级	中高	高级	高级	高级	低级
法国	高级	高级	高级	中低	高级	中高	高级	中低
德国	高级	高级	中高	中高	高级	高级	高级	中低
希腊	中低	高级	中低	低级	中低	中低	中高	低级
中国香港特别行政区	高级	中高	中高	高级	中高	高级	高级	高级
匈牙利	中高	高级	中低	中低	中高	中高	中高	中低
冰岛	中高	中高	中高	中高	中高	高级	高级	中低

续表

国家和地区	综合	贸易	科学与研发	国内市场竞争	知识产权	信息通信技术	政府采购	高技术移民
印度	中低	低级	中高	低级	中低	中低	低级	中低
印度尼西亚	低级	低级	低级	低级	低级	低级	低级	中低
爱尔兰	中高	高级	中低	中高	高级	中高	中高	中低
以色列	中高	中低	中高	中低	中高	中高	中高	高级
意大利	中低	高级	中高	低级	中高	中低	中高	低级
日本	高级	中低	中高	中高	高级	中高	高级	中高
拉脱维亚	中低	高级	中低	中低	中高	中低	中低	中高
立陶宛	中低	高级	中高	中低	中低	中高	中高	低级
卢森堡	中高	高级	低级	中低	高级	高级	高级	中低
马来西亚	中低	中低	低级	中高	中低	中高	低级	中高
马耳他	中高	中高	低级	中高	中高	中高	中高	低级
墨西哥	低级	中高	低级	低级	中低	低级	低级	低级
荷兰	高级	高级	高级	中高	高级	高级	高级	中低
新西兰	高级	高级	中低	高级	高级	高级	中高	中高
挪威	高级	高级	高级	中高	高级	高级	高级	中低
秘鲁	低级	中高	低级	低级	低级	低级	低级	中低
菲律宾	低级	低级	低级	低级	低级	低级	低级	中高
波兰	中低	中高	中低	中低	中高	中低	中高	中低
葡萄牙	中高	高级	中高	中低	中高	中高	高级	低级
罗马尼亚	中低	高级	中低	低级	中低	中低	中低	低级
俄罗斯	低级	低级	中高	低级	低级	低级	低级	中低

续表

国家和地区	综合	贸易	科学与研发	国内市场竞争	知识产权	信息通信技术	政府采购	高技术移民
新加坡	高级	高级	高级	高级	高级	高级	高级	高级
斯洛伐克	中低	高级	低级	中高	中高	中低	中高	低级
斯洛文尼亚	中高	高级	中高	中低	中高	中低	高级	低级
南非	中低	中低	中低	中低	中高	低级	低级	中高
韩国	中高	中低	高级	中低	中高	高级	中高	中低
西班牙	中高	高级	高级	中低	中高	中高	中高	低级
瑞典	高级	高级	高级	中高	高级	高级	高级	中低
瑞士	高级	中高	中高	高级	高级	高级	高级	中低
泰国	低级	低级	低级	中低	低级	中低	低级	中低
土耳其	中低	中低	中低	中低	中低	中低	中低	低级
英国	高级	高级	中高	高级	高级	高级	高级	中低
美国	高级	高级	中高	高级	高级	高级	高级	中高
越南	低级	中低	低级	中低	低级	低级	低级	中低

在创新政策能力排名的高级别国家中，发达国家占绝大多数。然而在欧洲，高级别的仅限于北欧和西欧一些国家。这些国家包括奥地利、丹麦、芬兰、法国、德国、荷兰、挪威、瑞典、瑞士和英国。亚洲国家和地区中排名在高级的有中国台湾地区、中国香港特别行政区、日本和新加坡。加拿大和美国都在高级之列，澳大利亚和新西兰也是。几乎所有这些国家和地区在报告的前六项中都排在高级或中高级，除了中国台湾地区和日本，其在贸易政策方面排在中低级；新西兰在科学与研发政策方面排在中低级；法国在国内竞争方面排在中低级。许多综合排名较高的国家在第七项高技术移民中的排名偏低。其中奥地利、法国、德国、瑞士和英国排在中低级，芬兰排在低级。值得注意的是，加拿大和新加坡在所有各项中

的排名均为高级。

剩下的欧洲国家中几乎所有国家（包括所有南欧国家和除一国之外的所有东欧国家都在分析之列）以及亚洲国家中的中国、印度、马来西亚和韩国，都排在中级的两个档次中。中东有两个国家也位于中级的行列之内，分别是排名中高级的以色列和排名中低级的土耳其。在南美国家中排名最高的是巴西和智利。南非也排在中低级。

欧洲国家中唯一排在低级的是俄罗斯。除了科学与研发之外，俄罗斯几乎所有项目的排名都低于平均水平。许多亚洲发展中国家也位于低级之列，其中包括印度尼西亚、菲律宾、泰国和越南。与其北面邻国（美国）相比，墨西哥也排在低级别的国家。在南美洲，阿根廷和秘鲁排在低级。在这份报告中，几乎所有上述国家基本上每项指标都处于低级。除了墨西哥和秘鲁在贸易政策方面排名中高级；俄罗斯和菲律宾分别在科学与研发政策和高技术移民政策中排名中高级。然而，没有任何一个国家在所有指标中都排在最低级别，尽管印度尼西亚非常接近于此，但其高技术移民指标仍排在中低级别。

这些排名相当重要，因为在经济全球化时代，创新是经济增长的根本驱动力。如果政府不能够实施全面的创新激励政策，为私营企业、政府机构和非营利组织实现成功创新制造条件，那么该国就不可能实现创新的持续高速发展。后续章节讨论了什么是创新、为何要创新、创新的重要性以及运用创新推动经济增长的最佳方法。接下来的各章节会就各国和各地区在 7 个核心创新政策领域的表现进行探讨。

第一节 什么是创新

创新已经成为促进国民经济繁荣发展和提升国家竞争力的核心驱动力，这就是为什么如此多的国家致力于争夺全球创新高地的原因。但什么是创新呢？大多数人认为创新的本质是科技进步，它为我们带来了诸如苹果的 iPad、索尼的 Play Station 和三星 3D 高清电视以及高技术的激光器或计算机控制机床等夺人眼球的产品。另一些人则认为创新仅仅是大学、国家实验室或企业的研发行为。然而这只是答案的一部分，而且这个回答也很有局限性。经合组织将广义的创新定义为：商务活动、组织管理或对外关系中的产品创新（实体商品或服务）、工艺创新、营销创新和组织创新。① 重点在于，从本质上来说，创新既可以是技术性的，也可以是非技术性的。尽管只有将技术创新和非技术创新相结合才最完美，但事实上，非技术创新和技术创新有着同等的重要性。此外，创新在贸易和非贸易领域也同等重要。

为了进行细致说明，Larry Keeley 与他在 Monitor 咨询公司的同事们详细研究了 1989—1999 年间美国财富 500 强公司的创新活动性质，并将创新活动划分为四个种类：一是产品本身的创新（即所提供的产品或服务的核心技术特点和属性）；二是“交付”产品或服务方面的创新（主要是品牌和分销渠道）；三是公司内部流程的创新（例如客户关系管理系统的应用）；四是企业商业模式与价值链的创新。② 克伊雷（Keeley）和他的同事发现，虽然企业的大多数创新活动是服务产品的创新，但创新的价值主要体现在企业的商业模式及价值链中。他们还发现，产品或服务的创新如果仅仅集中在技术层面上会轻易被人抄袭或模仿，进而带来商业竞争的压力。而商业模式及产业链领域的创新则更稳定，也不那么容易被人所模仿。③ 事实上克伊雷和他的同事发现，在 1989—1999 年，仅 2%的创新项目就为美国财富 500 强企业带来了大约 90%的创新成果。

正如后续章节对信息通信技术政策所描述的那样，许多创新成果带动信息通信技术产生新型商业模式。这些商业模式中，有一些在以前缺乏诸

---

① OECD. *The OECD Innovation Strategy: Getting a Head Start on Tomorrow* (Paris: OECD, 2010), 20. http://www. oecd. org/document/15/0, 3343, en _ 2649 _ 34273 _ 45154895_ 1_ 1_ 1_ 1, 00. html.

② Larry Keeley. *Taming of the New Workshop* (presentation, Puget Sound SIGCHI, Seattle, September 18, 2007). A slide deck containing similar slides is available at http:// www. slide share. net/whatidiscover/invention-vs-innovation.

③ Tekes. Seizing the White Space: Innovative Service Concepts in the United States. *Technology Review 205* (2007): 72-74. http://www. tekes. fi/en/document/43000/innovative _ service_ pdf.

如网络等技术的时代（这些技术能够发掘出巨大商业、顾客及社会价值）是无法实行的。事实上，信息技术和创新基金会（ITIF）估计，商业网络每年为全球带来大约2万亿美元的经济效益，这一数字比全球医药销售额、对再生能源领域的投资及政府在研发方面投入的总和还要多。① 的确，技术创新和商业模式创新之间的关系正变得越来越紧密，新技术催生出新的商业模式（例如廉价的数字化存储技术与高速网络相结合，在线音乐商店——iTunes 就应运而生了），而新的商业模式也是推动技术创新成果进入商业领域所必需的条件。同时，这一趋势也表明服务在创新领域的重要性越来越突出。在经合组织成员国内，服务业的产值占其国内生产总值的3/4（服务业创造的就业岗位比例更高），因而，无论是国家还是企业，都至少应该在服务创新领域投入与产品创新领域相当的关注度。除此之外，由于许多服务是非商业化的，因此政府只有在非商业部门投入与商业部门相等的关注，才能获得最大的价值。

总而言之，创新的形式多种多样，包括产品创新、服务创新、生产流程或商业流程的创新（产品方面或是服务方面）、组织模式的创新以及社会创新（针对特定社会收益的创新）。② 在上述领域中，创新会出现在整个过程的不同阶段，这包括概念形成、技术研发、技术转让（技术向生产部门转让）、生产及调度、应用（产学研相结合）。表1—1描述了创新价值链中潜在创新机会的范围。

为了使效果最大化，国家和地区的创新活动应该存在于创新价值链的每个阶段，即创新活动以不同形式贯穿于整个发展过程的始终。但是，各国和各地区政府所制定的创新战略存在一个最大的错误，那就是他们对创新的定义过于狭隘。事实上，很多国家（及公司）只关注产品的创新，

① Robert D. Atkinson et al.. *The Internet Economy 25 Years After. com: Transforming Life and Commerce*, (Washington, D. C.: ITIF, 2010). http://www. itif. org/files/2010-25-years. pdf.

② Luke A. Stewart. *The Impact of Regulation on Innovation in the United States: A Cross-Industry Literature Review*, technical report. Institute of Medicine Committee on Patient Safety and Health IT, June 2010. http://www. iom. edu/~/media/Files/Report% 20Files/2011/Health-IT/Commissioned-paper-Impact-of-Regulation-on-Innovation. pdf.

甚至只关注在国际市场上交易的子产品的创新。如表1—2所示，许多国家仅仅想要得到某种创新产品的知识产权，随后便开发，制造并出口该产品。

中国、印度尼西亚、马来西亚、俄罗斯等一些国家似乎选择了追随日本及亚洲四小龙（中国台湾地区、中国香港特别行政区、韩国、新加坡）的足迹，发展高生产率、高附加值、出口导向型产品，如技术密集型、资本密集型的制造业。这些国家大部分的创新集中在面向国际市场的产品的生产及出口上，而对国内服务业的发展却很少关注。这种做法对国家来说并非好事，尽管在大多数国家，尤其是大中型国家，非商业部门比商业部门的比重大得多，出口导向型增长策略仅会为尚未开发的服务、商业模式、组织结构的创新带来广泛的发展机会。①

第二节 创新为何如此重要

近年来，越来越多的经济学家发现是创新，而并非资本的积累，才是国家经济长期发展的推动力。② 正如经合组织所指出的："第二次世界大战后推动经济增长和生活水平提高的主要驱动力是技术的革新和创新的发展。"③ 美国商务部估计，自第二次世界大战以后，美国经济增长的75%来

① To be sure, the innovation strategies for truly lagging developing countries, notably in Africa, should be distinct from those for more developed nations. And exports are certainly part of any nations' economic growth strategy. But an exports-only strategy must be revised to reflect today's world. Innovation-based growth in severely lagging nations will be much more about adopting and leveraging information technologies, such as by improving access to broadband Internet and improving education, health care, and public infrastructure.

② Elhanan Helpman. *The Mystery of Economic Growth* (Cambridge, MA: Belknap Press, 2004).

③ Osamu Onodera. *Trade and Innovation Project: A Synthesis Paper* (working paper, OECD, Paris, August 7, 2008). http://www.oecd.org/dataoecd/60/22/41105505.pdf.

源于技术的创新。[①] 在一份对 98 个发展中及发达国家具有开创性的研究中，克莱罗（Klenow）和克莱尔（Clare）发现人均收入增长的90%来源于创新。[②]

的确，创新通过推动其核心——生产率的增长，进而促进经济增长，带动就业增加及工资增长。正如经合组织在一份对生产率及就业的研究中发现的那样：通常技术在消除就业岗位的同时，也在创造新的就业岗位。它淘汰了低收入、低产出的岗位，创造了高产出、高技术及高收入的工作。从历史上来看，新技术促进收入增长的功能比起替代劳动的功能更有效：技术进步不仅仅带来高产出率，也带来就业率的增长。[③]

此外，经合组织的研究还反映出，技术行业无论是生产率还是就业增长率都高于普通行业。[④]

与此同时，除了创新者本身获得的收益，创新活动还会带来巨大的社会效益。诺德豪斯（Nordhaus）估计，创新者只得到了创新总效益的 4%，其余的效益使其他公司及社会受益。[⑤] 迈斯菲尔德（Mansfield）则指出，学术研究领域投资的社会回报率（考虑到其对美国公司产品和技术进步的影响）至少可以达到 40%。[⑥]

---

① Arti Rai, Stuart Graham, and Mark Doms. *Patent Reform: Unleashing Innovation, Promoting Economic Growth, and Producing High-Paying Jobs* (white paper, U. S. Department of Commerce, April 13, 2010), 1. http://2001-2009. commerce. gov/s/groups/public/@doc/@ os/@ opa/documents/content/prod01_ 009147. pdf.

② Peter J. Klenow and Andrés Rodríguez-Clare. The Neoclassical Revival in Growth Economics: Has It Gone Too Far? *NBER Macroeconomics Annual 1997* (*12*): 73-103.

③ OECD. *The OECD Jobs Study: Fact, Analysis, Strategies* (Paris: OECD, 1994). http://www. oecd. org/dataoecd/42/51/1941679. pdf.

④ OECD. *The OECD Jobs Strategy: Technology, Production and Job Creation: Best Policy Practices: Highlights* (Paris: OECD, 1996). http://www. oecd. org/dataoecd/39/28/2759012. pdf.

⑤ William Nordhaus. *Schumpetarian Profits and the Alchemist Fallacy* (working paper, Department of Economics, Yale University, 2005). http://www. econ. yale. edu/ddp/ddp00/ddp0006. pdf.

⑥ Edwin Mansfield. Academic Research and Industrial Innovation: An Update of Empirical Findings. *Research Policy* 26, no. 7-8 (1998): 773-776.

表 1—4　创新价值链

		创新的阶段				
		创意	研发	转化	生产	应用
创新的种类	产品					
	服务					
	生产流程					
	组织模式					
	商业模式					

表 1—5　出口导向型经济增长国家的创新焦点

		创新的阶段				
		创意	研发	转化	生产	应用
创新的种类	产品			*	*	
	服务					
	生产流程					
	组织模式					
	商业模式					

注：* 表示创新焦点的种类和阶段。

最后，创新在改善人民生活方面也起着极其重要的作用。创新，已经成为并将继续成为社会应对诸如食物及能源来源的可持续发展、教育改善、气候变化、人口增长及老龄化问题、使人民摆脱贫困及实现全球持久的共同繁荣等困难和挑战不可或缺的重要力量。

创新能够起到如此重要的作用，主要是因为其促进了生产效率的提高，而生产效率的提高正是经济增长的核心所在。遍布全球的经济增长浪潮，主要是由信息通信技术的革新带来的。事实上，很多经济学家将信息通信技术定义为一种通用技术，这一技术在创新和提高生产率方面起着极其重要的作用。① 例如，在 1995—2002 年间，作为生产率的组成部分之一，美国全要素生产率的 2/3 的增长以及几乎所有劳动生产率的增长都是由信息通信技术的应用带来的。② 经合组织研究发现有这样一种可能性，那就是信息通信技术应用越广泛，产生的创新成果就越多。这一情况对于制造型、服务型企业和不同种类的创新都适用。③ 实际上，信息通信技术是"超级资本"，它对于工人劳动生产率的影响是非信息通信技术资本的 3—5 倍。④

无论在发达国家还是发展中国家，信息通信技术都是经济增长的主要驱动力。信息通信技术在加拿大的运用使各行业获得更高的生产率。⑤ 康诺利（Connolly）和福克斯（Fox）在研究了 1966—2002 年间信息通信技术资本对澳大利亚 10 个产业全要素生产率的影响后发现，从该国所有行业的总体水平上来说，信息通信技术资本的生产率比其他资本更高。⑥ 同样，在中国，信息通信技术的应用对经济增长也起着至关重要的作用，它占到了全要素生产率（TFP）增长的 38%，以及国内生产总值（GDP）增长的

---

① Elhanan Helpman. *General Purpose Technologies and Economic Growth* (Cambridge, MA: MIT Press, 1998).

② Dale W. Jorgenson, Mun S. Ho, and Kevin J. Stiroh. *Productivity* Volume 3: Information Technology and the American Growth Resurgence (Cambridge, MA: MIT Press, 2005); Robert D. Atkinson and Andrew S. McKay. *Digital Prosperity: Understanding the Economic Benefits of the Information Technology Revolution* (Washington, D. C.: ITIF, 2007). http://www.itif.org/files/digital_ prosperity.pdf.

③ OECD. *Measuring Innovation: A New Perspective* (Paris: OECD, 2010), 84-85, http://www.oecd.org/dataoecd/29/29/45188243.pdf.

④ Atkinson and McKay. *Digital Prosperity*.

⑤ John R. Baldwin, David Sabourin, and David Smith. *Firm Performance in the Canadian Food Processing Sector: The Interaction between ICT, Advanced Technology Use and Human Resource Competencies in The Economic Impact of ICT: Measurement, Evidence and Implications* (Paris: OECD, 2004): 153-181.

⑥ Ellis Connolly and Kevin Fox. The Impact of High-Tech Capital on Productivity: Evidence From Australia. *Economic Inquiry* 44, no. 1 (2006): 50-68.

21%。① 在诸如智利、马来西亚和泰国这些发展中国家，信息通信技术的应用对生产率增长的作用同样非常显著。② 德菲丽丝（De Vries）在对2008年智利约900家零售商的研究中发现，运用信息通信技术较多的公司对比其余三组运用较少的公司，其全要素生产率高40%以上。③

第三节　创新与生产力全面增长

无论是国家、各州还是各地区的经济，在中期或长期都有三种增长方式：一是人口增长带动经济增长；二是向高生产率行业转变；三是全面提高生产率。第一种方式是通过增加人口数及就业人数来带动经济的增长。但对许多国家来说，这并非是可持续发展战略，特别是考虑到其对全球生态系统带来的威胁。但通过增加人口带来的经济增长，仅仅使得GDP总量有所增加，对个人收入的提高及生活质量的改善没有任何帮助。

后两种方式是通过提高生产率来带动经济发展。生产率的提高，即员工单位劳动产出的提高，是一国经济表现最重要的度量指标。④ 假如在今后的40年中，美国的生产率增长速度比20世纪80年代仅仅快1%，那么按照2006年美元的实际价值计算，每个美国人每年将多赚4.1万美元。⑤

国家可以通过两种方式来提高其生产率：经济总量的增长（增长效

---

① Atkinson and McKay. Digital Prosperity; Almas Heshmati and Wanshan Yang. *Contribution of ICT to the Chinese Economic Growth* (working paper, RATIO Institute and Techno-Economics and Policy Program, College of Engineering, Seoul National University, February 2006).

② Atkinson and McKay. *Digital Prosperity*, 17.

③ Gaaitzen J. de Vries and Michael Koetter. *How Does ICT Enhance Productivity? Evidence from Latent Retail Technologies in Chile* (working paper, University of Groningen, Netherlands, March 2008). ftp://ftp.zew.de/pub/zew-docs/veranstaltungen/ICT2008/papers/Vries.pdf.

④ Robert D. Atkinson and Daniel K. Correa. *The 2007 State New Economy Index: Benchmarking Economic Transformation in the States* (Washington, D.C.: ITIF, 2007), 6. http://www.itif.org/files/2007_State_New_Economy_Index.pdf.

⑤ Ibid.

应）或经济结构的调整（调整效应）。在总量增长的方法中，一个经济体中所有行业的生产率都得到提高，这种提高通常是通过对新技术的投资或劳动者生产技术的改进来完成的。例如，一个国家的零售业、银行业、交通运输业、汽车制造业有可能同时提高生产率。第二种经济结构调整的方法更具有活力和挑战，随着经济结构的调整与改变，低生产率行业的市场会被高生产率行业所取代。

无论是全要素生产率的增长（增长效应）还是旨在提高生产率的结构调整（调整效应）都会带来生产率的提高。但是，究竟哪一种是最佳的方式呢？这在很大程度上取决于经济规模，同时，产业类型也是其决定因素之一。经济的规模越大，增长效应就越重要，而经济规模越小，调整效应就越重要。另外，部门或行业服务当地的程度越高，增长效应也越重要。想知道为什么？请想想位于小城市里的一家汽车厂：如果工厂安装了一套电脑辅助生产系统并提高了劳动生产率，那么其中获益最多的会是全国甚至世界各地以低价买入汽车的消费者。由于经济规模比较小，服务当地的程度也比较低，因此这座城市所得到的好处从一定程度上来说仅仅是居民可以直接从该汽车厂买车，或者因为生产率提高使居民收入增加而不只是汽车价格降低。① 相反，如果这座小城能吸引一家提供平均每小时 18 美元工资的汽车生产厂来代替每小时仅提供 12 美元并已转移到海外低薪酬国家（调整效应）的纺织厂，那么受益最多的会是当地的居民，从纺织厂转而到汽车厂工作会为他们带来更高的收入，小城当地的商店、干洗店、家具店等也会出现更多的商机。这说明，对较大地区几乎所有的行业来说，提高生产率，比向高附加值产业转变更加重要，因为消费者将从生产率的提高中获得更多的好处。

对于小规模（小地方）的经济而言，生产率全面提高所带来的收益增加，特别是本地服务行业收入的增加，也是致富的一个重要手段。想了解其原因，设想一个小国家现有所有行业的平均生产率连续 5 年每年增长

① When firms are in competitive markets (including competitive labor and product markets), the benefits of productivity increases flow to consumers in the form of lower real prices.

2%。那么5年后，该国的生产率大约增长了11%。如果想通过经济结构调整战略达到相同的生产率增幅，该国需要将已有的产业结构的20%调整为新的、产出提高50%以上的行业，这种转变几乎是不可能的。

但是，对那些注重提高生产率的国家来说，大多数会致力于吸引高薪行业落户当地或在其周边安家。然而，正如迈克尔·波特（Michael Porter）在其对地区性商业集群的研究中发现的那样，各行业提高生产率和调整为高生产率产业所带来的收入增长结果是一样的①。换句话说，对现有行业实行提高生产率的策略和吸引或培育高生产率行业的效果是相同的。此外，提高产出主要被本地区居民所消费的非贸易行业的生产率（包括零售业、医疗保健行业、服务业，甚至是政府部门），对各地区的经济更加有利。这种益处主要表现为当地居民可以享受更低价格的商品，员工则可以获得更高的收入。比如一座城市鼓励其电力部门安装一套智能电网系统以提高其生产率，那么收益最多的是当地居民，因为他们可以享受到更低的电价和更优质的服务。

因此，对于大多数经济体，特别是大、中规模的诸如中国、印度尼西亚、日本、韩国、美国这样的国家，生产率的增长并非主要来源于向高生产率行业的调整，而是由包括低生产率行业在内的所有行业生产率的提高决定的。总的来说，有证据表明，正是行业内部的变化发展促进了生产率的提高。大约80%生产率的提高来自于行业本身，而只有20%来自于低生产率行业相比产出率更高的行业。通常，这一情况发生在新的、生产力更强的企业。这些企业从本行业内生产率低下、缺乏创新的公司手中争得市场份额。换句话说，一个国家各行业的生产率水平和创新能力比其产业结构更重要。由于经济利益大多是由技术进步带来的，因此奉行出口导向型经济发展战略的国家就会错失改善其经济增长方式的最佳机会，即提高国内产业的生产率，尤其是通过对诸如信息通信技术这种通用技术的应用和传播来提高。

---

① Michael E. Porter. The Economic Performance of Regions. *Regional Studies* 37, no. 6-7 (2003): 545-546.

第四节　设计有效的创新政策

随着全球创新优势的竞争愈演愈烈，很多国家和地区——从芬兰到印度，再到中国台湾地区，都专门制定了旨在提高本国和本地区潜力，从创新中获益的创新战略。这些国家和地区都意识到创新可以推动经济的发展，如果在创新优势竞争中失利，就有可能会带来相对较低的生活水平。它们知道，要成功地发展具有全球竞争力的国内行业和企业，并同时吸引国际范围内创新性的经济活动——进而保证获得较高水平和持续性的经济发展和就业增长——越来越取决于国家和地区自身创新生态系统的实力。在创新战略方面经验较为丰富的国家和地区同时意识到：以创新为基础的经济活动并不仅仅是简单地把价值链提升到更高的附加值水平，而且还需要提高全行业的生产力，并能够开发出其经济的新性能、新功效。所有这些国家和地区也开始逐渐意识到，单纯以价格为导向的市场，在鼓励提高生产率和创新方面，不如明智的公私合作有效。它们知道政府能够，而且也必须在帮助私营企业竞争方面起到建设性作用。因此，它们将促进创新看作是经济增长和创新策略的关键。最终，国家创新战略目的就是将科学、技术和创新紧密地与经济发展和就业增长联系起来，从而有效地制定出使其在以创新为基础的经济竞争中取胜的“游戏规则”。

当某个国家在全球经济贸易规则系统内竞争取胜时，该国以及全世界都会从中获益，因为公平竞争能够促使国家实行有效的创新政策来推动经济的发展。以足球为例，竞争促使所有国家的足球队都向着更好的方向发展，结果整个足球界都会更好。同样，国家创新政策的质量在推动本国和本地区及全球经济竞争方面也是功不可没。竞争迫使所有的国家越来越重视这个“游戏”。从这个意义上来说，行之有效的创新政策是利用全球创新生态系统来增强国家创新生态系统。此外，融合了全球知识网络和技术转移的创新政策最终以国家创新投资的形式回归，并使全球创新水平有所提高。例如，研究发现，那些在国际市场上销售产品的公司会比仅在国内市场销售产品的同类公司产生更多的知识价值。① 另一项研究发现，在七国集团管理下的本国和本地区研发投资回报率为123%，而同样是在七国集团管理下的国际研发投资回报率则为155%。②

但是，正如创新不仅仅是高科技产品一样，有效的创新政策的重点也不仅仅是科学政策，或促进高科技产品的开发，其焦点在于充分利用全球创新生态系统，这主要是通过确保创新意识向各部门、各机构传播，以及扶植新的、具有创新性的商业模式出现并使其具有全球竞争力这两种方式来实现的。事实上，创新政策问题是国家一直在处理的政策问题之一，但重点是国家如何用最大限度地提高创新和生产率的观点来解决这些问题。例如，在政府采购方面，国家可以延续以前一直以来的做法，或是重新设计一套能够提高创新的新做法。同样，国家制定企业税收系统，可以仅仅是以提高收入为目的，或是在既能提高收入又能促进创新的基础上制定。在制定科学政策方面，国家既可以仅以支持科学为目的，也可以在战略性考虑科学技术产业化、商业化和创新需求的基础上进行一些科学研究领域的投资。

认识到这一点的国家都已经在实施创新策略。他们的创新战略是由一系列连贯的做法构成的，旨在统一协调科研、技术商业化、信息通信技术投资、教育和技能发展、税收、贸易、知识产权、政府采购和调控政策之间的关系，推动创新以促进经济增长。只有这样统一协调的经济政策才会行之有效。对23个国家1978—1999年间创新能力的增长进行研究和比较后，费曼（Furman）和海耶斯（Hayes）发现，一开始创新能力滞后的国家，随着其在创新政策及基础设施和人力资本方面投资的加大，创新的人均产出都取得了显著提高，并且在1999超过了英国、法国和意大利。这其

① See Rosanna Pittliglio, Edgardo Sica, and Stefania Villa. Innovation and Internationalization: The Case of Italy. *Journal of Technology Transfer* 34, no. 6 (2009): 588-602; Fredrik Sjöholm, International Transfer of Knowledge: The Role of International Trade and Geographic Proximity. *Review of World Economics* 132, no. 1 (1996): 97-115.

② David T. Coe and Elhanan Helpman. International R&D Spillovers. *European Economic Review 39, no. 5* (1995): 859-887. The G7 countries are Canada, France, Germany, Italy, Japan, the United Kingdom, and the United States.

中典型的代表国家和地区有中国台湾地区、丹麦、爱尔兰、芬兰、新加坡和韩国。① 许多国家，特别是加拿大、日本和英国还研究了这些曾经被他们“甩在身后”的国家，并开始实行与之相似的创新模式和方法。

要保证创新战略的正确性，国家需要掌握创新生态系统的三个要素：商业环境、监管环境和创新政策环境。这三个要素有时被称为“创新政策三角”，如图 1—1 所示。构成这项研究的七个核心创新政策领域涉及了“创新政策三角”的所有核心因素。“创新政策三角”的要素被详细描述如下：

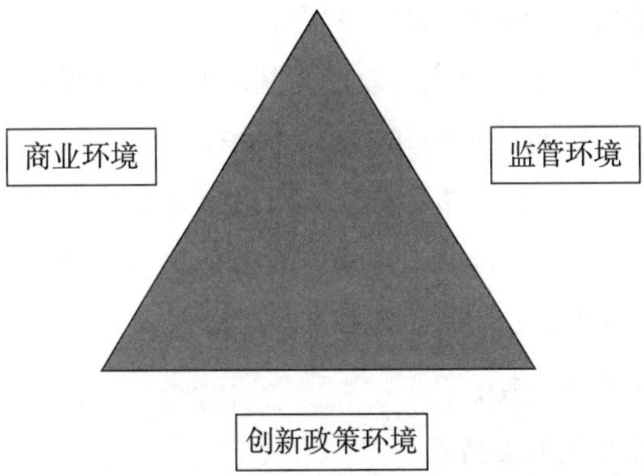

图 1—1 创新政策三角

商业环境：创新三角的第一条边是商业环境，它包括金融、私营部门机构和商业能力。一个强大的商业环境有多方面组成：

- 对创新和高生产率行业的便捷、高效投资；
- 对创业和个人创新的广泛接受；
- 信息通信技术的广泛深入使用，特别是在商业领域；
- 高超的管理技巧；
- 对竞争与合作及一定程度冒险精神的认同。

监管环境：创新三角的第二条边是监管环境，它为组织创新搭建了正

① Jeffrey Furman and Richard Hayes. Catching Up or Standing Still? National Innovative Productivity among “Follower” Countries, 1978-1999. *Research Policy* 33, no. 9 (2004): 1329-1354.

确的框架。它包括：

- 富有竞争性及开放性的商业体系，其作用是推动国内企业在竞争中创新；
- 支持有竞争力的产品和劳动力市场，使新生事物，包括新商业模式能够进入市场；
- 能够刺激创新并使企业在国际市场上具有竞争力的税收体系；
- 力求公平、透明并以绩效为准则的企业监管要求；
- 对数字经济实行有限监管，不损害数字创新及应用；
- 透明且依法治为基础的法律程序；
- 公开、公平竞争且以实际效能为基础的政府采购；
- 确保创新者获得回报的知识产权保护。

创新政策环境：创新三角的第三条边是强有力的创新政策环境。

尽管市场是创新的关键，但若缺乏有效的创新政策，市场也无法发挥作用。强大的创新政策支持是实现创新的关键所在。这其中包括：

- 对技术研究的支持；
- 对技术商业化的支持；
- 对数字技术基础设施的支持（例如智能电网、宽带、智能公交系统、电子政务等）；
- 对企业，特别是中小企业现代化以及提高生产率的支持；
- 培养具有良好教育和技能水平人才，特别是科学、技术、工程和数学类人才（STEM），同时欢迎高技术移民。

基于以上分析，创新政策所关注的焦点是增强一个国家创新生态系统的力量，并认识到企业创新是在其他机构的帮助下实现的。创新政策同时也意识到，依赖某些特定的基础设施投资以及特殊创新的技术进步有可能是拿大量创新所需的资金冒险，这些特殊的创新往往风险过大、过于复杂或者与私营企业其他类型的创新之间依存性过强。① 事实上，私营企业常

① Gregory Tassey. *The Technology Imperative* (Northampton, MA: Edward Elgar, 2007).

常需要与政府合作来实现创新，现代创新过程中合作性体现得越多，政府机构、国家实验室和研究性大学在私营企业创新中的作用就越大。正如信息技术和创新基金会在其报告《创新从何而来？美国国家创新体系的转变》中所写的那样：在20世纪70年代，美国100个获奖的研发项目中的绝大多数来自于各公司自己的努力，而在过去的20年，大多数获奖的研发项目是企业和政府（包括国家实验室和国家资助的大学科研项目）合作的产物。事实上，在2006年获奖的88个创新项目中，只有11个不是政府扶持的受益者。①

那么政府在创新政策中究竟该扮演什么样的角色？尤其值得关注的是，国家的创新政策什么时候跨界成为试图干预市场以“挑选赢家”，或“国家冠军企业”的产业政策，以及在这个过程中，是谁破坏了基于市场自身需求的资源配置格局（有时候甚至阻碍了私营企业自身创新技术的发展）？设想出一系列政府参与市场的行为对理解这些问题很有帮助。随着政府参与程度的增加，从左往右可以分为四个阶段，如图1—2所示：从“自由主义政策”，完全由市场主导，到“支持创新要素”，再到“支持核心产业”，一直到最极端，相当于产业政策的“扶持特定技术或公司”的创新政策。

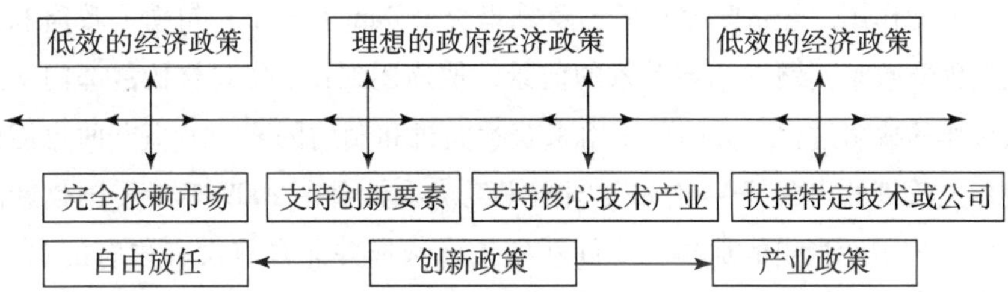

图1—2 创新政策体系

以文中的电动车新型电池为例，如果国家选定某家特定的企业作为国

① Fred Block and Matthew Keller. *Where Do Innovations Come From? Transformations in the U. S. National Innovation System, 1970-2006* (technical report, ITIF, Washington, D. C., 2008). http://www. itif. org/files/Where_ do_ innovations_ come_ from. pdf.

家电池行业的龙头企业——假设美国选择金霸王电池，或者决策者挑选诸如锂离子电池这种其认为是最好的技术来进行扶植，这就是一种产业政策。但如果政府致力于支持私人企业努力解决类似于电池和电荷存储这样的关键问题，这就是一种创新政策。这就意味着政府的支持范围应当惠及所有的企业，也包括创业企业和新技术（比如锂离子电池、锂空气电池、锌空气电池、全电子电池、金属熔盐和镁离子电池等）。同时政府也应该意识到尽管其需要尽力支持私营企业以推动电池领域的创新，但无论是政府还是私营企业本身都难以准确预言哪家公司或哪项技术将最终取得胜利。简言之，产业政策是政府选定特定的公司或技术进行扶持，而创新政策更倾向于政府对核心产业和/或技术进行战略投资支持。政府在对战略性新兴高技术产业进行技术投资并扶持这些技术向交易市场转变、有效促进经济发展方面，的确起到了相当重要和适当的作用。但政府不应选择特定的公司或技术并将其培养成行业龙头，也不应排除当地的外国公司获得政府资助研究新技术经费的资格，或制定其他使外国竞争者在当地市场竞争中处于劣势的政策。

总之，应该认识到，尽管私营部门应该引领创新，但在创新全球化和市场竞争激烈的时代，政府可以也应该在支持私营部门的创新工作中发挥重要推动作用。经济学家丹尼·罗德里克（Dani Rodrik）勾勒了政府和企业在创新政策问题上和谐关系的前景，他描述到："公共与私营部门交互式合作的战略过程一方面可以用来获悉商机和制约因素，另一方面也能促使相关政策的出台。"① 正如美国国家经济委员会在2009年《美国创新战略》报告中所指出的那样："创新的正确选择并非是有没有政府的参与，而是政府在参与支持创新的过程中应该起什么样的作用。一个现代化且实用的方法是既承认对于政府的帮助有需求，又防止政府的过分干预。"②

---

① Dani Rodrik. Industrial Policy for the Twenty-First Century (working paper, Kennedy School of Government, Harvard University, 2004), 38.

② National Economic Council. *A Strategy for American Innovation*: *Driving Towards Sustainable Growth and Quality Jobs* (Washington, D. C.: Executive Office of the President, 2009). http://www.whitehouse.gov/administration/eop/nec/.

第二章
贸易和外国直接投资

第一节　为什么贸易与外国直接投资是重要的

自由贸易允许各国和各地区对商品或服务实行专业化生产以获得比较竞争优势，从而使各国和各地区从中获益。专门从事某种商品和服务的生产使得各国和各地区该领域的生产效率最高、经济产出最大化，世界各地的消费者也通过用最低的价格获得最高价值的商品从中受益。在以全球市场为基础的创新经济中，自由贸易是一个各方均获胜的正和博弈。尽管如此，每个国家对于自由贸易的接受程度却有着显著的差别。

实证研究表明，自由贸易既有益于发达国家，也有益于发展中国家。世界银行一份对 77 个发展中国家最近 20 年的研究发现，对发达国家贸易的开放度越大、获得外商研发投资越多的国家生产力就越强。① 美国生产率增长的一半来自于国外技术，这主要是通过交易、许可贸易、直接投资（包括股份制企业和全资子公司）等途径而获得的。② 此外，产品销往国际市场的企业往往比仅在国内市场销售产品的企业知识产出率更高。③ 例如，在一项关于专利引用数据与贸易数据相匹配的研究中，舍霍尔姆

---

① David T. Coe, Elhanan Helpman, and Alexander Hoffmeister. *North-South R&D Spillovers* (working paper, National Bureau of Economic Research, Cambridge, MA, 1995), 134.

② Jonathan Eaton and Samuel Kortum. Trade in Ideas: Patenting and Productivity in the OECD. *Journal of International Economics* 40, no. 3-4 (1997): 251-278.

③ Rosanna Pittliglio, Edgardo Sica, and Stefania Villa. Innovation and Internationalization: The Case of Italy. *Journal of Technology Transfer* 34, no. 6 (2009): 588-602.

（Sjöholm）发现，国际贸易的流动能鼓励和促进知识流动。①

贸易既能为国家带来动态收益也能带来静态收益。它可以通过更有效的资源配置和更深入的专业化程度为国家带来可观的经济效益，使其因比较优势而繁荣，这是所谓从贸易中获得的“静态收益”。而“动态收益”则来自于竞争能力的增强以及贸易产生的技术转让和创新。

因此，贸易和创新之间存在着双向联系。一方面，创新产生了技术优势，技术优势连同要素禀赋的差异构成比较优势的来源，这反过来又会推动贸易的发展。事实上，人们发现技术上的差距是两个国家之间进行贸易和投资的关键因素。② 换句话说，一个国家没有必要专攻所有的技术领域；贸易的存在使它们只需要在自己的强项上进行专门研究，而其他技术则可以通过贸易活动获得。此外，开放市场能使创新型企业受益，这是通过利用其创新成果的企业（通过规模经济）所带来市场规模扩大来实现的。这对于那些生产过程中边际成本相对较低、固定成本较高的行业（例如半导体、软件、电影和音乐等）尤其重要，因为更大的市场有助于从总体上降低平均成本。另一方面，贸易和投资也能通过竞争效应、技术转移和溢出效应（包括从出口中学和边投资边学）推动创新发展。

尤其重要的是，通过将国内企业推向国际市场并迫使其面对复杂的全球竞争，贸易成为推动创新和生产率增长的强劲驱动力。事实上，来自经合组织（OECD）创新微观数据项目的研究显示，参与国际市场对企业的创新激励机制和创新能力提升都有着积极的作用。③ 出现这种情况，从某种程度上来说是因为国际贸易和投资使跨国界的技术流动更加自由，从而加大了企业的竞争压力，促使他们不断开拓新市场。的确，多项研究发现，参与国际贸易和投资的公司较之于纯粹的国内企业，生产能力和创新

---

① Sjöholm. *International Transfer of Knowledge*.

② Osamu Onodera. *Trade and Innovation Project*: *A Synthesis Paper* (working paper, OECD, Paris, August 7, 2008), 12. http://www.oecd.org/dataoecd/60/22/41105505.pdf.

③ Osamu Onodera. *Trade and Innovation Project*: *A Synthesis Paper* (working paper, OECD, Paris, August 7, 2008), 15. http://www.oecd.org/dataoecd/60/22/41105505.pdf.

能力都更强一些。[①] 例如，鲍德温（Baldwin）和顾（Gu）对加拿大出口企业进行研究后发现，这些企业与非出口企业相比，会更深入广泛地使用新技术，并且创新率也更高。[②] 同样，与非进口企业相比，进口企业采用新技术的概率也要高出 7.6%。[③]

此外，全球创新从封闭的、线性的模式转变为一个开放的模式，这就需要各个合作伙伴之间更紧密地协调关系，创造自由的贸易、投资环境，该环境比以往任何时候都更重要，它使得供应商、竞争对手和消费者之间得以相对自由地互动。[④] 然而，有些国家推行限制性的贸易和投资政策作为努力发展国内产业的一部分（所谓的进口替代工业化政策），这种做法很有可能会将整个国家排除在全球价值链之外，最终对本国和本地区而言将是弊大于利的。事实上，跨国公司（MNCs）推动的全球价值链是一个技术转让和创新的主要渠道，因此，一个稳定且有益于跨国公司的贸易和投资环境，有可能会进一步促进技术转让和创新。同样，与全球市场有联系的中小型企业创新性也更强，它们可以充分利用全球价值链来提高技术和创新能力。

第二节　国家和地区贸易与外国直接投资政策全球评价

为了评价各国和各地区对国际贸易与投资的开放程度，本章节对三类共 15 项指标进行分析：开放的市场准入、贸易便利化、外国直接投资。在评价各国和各地区的排名情况时，开放市场准入的措施（特别是关税壁垒

① Osamu Onodera. *Trade and Innovation Project*: *A Synthesis Paper* (working paper, OECD, Paris, August 7, 2008), 4. http://www.oecd.org/dataoecd/60/22/41105505.pdf.

② John R. Baldwin and Wulong Gu. Trade Liberalization: Export-Market Participation, Productivity Growth, and Innovation. *Oxford Review of Economic Policy* 20, no. 3 (2004): 372-392.

③ Rita Almeida and Ann Margarida Fernandes. Openness and Technological Innovations in Developing Countries. *Journal of Development Studies*, 44, no. 5 (2008): 701-727.

④ Onodera. *Trade and Innovation Project*, 4.

和其复杂性程度）、非关税贸易壁垒（NTPs）、服务贸易自由化程度以及参与的区域自由贸易协定占65%的权重。各国和各地区的贸易便利化程度占总权重的15%，针对各国和各地区外国直接投资（FDI）的分析占到的比重为20%。表2—1显示了所使用的指标和相对权重。国家和地区在市场准入、贸易便利化和外国直接投资这几个指标上的得分占其总体得分的17.5%。

表2—1 贸易和外国直接投资指标

权重部分（%）	指标	数据类型	来源	指标权重（%）
65	开放的市场准入			
	简单平均关税率（所有产品）	比例	世界银行	5.00
	简单平均关税率（成品）	比例	世界银行	2.50
	高技术产品关税率（锂离子电池）	比例	世界贸易组织	2.50
	关税复杂性	额定值	美国国际贸易委员会	2.50
	免税进口额	进口总额	美国国际贸易委员会	2.50
	非关税措施指数	额定值	美国国际贸易委员会	7.50
	非关税贸易壁垒	额定值	弗雷泽研究所	7.50
	服务贸易总协定的限制性指数	额定值	世界银行	5.00
	汇率操纵	是/否	彼得森研究所	20.00
	参与区域自由贸易协定	#	美国国际贸易委员会	10.00
15	贸易便利化			
	海关服务指数	额定值	世界经济论坛	3.75
	进口商品所需时间	#天	世界银行	3.75
	进口商品所需文件数	#文件数量	世界银行	3.75
	进出口非常规支付	额定值	世界经济论坛	3.75

续表

权重部分(%)	指标	数据类型	来源	指标权重(%)
20	对外国直接投资的开放性			
	外资股权限制	额定值	经合组织	8.00
	筛选和审批要求	额定值	经合组织	4.00
	关键人员限制	额定值	经合组织	4.00
	运营限制	额定值	经合组织	4.00

注：#表示未经处理的原始数值。

表2—2展示了各国和各地区在对贸易和外国直接投资开放程度方面所处的等级。位于高等级的主要是那些自第二次世界大战以来已经深度融入贸易自由化进程的欧盟（UN）和经合组织成员国。一般来说，这些国家和地区在去除关税和非关税壁垒方面进展最大。位于高等级的国家和地区，没有一个会从事操纵汇率的行径。在中高等级中排名靠前的主要是东欧国家和一些拉美国家，它们在消除贸易壁垒方面已经取得了显著的进步，但想要步入高等级，仍需要多加努力。位于中低等级的国家和地区仍有相当数量的关税壁垒，其非关税壁垒的数量也有所增加，同时，它们对于外国直接投资的控制也在增强。处于这一行列中的例如中国台湾地区和日本这样的国家和地区，尽管贸易制度比较强劲，但却存在操纵汇率的行为，因而等级有所降低。

表2—2　贸易和外国直接投资的国家和地区排名（按字母先后顺序排列）

高级	中高级	中低级	低级
澳大利亚	保加利亚	中国台湾地区	阿根廷
奥地利	塞浦路斯	以色列	巴西
比利时	中国香港特别行政区	日本	中国
加拿大	冰岛	马来西亚	印度

续表

高级	中高级	中低级	低级
智利	马耳他	南非	印度尼西亚
捷克	墨西哥	韩国	菲律宾
丹麦	秘鲁	土耳其	俄罗斯
爱沙尼亚	波兰	越南	泰国
芬兰	瑞士		
法国			
德国			
希腊			
匈牙利			
爱尔兰			
意大利			
拉脱维亚			
立陶宛			
卢森堡			
荷兰			
新西兰			
挪威			
罗马尼亚			
葡萄牙			
新加坡			
斯洛伐克			
斯洛文尼亚			
西班牙			

续表

高级	中高级	中低级	低级
瑞典			
英国			
美国			

一、市场准入

（一）关税

高额关税在很多方面阻碍了创新。首先，它常常使那些创新能力更强、生产力更高且更高效的外国竞争者处于不利地位，与此同时，却保护创新能力弱、生产率和效率较低下的国内企业。为了保障国内企业的利益，高关税损害了经济体系中其他行业产品消费者的利益。例如，对国外ICT产品施以高关税以保护国内ICT产品，这样做的结果既提高了经济领域其他行业使用ICT产品的成本，同时也阻碍了这些企业获取最佳的信息通信技术。因此，在经济领域中对一个行业征收高关税也常常会损害到其他所有行业的利益。最终，高关税政策通过损害最高效、创新能力最强的企业的经济效益，打击了全球市场产品和服务的创新，只留下陈旧、毫无新意的东西。

表2—3显示的是在本项研究中55个国家和地区对其所有产品采用的简单平均适用税率。中国香港特别行政区、新加坡、瑞士已经废除了大部分关税，因此它们的简单平均适用税率为0%，挪威和冰岛紧随其后，分别为0.5%和1.8%。从总体上来说，欧盟国家的简单平均适用税率为1.9%，而美国为2.9%，中国则为8%。韩国、泰国、阿根廷、印度、巴西所征收的关税最高，都超过了10%，巴西的关税甚至高达13.4%。亚太经合组织（APEC）国家的平均关税为5.1%，比经合组织国家平均2.6%的税率高出了近两倍，同时也是欧盟国家的2.7倍。这表明，尽管亚太经

合组织国家在贸易自由化方面已经取得了显著进步——自成立以来其国家和地区的平均适用税率已经由17%下降到6%，但在贸易自由化方面仍有巨大的发展空间。① 本项研究所涉及国家和地区的平均关税税率为3.7%。

阿根廷、印度、巴西的高关税水平表明，在这些国家，为了刺激国内产业发展，使其免受外国竞争压力，对国外进口商品施以高关税的“进口替代产业化政策”仍然存在。然而，这些“进口替代产业化政策”是失败的，因为它们依靠的市场规模太狭小或太贫乏以至于无法产生规模经济，它们所依赖的环境和条件也太孤立，无法创造出有全球竞争力的企业。这些政策所带来的结果通常是，“闭门造车”的国有企业的低生产率和由此带来的低劣产品。②

表2—3 简单平均关税率（所有产品）③

国家和地区	简单平均关税率（所有产品,%）	国家和地区	简单平均关税率（所有产品,%）
中国香港特别行政区	0.0	瑞典	1.9
新加坡	0.0	英国	1.9
瑞士	0.0	新西兰	2.5
挪威	0.5	土耳其	2.5
冰岛	1.8	日本	2.6
奥地利	1.9	澳大利亚	2.9
比利时	1.9	美国	2.9

① APEC. *A Mid-Term Stocktake of Progress Towards the Bogor Goals: Busan Roadmap to the Bogor Goals*, 2005. http://www.apec.org/About-Us/About-APEC/Fact-Sheets/Mid-Term- Stocktake-of-Progress-Towards-the-Bogor-Goals-and-the%20Busan-Roadmap-tothe-Bogor-Goals.aspx.

② Rudiger Dornbusch and F. Leslie, C. H. Helmers (eds). *The Open Economy: Tools for Policymakers in Developing Countries* (New York: Oxford University Press, 1988).

③ World Bank. *World Development Indicators* (tariff rate, applied, simple mean, all products; accessed October 3, 2011).

续表

国家和地区	简单平均关税率（所有产品，%）	国家和地区	简单平均关税率（所有产品，%）
保加利亚	1.9	加拿大	3.3
塞浦路斯	1.9	印度尼西亚	4.8
捷克	1.9	秘鲁	4.8
丹麦	1.9	智利	4.9
爱沙尼亚	1.9	菲律宾	5.3
芬兰	1.9	以色列	6.0
法国	1.9	俄罗斯	6.0
德国	1.9	中国台湾地区	6.1
希腊	1.9	马来西亚	6.8
匈牙利	1.9	越南	7.1
爱尔兰	1.9	南非	7.6
意大利	1.9	墨西哥	7.8
拉脱维亚	1.9	中国	8.0
立陶宛	1.9	韩国	10.3
卢森堡	1.9	泰国	11.2
马耳他	1.9	阿根廷	11.4
荷兰	1.9	印度	11.5
波兰	1.9	巴西	13.4
葡萄牙	1.9	所有国家和地区	3.7
罗马尼亚	1.9	亚太经合组织19个国家和地区	5.1
斯洛伐克	1.9	欧盟国家	1.9
斯洛文尼亚	1.9	经合组织国家	2.6

续表

国家和地区	简单平均关税率（所有产品,%）	国家和地区	简单平均关税率（所有产品,%）
西班牙	1.9		

表2—4显示了各国和各地区工业产品的简单平均适用税率。中国香港特别行政区、新加坡、瑞士对工业产品同样几乎实行零关税，紧随其后的是挪威（0.3%）和土耳其（1.2%）。欧盟国家对工业产品征收1.9%的关税，而美国对工业产品的简单平均适用税率为3.0%。中国、印度、泰国、阿根廷、巴西都对工业产品施以重税，其中巴西的关税最高，达到了14%。尽管2009年实现贸易顺差297亿美元，但中国仍然继续对工业产品实行高关税政策。①

表2—4　简单平均关税率（成品）②

国家和地区	简单平均关税率（成品）	国家和地区	简单平均关税率（成品）
中国香港特别行政区	0.0	西班牙	1.9
新加坡	0.0	瑞典	1.9
瑞士	0.0	英国	1.9
挪威	0.3	日本	2.1
土耳其	1.2	新西兰	2.6
冰岛	1.7	美国	3.0
奥地利	1.9	澳大利亚	3.1
比利时	1.9	加拿大	3.6

① World Bank. *World Development Indicators* (tariff rate, applied, simple mean, manufactured products; accessed October 3, 2011).

② StatsAPEC. *Key Indicators Database* (current account balance in current USD millions; accessed August 12, 2011). http://statistics.apec.org/.

续表

国家和地区	简单平均关税率（成品）	国家和地区	简单平均关税率（成品）
保加利亚	1.9	智利	4.9
塞浦路斯	1.9	秘鲁	4.9
捷克	1.9	印度尼西亚	5.0
丹麦	1.9	菲律宾	5.1
爱沙尼亚	1.9	以色列	5.6
芬兰	1.9	俄罗斯	6.0
法国	1.9	马来西亚	6.1
德国	1.9	越南	6.9
希腊	1.9	韩国	7.4
匈牙利	1.9	墨西哥	7.5
爱尔兰	1.9	南非	7.9
意大利	1.9	中国	8.0
拉脱维亚	1.9	印度	10.3
立陶宛	1.9	泰国	10.5
卢森堡	1.9	阿根廷	11.9
马耳他	1.9	巴西	14.0
荷兰	1.9	中国台湾地区	N/A
波兰	1.9	所有国家和地区	3.5
葡萄牙	1.9	亚太经合组织19个国家和地区	4.8
罗马尼亚	1.9	欧盟国家	1.9
斯洛伐克	1.9	经合组织国家	2.4

续表

国家和地区	简单平均关税率（成品）	国家和地区	简单平均关税率（成品）
斯洛文尼亚	1.9		
西班牙	1.9		

注：N/A 表示缺乏相关数据。

（二）高技术产品的关税率

不幸的是，坚持高额关税的许多国家，把征收范围覆盖到一系列高新技术产品上，包括信息通信技术产品（如在“数字政策”一节中讨论的）和可再生能源产品。例如，尽管在电动汽车上大范围地使用该种电池，会在应对全球气候变暖方面发挥重要作用，但如表 2—5 所示，越南、俄罗斯、中国对锂离子电池和电池组征收的关税最高，分别为 26%、15%和 14%，其他一些国家，如智利、捷克、斯洛伐克、秘鲁、印度、印度尼西亚等对锂离子电池和电池组征收的关税也相当高，税率从 6%—10%不等。欧盟国家对该产品的平均关税为 4.7%，美国的税率为 2.7%。澳大利亚、爱沙尼亚、中国香港特别行政区、爱尔兰、日本、拉脱维亚、立陶宛、马来西亚、墨西哥、新西兰、挪威、新加坡对锂离子电池和电池组不征收任何关税。但总体来说，对重要的高科技产品征收的关税往往高于工业产品的平均税率。事实上，本项研究涉及的所有国家和地区对锂离子电池和电池组征收的平均关税率比对工业产品征收的税率高出 60%。

表 2—5 先进的技术产品的关税（以锂离子电池和电池组为例）①

国家和地区	对锂离子电池和电池组的关税（%）	国家和地区	对锂离子电池和电池组的关税（%）
澳大利亚	0.0	罗马尼亚	4.7

① World Trade Organization. *Tariff Download Facility* (accessed July 20, 2011).

续表

国家和地区	对锂离子电池和电池组的关税（%）	国家和地区	对锂离子电池和电池组的关税（%）
爱沙尼亚	0.0	西班牙	4.7
中国香港特别行政区	0.0	瑞典	4.7
冰岛	0.0	土耳其	4.7
日本	0.0	英国	4.7
拉脱维亚	0.0	智利	6.0
立陶宛	0.0	捷克	7.0
马来西亚	0.0	斯洛伐克	7.0
墨西哥	0.0	阿根廷	8.0
新西兰	0.0	巴西	8.0
挪威	0.0	匈牙利	8.0
新加坡	0.0	韩国	8.0
中国台湾地区	2.5	马耳他	9.0
美国	2.7	秘鲁	9.0
菲律宾	3.0	波兰	9.0
加拿大	3.5	印度	10.0
以色列	4.0	印度尼西亚	10.0
奥地利	4.7	南非	10.0
比利时	4.7	泰国	10.0
塞浦路斯	4.7	保加利亚	12.4
丹麦	4.7	中国	14.0
芬兰	4.7	俄罗斯	15.0
法国	4.7	斯洛文尼亚	15.0

续表

国家和地区	对锂离子电池和电池组的关税（%）	国家和地区	对锂离子电池和电池组的关税（%）
德国	4.7	越南	26.0
希腊	4.7	瑞士	N/A
爱尔兰	4.7	所有国家和地区	5.6
意大利	4.7	亚太经合组织 19 个国家和地区	5.8
卢森堡	4.7	欧盟国家	5.5
荷兰	4.7	经合组织国家	4.4
葡萄牙	4.7		

注：N/A 表示缺乏相关数据。

（三）关税复杂性和免税进口所占份额

除了国家的纯粹关税水平，开放的市场准入的另一个组成部分是这些关税的复杂性。① 世界经济论坛（WEF）《2010 年全球促进贸易报告》创建了以四项硬数据（hard-data，指实际算出的数据）为衡量基础的、各国和各地区关税性质综合指数。各国和各地区得分从 7 分（最好）到 1 分（最差）不等，如表 2—6 所示。② 按照这一标准，智利和中国香港特别行政区以完美的 7 分居于世界首位，紧随其后的是新加坡、巴西、澳大利亚和印度尼西亚，它们的得分分别为 6.9 分、6.7 分、6.4 分和 6.4 分。在工

① Tariff complexity is measured in terms of the variance in tariff rates at the six-digit level of the Harmonized Tariff Schedule, the share of tariff lines with domestic peaks (defined as where the tariff value is three times or more greater than the simple average tariff), the share of tariff lines with at least one specific tariff, and the number of distinct tariff rates that a country applies to its imports.

② Robert Z. Lawrence et al.. *The Global Enabling Trade Report 2010* (Geneva: World Economic Forum, 2010), 291. http://www3.weforum.org/docs/WEF_GlobalEnablingTrade_Report_2010.pdf.

业化国家中，加拿大的关税结构相当复杂，这主要是其税率方面存在巨大差异的结果。日本的关税税率表相当复杂，差异性以及大量独特关税的存在使得企业很难摸着头脑。[①] 同样，美国和欧盟国家在消除关税复杂性方面也存在一定空间。在世界经济论坛公布的《2010 年全球贸易报告》中，瑞士在关税复杂性方面排名位列倒数第一（对 125 个国家和地区进行排名）。《2010 年全球贸易报告》指出："该国（瑞士）征收的关税种类有 6662 种之多，而排名倒数第二的俄罗斯关税种类则为 1921 种。此外，超过 82%的税目细则都各自承担一个具体的关税。然而，这种复杂性似乎只是用于有限的贸易份额，因为 90%的进口商品在瑞士都是免税的。"[②] 也是在 2010 年，瑞士对关税税率进行了大刀阔斧的改革，将大多数关税削减为 0，这就解释了为什么在关税税率上的得分很高，而在这一指数上得分最低。

表 2—6　关税复杂性[③]

国家和地区	关税复杂性（7=最好；1=最差）	国家和地区	关税复杂性（7=最好；1=最差）
智利	7.0	丹麦	3.2
中国香港特别行政区	7.0	爱沙尼亚	3.2
新加坡	6.9	芬兰	3.2
巴西	6.7	法国	3.2
澳大利亚	6.4	德国	3.2
印度尼西亚	6.4	希腊	3.2
新西兰	6.3	匈牙利	3.2
中国	6.2	爱尔兰	3.2
墨西哥	6.1	意大利	3.2

① Robert Z. Lawrence et al.. *The Global Enabling Trade Report 2010* (Geneva: World Economic Forum, 2010), 22. http://www3.weforum.org/docs/WEF_GlobalEnablingTrade_Report_2010.pdf.

② Ibid., 21.

③ Ibid., 291. Data collected from individual country profiles throughout report.

续表

国家和地区	关税复杂性（7=最好；1=最差）	国家和地区	关税复杂性（7=最好；1=最差）
菲律宾	5.9	拉脱维亚	3.2
秘鲁	5.8	立陶宛	3.2
越南	5.7	卢森堡	3.2
中国台湾地区	5.2	荷兰	3.2
南非	5.0	波兰	3.2
韩国	4.9	葡萄牙	3.2
土耳其	4.8	罗马尼亚	3.2
阿根廷	4.7	斯洛伐克	3.2
加拿大	4.7	斯洛文尼亚	3.2
马来西亚	4.5	西班牙	3.2
冰岛	4.2	瑞典	3.2
印度	4.1	英国	3.2
以色列	4.1	挪威	2.8
日本	3.5	泰国	2.2
美国	3.5	瑞士	1.9
俄罗斯	3.3	马耳他	N/A
奥地利	3.2	所有国家和地区	4.1
比利时	3.2	亚太经合组织19个国家和地区	5.3
保加利亚	3.2	欧盟国家	3.2
塞浦路斯	3.2	经合组织国家	3.8
捷克	3.2		

注：N/A 表示缺乏相关数据。

在免税进口方面，中国香港特别行政区和新加坡以100%的免税进口率领先于参与研究的其他所有国家和地区。紧随其后的是挪威和冰岛，这两个国家对90%的商品实行免税进口。瑞士、加拿大、以色列和智利允许超过80%的商品免税进口。与之形成鲜明对比的是，印度的免税进口率仅为17.4%，俄罗斯、巴西、泰国则分别以31.2%、35.7%和35.7%的免税进口率位列榜单倒数第二到第四名。

表2—7　免税进口所占份额①

国家和地区	免税进口份额(%)	国家和地区	免税进口份额(%)
中国香港特别行政区	100.0	意大利	63.9
新加坡	100.0	拉脱维亚	63.9
挪威	96.2	立陶宛	63.9
冰岛	91.9	卢森堡	63.9
瑞士	88.6	荷兰	63.9
墨西哥	86.2	波兰	63.9
加拿大	86.0	葡萄牙	63.9
以色列	82.0	罗马尼亚	63.9
智利	80.1	斯洛伐克	63.9
日本	77.2	斯洛文尼亚	63.9
马来西亚	76.6	西班牙	63.9
美国	76.3	瑞典	63.9
土耳其	76.1	英国	63.9
秘鲁	73.2	印度尼西亚	61.0

① Robert Z. Lawrence et al.. *The Global Enabling Trade Report 2010* (Geneva: World Economic Forum, 2010), 291. http://www3.weforum.org/docs/WEF_GlobalEnablingTrade_Report_2010.pdf.

续表

国家和地区	免税进口份额（%）	国家和地区	免税进口份额（%）
新西兰	67.6	阿根廷	57.5
南非	66.2	澳大利亚	56.7
中国台湾地区	65.6	越南	51.3
奥地利	63.9	菲律宾	49.6
比利时	63.9	韩国	48.5
保加利亚	63.9	中国	46.0
塞浦路斯	63.9	巴西	35.7
捷克	63.9	泰国	35.7
丹麦	63.9	俄罗斯	31.2
爱沙尼亚	63.9	印度	17.4
芬兰	63.9	马耳他	N/A
法国	63.9	所有国家和地区	65.6
德国	63.9	亚太经合组织19个国家和地区	66.8
希腊	63.9	欧盟国家	63.9
匈牙利	63.9	经合组织国家	69.3
爱尔兰	63.9		

注：N/A 表示缺乏相关数据。

（四）非关税壁垒和技术标准

尽管全球范围内各国和各地区在降低关税方面已经取得了进展，但其效果却因为非关税壁垒（NTB）的相应上升而抵消了。虽然衡量起来有困难，但与关税相比，非关税壁垒现在有可能对世界贸易产生更大的不利影响。① 非关税壁垒是指关税以外那些导致贸易扭曲的措施，包括数量限制、价格管制、补贴、非关税费、不必要的海关手续、操纵货币以及歧视性的技术标准的应用。其他限制贸易的非关税壁垒还包括控制外国直接投资、以进入市场为条件的技术或知识产权的被动转让、被迫在当地生产作为市场准入条件、歧视性的规章制度（有关健康和安全标准的也包括在内）、对知识产权保护不力以及不公平的进口许可要求。全球贸易预警组织第九届多伦多（GTA）报告对各国和各地区使用非关税壁垒几率增加这一情况是这样描述的："当代贸易保护主义的典型特征之一是几乎没有受到过多边贸易规则的有效约束。"② 本研究采用了两项指标来评价各国和各地区非关税壁垒的使用程度：一项是《世界经济论坛 2010 年全球贸易报告》提供的非关税壁垒指数；另一项是《经济自由度世界指数》中的非关税壁垒评级，如表 2—8 所示。

技术标准是非关税壁垒的一个极其重要的组成部分。自愿、透明、以市场为主导的全球产品和技术标准的制定既有利于生产者，也能造福于消费者，并会在全球贸易体系中促进创新发展。国际兼容的标准能使企业充分利用技术、通过规模经济有效地降低生产成本，否则企业将被迫在生产过程中不断改变产品，以满足不同司法辖区的技术标准。消费者也能从技术标准中获益，因为他们每次都能够在多个电脑或消费类电子产品中使用相同的 USB 端口，也能在不同的国家使用自己的手机，或者使用数据和音频标准进行通信。③ 标准已经变得越来越重要了，这既是因为它们直接影

① Michael J. Ferrantino. *Analytical Approaches to Quantifying Economic Effects of Non-Tariff Measures* (technical report, Farm Foundation, Washington, D. C., September 17, 2003). http://www.farmfoundation.org/news/articlefiles/219-Ferrantinopaper9-11-03.pdf.

② Simon J. Evenett (ed). *Resolve Falters as Global Prospects Worsen: The 9th GTA Report* (London: Center for Economic Policy Research, 2011), 37. http://www.globaltradealert.org/sites/default/files/GTA9.pdf.

③ Julie A. Hedlund and Robert D. Atkinson. *The Rise of the New Mercantilist: Unfair Trade Practices in the Innovation Economy* (technical report, ITIF, Washington, D. C., June 2007), 10. http://www.itif.org/files/ITMercantilism.pdf.

响80%的世界贸易，又是因为在ICT产品和服务中，标准是无处不在的。[①]

从本质上来说，标准构建了市场和技术之间的桥梁，谁控制这座桥梁谁就会极大地影响全球贸易。[②] 正是因为具有这样的力量，标准可以被当成阻碍和限制国外公司进入国内市场的工具，特别是在ICT行业。[③] 那些确立歧视性国家标准的经济体通常有两个典型目标。第一，希望通过将外国竞争者排除在市场之外这一举措来为本地企业创造竞争优势。第二，试图避免支付国外知识产权的特许权使用费。例如，有些经济体可能会制定与全球标准相抵触的强制性标准（技术规范），从而阻止外国竞争者进入国内市场，或迫使国外企业采用其国内标准，并对国内IP（知识产区）[④]所有者支付专利使用费。通过实施与这些不公平标准相关的措施，政府最终损害了当地消费者和企业的利益。这么做成本可能会非常高。经合组织估计，按照某一经济体特有的标准来操作，进口产品的成本可能会增加10%左右。[⑤] 歧视性的标准抬高了资本货物的成本，这会导致经济体创新能力下降，产业竞争力削弱。

世界经济论坛的非关税措施指标，根据两项硬性数据对各国和各地区进行评分：受到非关税措施影响的贸易比例以及呈报的受非关税壁垒影响

---

① OECD. *Regulatory Reform and International Standardisation* (Paris: OECD, 1999). http://www.oecd.org/dataoecd/33/19/1955309.pdf; Donald E. Purcell, *Globalization and Technology Standards: The Case for Expanded U.S. Leadership* (presentation, ITIF, Washington, D.C., January 13, 2009). http://www.itif.org/events/globalization-and-technology-standards-case- expanded-usleadership.

② Donald E. Purcell. *Strategic Standardization Overview* (presentation, Catholic University School of Engineering, Washington, D.C., May 18, 2011).

③ Hedlund and Atkinson. *The Rise of the New Mercantilists*, 23.

④ José-Daniel Reyes. *International Harmonization of Product Standards and Firm Heterogeneity in International Trade* (working paper, World Bank, Washington, D.C., June 2011). http://www-wds.worldbank.org/external/default/WDSContentServer/WDSP/IB/2011/06/06/000158349_ 20110606163024/Rendered/PDF/WPS5677.pdf.

⑤ Keith E. Maskus, Tsunehiro Otsuki, and John S. Wilson. *The Costs of Complying with Foreign Product Standards for Firms in Developing Countries: An Econometric Study* (working paper, Institute of Behavioral Science, University of Colorado at Boulder, May 19, 2004), 7. http://www.colorado.edu/ibs/pubs/pec/pec2004-0004.pdf.

的产品平均数量。该项数据显示，冰岛、挪威、加拿大使用的非关税措施最少，它们的记录得分分别为 2.6%、3.6% 和 7.8%（评价范围内 0 分最好，100 分最差）。另一方面，俄罗斯和菲律宾在受非关税措施影响的贸易比例和受非关税壁垒影响的产品数量方面都远远高于其他国家，它们记录的得分分别为 96.0 和 88.0。泰国、阿根廷、日本、南非、巴西对非关税壁垒的使用比俄罗斯和菲律宾略少。事实上，这一数据显示，在很多国家非关税壁垒仍然在被广泛使用。因此，随着各国和各地区继续寻求更大的全球一体化和贸易自由化，切实消除非关税壁垒或许是为实现进步提供的最大机会。

世界经济自由指数（The Economic Freedom of the World Index，简称 EFTOW 指数）报告指出，企业高管对国家使用非关税壁垒的意见调查，在一定程度上加强了定量研究结果，如阿根廷、俄罗斯、巴西被认为是非关税壁垒存在最广泛的国家，如表 2—8 最后一列所示。然而，尽管挪威在“受非关税壁垒影响产品数量”排名中位居第二，但在名义调查中却位列倒数第四。管理层的意见认为，中国香港特别行政区、智利、新加坡、卢森堡、瑞典对非关税壁垒避而不用的程度最高。

表 2—8　各国和各地区的非关税贸易壁垒措施[①]

国家和地区	非关税措施指标（0=最好；100=最差）	国家和地区	世界经济自由指数非关税壁垒指标（10=最好；0=最差）
冰岛	2.6	中国香港特别行政区	9.2
挪威	3.6	智利	8.9

① James Gwartney, Joshua Hall, and Robert Lawson. Economic Freedom of the World: 2010 Annual Report (Vancouver: Fraser Institute, 2010), 224. http://www.freetheworld.com/2010/reports/world/EFW2010_ BOOK.pdf. Scores for each country are compiled from individual economy profiles throughout the EFOTW report. Lawrence, Global Enabling Trade. Data collected from individual country profiles throughout report.

续表

国家和地区	非关税措施指标 (0=最好；100=最差)	国家和地区	世界经济自由指数 非关税壁垒指标 (10=最好；0=最差)
加拿大	7.8	新加坡	8.9
瑞士	13.5	新西兰	8.7
马来西亚	16.9	卢森堡	8.3
美国	16.9	瑞典	8.3
澳大利亚	18.0	捷克	8.2
新加坡	19.9	芬兰	8.1
越南	21.6	斯洛伐克	8.0
新西兰	22.7	比利时	7.9
中国	23.8	爱沙尼亚	7.9
中国台湾地区	23.9	爱尔兰	7.8
智利	24.8	奥地利	7.6
立陶宛	27.6	拉脱维亚	7.5
秘鲁	28.8	葡萄牙	7.5
印度	29.9	丹麦	7.4
卢森堡	31.2	以色列	7.4
希腊	31.6	澳大利亚	7.4
保加利亚	32.2	塞浦路斯	7.3
葡萄牙	32.8	匈牙利	7.3
意大利	34.2	马耳他	7.3
拉脱维亚	34.6	荷兰	7.3
罗马尼亚	36.0	英国	7.2

续表

国家和地区	非关税措施指标（0=最好；100=最差）	国家和地区	世界经济自由指数非关税壁垒指标（10=最好；0=最差）
墨西哥	36.9	法国	7.1
爱沙尼亚	37.1	斯洛文尼亚	7.0
荷兰	40.0	希腊	6.9
塞浦路斯	40.1	德国	6.8
斯洛文尼亚	40.6	印度尼西亚	6.7
芬兰	40.8	西班牙	6.6
英国	41.1	加拿大	6.5
波兰	41.5	秘鲁	6.5
奥地利	41.6	美国	6.5
丹麦	41.9	立陶宛	6.4
瑞典	42.5	墨西哥	6.4
法国	42.8	波兰	6.4
印度尼西亚	43.3	中国台湾地区	6.3
比利时	43.4	意大利	6.3
德国	43.8	罗马尼亚	6.3
西班牙	44.7	南非	6.2
斯洛伐克	44.8	土耳其	6.2
捷克	45.3	中国	6.0
匈牙利	47.8	韩国	5.9
冰岛	48.6	印度	5.7
巴西	52.4	泰国	5.7

续表

国家和地区	非关税措施指标 (0=最好；100=最差)	国家和地区	世界经济自由指数 非关税壁垒指标 (10=最好；0=最差)
南非	54.6	马来西亚	5.6
日本	62.0	保加利亚	5.4
阿根廷	62.5	日本	5.4
泰国	69.3	瑞士	5.4
菲律宾	88.0	爱尔兰	5.3
俄罗斯	96.0	菲律宾	5.3
中国香港特别行政区	N/A	越南	5.2
以色列	N/A	挪威	5.1
马耳他	N/A	巴西	4.8
韩国	N/A	俄罗斯	4.3
土耳其	N/A	阿根廷	3.8
所有国家和地区	37.4	所有国家和地区	6.8
亚太经合组织19个国家和地区	36.5	亚太经合组织19个国家和地区	6.6
欧盟国家	39.6	欧盟国家	7.3
经合组织国家	34.4	经合组织国家	7.1

注：N/A表示缺乏相关数据。

（五）服务贸易自由化

非关税壁垒的一个重要组成部分涉及服务贸易，正是在这一领域仍然存在相当数量的贸易壁垒，特别是在金融、工程、法律医疗、信息通信技术服务、交通和旅游等行业和部门。许多国家都小心翼翼地保护着自己在非贸易领域的现存企业，例如欧洲对法律或医学专业人士跨境许可的限制，以及由于监管限制的存在而在金融服务行业实行的限制竞争。[①] 鉴于这种种限制，服务贸易自由化在全球贸易一体化和自由化中代表着下一个前沿领域。

表 2—9 显示的是各国和各地区在服务贸易总协定（GATS）承诺国限制性指数中的得分，这一指标衡量了各承诺国在服务贸易总协定划分的 155 个服务子行业的开放程度。各国和各地区的得分从 0 分（不负有义务或不承诺）到 100 分（完全自由化）不等。奥地利、拉脱维亚、美国、冰岛、立陶宛是服务贸易最自由的国家。作为一个地区，北欧（特别是波罗的海国家）拥有世界服务贸易最开放的国家。对服务贸易限制最严的国家是塞浦路斯、马耳他、印度、智利和印度尼西亚，它们的得分都在 10 分以下。泰国、以色列和菲律宾，尽管得分都不到 20 分，但仍有相当多的机会在本国和本地区实现服务贸易自由化。

表 2—9 服务贸易总协定承诺国限制性指数（2007 年）[②]

国家和地区	服务贸易总协定承诺国限制性指数（得分越高越好）	国家和地区	服务贸易总协定承诺国限制性指数（得分越高越好）
奥地利	72.1	韩国	41.2
拉脱维亚	69.1	罗马尼亚	41.1
美国	65.2	波兰	40.1
冰岛	64.4	爱尔兰	39.0
立陶宛	59.7	斯洛伐克	38.9

① Stephen J. Ezell and Robert D. Atkinson. *The Good*, *The Bad*, *and The Ugly* (*and The Self-Destructive*) *of Innovation Policy*: *A Policymakers Guide to Crafting Effective Innovation Policy* (Washington, D. C.: ITIF, 2010). http://www.itif.org/files/2010-good-badugly.pdf.

② World Bank. World Trade Indicators (GATS commitments restrictiveness index; accessed September 3, 2011).

续表

国家和地区	服务贸易总协定承诺国限制性指数（得分越高越好）	国家和地区	服务贸易总协定承诺国限制性指数（得分越高越好）
澳大利亚	59.0	中国	36.2
匈牙利	58.5	保加利亚	36.1
芬兰	57.2	墨西哥	35.9
爱沙尼亚	56.7	越南	30.2
挪威	56.6	土耳其	27.9
瑞士	53.7	巴西	26.4
南非	53.4	中国香港特别行政区	25.5
新西兰	52.2	马来西亚	25.4
斯洛文尼亚	52.2	秘鲁	24.6
加拿大	51.1	新加坡	22.7
日本	48.8	泰国	19.7
瑞典	48.5	以色列	14.8
丹麦	47.1	菲律宾	14.1
卢森堡	47.0	智利	9.5
荷兰	47.0	印度尼西亚	9.5
英国	46.8	印度	6.7
比利时	46.4	马耳他	6.3
德国	46.4	塞浦路斯	5.7
西班牙	46.3	中国台湾地区	N/A
法国	45.9	俄罗斯	N/A
意大利	45.6	所有国家和地区	40.6

续表

国家和地区	服务贸易总协定承诺国限制性指数（得分越高越好）	国家和地区	服务贸易总协定承诺国限制性指数（得分越高越好）
希腊	45.3	亚太经合组织19个国家和地区	33.6
葡萄牙	44.2	欧盟国家	45.7
捷克	43.4	经合组织国家	46.9
阿根廷	42.1		

注：N/A 表示缺乏相关数据。

（六）汇率操纵

汇率操纵是一种形式极其隐蔽的非关税贸易障碍。国际货币基金组织（IMF）成员国承诺："避免出于阻碍国际收支调整的有效平衡或取得对其他成员国不公平竞争优势的目的，而操纵汇率或国际货币体系。"① 国际货币基金组织章程呼吁与任何"在外汇市场上进行旷日持久的大规模干预"的国家进行"讨论"（但在现实中，这几乎没有获得执行）。此外，现在已成为世界贸易组织（WTO）组成部分的关税和贸易总协定（GATT）指出："缔约方不得通过外汇措施阻挠本协议条款的意图。"② 然而，操纵汇率并不只是简单地违反国际贸易法，一个国家操纵汇率的行为会阻碍其他国家创新型工作的发展，也会阻碍全球创新的发展。这是因为货币调整是开放市场适应竞争优势变化的主要方式，特别是在低工资国家提高竞争力时情况更是如此。如果一个低工资国家比高工资国家拥有绝对的成本优势，那么在高工资国家，货币贬值就成为自然调节机制，它使得进口的价格更

① Fred Bergsten. Beijing Is Key to Creating More US Jobs. *Foreign Policy*, April 14, 2010. http://www.iie.com/publications/opeds/oped.cfm? ResearchID=1545.

② Ibid.

高，而出口更便宜，从而恢复相对平衡。① 禁用国际贸易的主要调节机制使那些操纵本国和本地区货币的国家积累起不可持续的贸易顺差，并削弱通过创新带来的全球共同繁荣的信心。如果要实现全球经济增长的最大化，那么货物、服务和资本的流动应当在实际成本和价格的基础上决定，而不是由补贴来决定。此外，操纵汇率也会为操纵国本身带来伤害，尤其是因为它抬高了促进生产力增长的关键资本货物的进口成本。

（七）参与区域自由贸易协定

衡量贸易自由化的另一项指标是国家和地区参与区域自由贸易协定的程度。如表2—10所示，欧盟国家加入了29个区域贸易协定。除了欧盟，瑞士、冰岛和挪威加入的区域贸易协定最多。欧洲国家以外，智利、新加坡、土耳其和墨西哥参加了大部分区域自由贸易协定。美国和日本分别加入了11个贸易协定。中国香港特别行政区（1个）、中国台湾地区（2个）、南非（4个）、阿根廷（4个）是参与区域自由贸易协定最少的国家和地区。巴西、印度尼西亚和越南分别只参与了5项协定。

表2—10　上报世贸组织的区域性贸易协定数量②

国家和地区	上报世贸组织的区域性贸易协定数量	国家和地区	上报世贸组织的区域性贸易协定数量
奥地利	29	智利	18
比利时	29	新加坡	16
保加利亚	29	土耳其	16
塞浦路斯	29	墨西哥	14
捷克	29	日本	11

① Robert D. Atkinson. Globalisation, New Technology and Economic Transformation. In Olaf Cramme & Patrick Diamond (eds.), *Social Justice in the Global Age*. (Cambridge, UK: Polity Press, 2009).

② Lawrence. Global Enabling Trade.

续表

国家和地区	上报世贸组织的区域性贸易协定数量	国家和地区	上报世贸组织的区域性贸易协定数量
丹麦	29	美国	11
爱沙尼亚	29	印度	10
芬兰	29	中国	9
法国	29	秘鲁	8
德国	29	泰国	8
希腊	29	澳大利亚	7
匈牙利	29	以色列	7
爱尔兰	29	俄罗斯	7
意大利	29	加拿大	6
拉脱维亚	29	马来西亚	6
立陶宛	29	新西兰	6
卢森堡	29	菲律宾	6
马耳他	29	韩国	6
荷兰	29	巴西	5
波兰	29	印度尼西亚	5
葡萄牙	29	越南	5
罗马尼亚	29	阿根廷	4
斯洛伐克	29	南非	4
斯洛文尼亚	29	中国台湾地区	2
西班牙	29	中国香港特别行政区	1
瑞典	29	所有国家和地区	18.9
英国	29	亚太经合组织 19 个国家和地区	8.0

续表

国家和地区	上报世贸组织的区域性贸易协定数量	国家和地区	上报世贸组织的区域性贸易协定数量
瑞士	20	欧盟国家	29.0
冰岛	19	经合组织国家	22.6
挪威	19		

二、贸易便利化

除了实施贸易政策确保国内市场向外国产品和服务开放之外，国家继续采取措施来减少与海关手续和管理有关的交易成本也很重要。事实上，很多企业在海关手续上蒙受的损失，远远超过关税成本本身（诸如过境时间拖延、缺乏透明度和可预见性的复杂的文件要求、雷同且过时的海关手续）。一个针对亚太地区公司的调查发现，复杂的海关手续本身，就是最为严重的贸易障碍，其危害程度在限制性的行政法规和关税之上。①

（一）海关通关效率

在过去的实践中，各国和各地区在提高海关行政效率方面已经取得了显著的成就。很多国家都已经调整其关税结构以符合世界海关组织海关公约的规定，并建立了自动化的单一窗口系统来整合边境地区的海关行政职能和其他监管职能。② 这些单一窗口系统利用信息技术使企业能够以电子方式在一个单一的入口点提交标准化资料和文件，以满足所有海关相关监管规定。

例如，新加坡 1989 年推出的电子数据交换系统“TradeNet”（贸易网），通过在大部分与贸易有关的活动中将公共机构和贸易各方联系到一

① OECD. *Overcoming Border Bottlenecks: The Costs and Benefits of Trade Facilitation* (Paris: OECD, 2009), 90.

② OECD. *Progress Towards Trade and Investment Liberalization by Industrialised APEC Economies* (Paris: OECD, 2010), 19.

个单点（从支付关税和税收到办理进出口许可证和证书），取得了显著的效果。该系统仅用两个电子表格就取代了过去的 21 个表格、23 个机构，以及 15—20 天的拖延，① 它能在 15 分钟内把全部所需申请进行归并。21 世纪初期，韩国认识到复杂而低效的海关程序对其国家竞争力产生了消极的影响。其推出了一个雄心勃勃的、名为“电子贸易枢纽”（uTradeHub）的现代化项目，这是个具有一次性申报和 100%电子通关功能的、单一入口点电子海关系统。该系统为企业和政府机构都带来了实质性的好处，从港口入境到保税仓库放行的平均清关时间，从 2003 年的 9.6 天减少到 2007 年的 3.5 天。同样，空运货物的清关时间从 2003 年的 4.6 天下降到 2007 年的 2.78 天，海运货物从 16.2 天下降到 5.9 天。② 美国的国际贸易数据系统③和加拿大边境服务局的单一窗口倡议（CWI）也是最新型的单一窗口模式。另一种最佳做法出现在亚太经合组织经济体中，通过使用诊断工具进行监管的自我评估，帮助识别和处理瓶颈问题。诊断工具（和电子数据交换）使日本在 1991—2001 年间，海运和空运货物通关时间分别降低了 81%和 74%。到 2006 年，海运货物进口通关时间仅为 2.7 天，而空运货物通过则仅需 0.6 天。④ 与之相反，一些国家正在利用边境通关手续来限制贸易。例如，在印度尼西亚，食品的进口并不可以通过任意港口进行，它将这类进口严格限制在一些特定的海港。这种做法会持续到

---

① United Nations. *Trade Facilitation Handbook For the Greater Mekong Region* (New York: UN, 2002). http://www.unescap.org/tid/publication/t&ipub2224.pdf; Singapore Customs. *Evolution of Singapore's Single Window* (presentation, Single Window Working Group Capacity, APEC 2009, Singapore, April 2009). http://www.wcoomd.org/files/6.SW_Files/SW%20Initiatives/APEC/APEC%20-%20Singapore%20Evolution%20of%20Single%20Window%20-%20April%202009.pdf.

② OECD. *Korea - Progress in Implementing Regulatory Reform* (policy brief, OECD, Paris, March 2007). http://www.oecd.org/dataoecd/34/62/38238965.pdf.

③ International Trade Data System. *Report to Congress on the International Trade Data System* (technical report, ITDS, December 2010). http://www.itds.gov/linkhandler/itds/toolbox/library/resource_documents/itds_report.ctt/itds_report.pdf.

④ OECD. *Progress Towards Trade*, 19.

2011—2012年。①

全球快递协会（GEA）的海关服务指数，从15个方面对各国和各地区的海关机构进行了评价。比如，通过电子数据交换实现货物通关；货物放行与财务控制的分离；全天候自动化处理；海关工作时间适应商业需求；多项、快速检查（由其他机构执行而非海关部门）；对极小额货运免征关税和其他税收；对海关决定的上诉可以向更高层次或独立审裁处提出。如表2—11所示，新加坡和英国在海关行政能力方面以完美的12.0分位于世界前列。瑞典、美国、奥地利、匈牙利和爱尔兰也因其海关的高效率而获得高分。越南、葡萄牙和希腊的海关效率最低，中国台湾地区、巴西和卢森堡较之略好。

表2—11　全球快递协会海关服务指数②

国家和地区	海关服务指数（12=最好；0=最差）	国家和地区	海关服务指数（12=最好；0=最差）
新加坡	12.0	保加利亚	7.8
英国	12.0	中国	7.8
瑞典	11.8	冰岛	7.8
美国	11.8	比利时	7.7
奥地利	11.5	墨西哥	7.7
匈牙利	11.5	立陶宛	7.6
爱尔兰	11.5	波兰	7.5
荷兰	11.5	俄罗斯	7.5
日本	11.3	土耳其	7.5
瑞士	11.0	印度	7.3
西班牙	10.8	阿根廷	7.2

① Evenett. Resolve Falters, 3.

② Lawrence. Global Enabling Trade.

续表

国家和地区	海关服务指数（12=最好；0=最差）	国家和地区	海关服务指数（12=最好；0=最差）
捷克	10.5	印度尼西亚	7.2
丹麦	10.5	芬兰	7.1
爱沙尼亚	10.5	秘鲁	6.8
澳大利亚	10.3	马来西亚	6.6
加拿大	10.3	塞浦路斯	6.5
新西兰	10.0	意大利	6.5
斯洛文尼亚	10.0	挪威	6.5
德国	9.6	卢森堡	6.2
法国	9.5	巴西	6.1
以色列	9.5	中国台湾地区	6.0
斯洛伐克	9.5	希腊	4.8
南非	9.5	葡萄牙	4.8
韩国	9.5	越南	3.3
罗马尼亚	9.4	马耳他	N/A
菲律宾	9.3	所有国家和地区	8.7
泰国	9.2	亚太经合组织19个国家和地区	8.6
中国香港特别行政区	8.8	欧盟国家	9.0
智利	8.3	经合组织国家	9.3
拉脱维亚	8.1		

注：N/A表示缺乏相关数据。

另一个评估各国和各地区进出口程序效率的方法是考虑进口货物所需的时间及文件的数量，如表2—12所示。新加坡进口货物只需3天时间，领先于所有国家，紧随其后的是塞浦路斯、丹麦、爱沙尼亚、中国香港特别行政区及美国，进口货物需 5 天时间。相比之下，俄罗斯和南非需要 7 倍的时间：将货物进口到俄罗斯需要 35 天及 13 份文件，而进口到南非则需要 36 天和 9 份文件。

表 2—12　进口货物所需时间和文件数量①

国家和地区	进口货物所需时间（天）	国家和地区	进口货物所需文件数量（份）
新加坡	3	法国	2
塞浦路斯	5	丹麦	3
丹麦	5	韩国	3
爱沙尼亚	5	瑞典	3
中国香港特别行政区	5	泰国	3
美国	5	加拿大	4
卢森堡	6	爱沙尼亚	4
荷兰	6	中国香港特别行政区	4
瑞典	6	爱尔兰	4
德国	7	以色列	4
挪威	7	意大利	4
澳大利亚	8	卢森堡	4
奥地利	8	挪威	4
芬兰	8	新加坡	4
韩国	8	英国	4
英国	8	澳大利亚	5
比利时	9	奥地利	5

① World Bank. *World Development Indicators*（October 9，2011）.

续表

国家和地区	进口货物所需时间（天）	国家和地区	进口货物所需文件数量（份）
新西兰	9	比利时	5
瑞士	9	中国	5
西班牙	10	芬兰	5
加拿大	11	德国	5
法国	11	爱尔兰	5
日本	11	日本	5
立陶宛	11	墨西哥	5
中国台湾地区	12	荷兰	5
爱尔兰	12	新西兰	5
以色列	12	波兰	5
拉脱维亚	12	葡萄牙	5
罗马尼亚	13	瑞士	5
泰国	13	美国	5
冰岛	14	塞浦路斯	6
马来西亚	14	希腊	6
葡萄牙	15	印度尼西亚	6
土耳其	15	拉脱维亚	6
阿根廷	16	立陶宛	6
巴西	16	罗马尼亚	6
菲律宾	16	阿根廷	7
匈牙利	17	巴西	7
墨西哥	17	保加利亚	7

续表

国家和地区	进口货物所需时间（天）	国家和地区	进口货物所需文件数量（份）
意大利	18	智利	7
捷克	20	中国台湾地区	7
印度	20	捷克	7
保加利亚	21	匈牙利	7
智利	21	马来西亚	7
斯洛文尼亚	21	秘鲁	8
越南	21	菲律宾	8
中国	24	斯洛伐克	8
秘鲁	24	斯洛文尼亚	8
希腊	25	西班牙	8
波兰	25	土耳其	8
斯洛伐克	25	越南	8
印度尼西亚	27	印度	9
南非	35	南非	9
俄罗斯	36	俄罗斯	13
马耳他	N/A	马耳他	N/A
所有国家和地区	14.0	所有国家和地区	5.7
亚太经合组织19个国家和地区	15.0	亚太经合组织19个国家和地区	5.9
欧盟国家	12.7	欧盟国家	5.3
经合组织国家	12.2	经合组织国家	5.1

注：N/A 表示缺乏相关数据。

（二）边境管理的透明度

边境管理的透明度确保来自世界各国和各地区企业所出售的产品和服务都能得到公平的对待。正因为如此，世界经济论坛做了关于进出口方面非正常支付的民意调查，调查询问企业在进出口货物过程中遭遇到无证付款和索取贿赂的普遍程度，调查结果反映出各国和各地区边境管理的透明程度。如表 2—13 所示，新西兰、丹麦、芬兰、冰岛、新加坡和瑞典在测评中领先，得分在 6.5 分或者更高（在 7 分范围内）。菲律宾、越南、俄罗斯、阿根廷、印度尼西亚和保加利亚等国，被揭示出在进出口方面出现非正常支付的程度最深。

表 2—13　进出口方面的非正常支付①

国家和地区	进出口方面非正常付款（7=最好；1=最差）	国家和地区	进出口方面非正常付款（7=最好；1=最差）
新西兰	6.7	韩国	4.8
丹麦	6.5	罗马尼亚	4.7
芬兰	6.5	立陶宛	4.6
冰岛	6.5	捷克	4.4
新加坡	6.5	秘鲁	4.4
瑞典	6.5	斯洛伐克	4.4
卢森堡	6.3	南非	4.4
爱尔兰	6.2	中国	4.3
挪威	6.2	匈牙利	4.3
澳大利亚	6.0	拉脱维亚	4.3
加拿大	6.0	马来西亚	4.2

① Lawrence. Global Enabling Trade, 292.

续表

国家和地区	进出口方面非正常付款（7=最好；1=最差）	国家和地区	进出口方面非正常付款（7=最好；1=最差）
智利	6.0	意大利	3.9
中国香港特别行政区	6.0	希腊	3.8
日本	6.0	巴西	3.7
荷兰	6.0	墨西哥	3.6
瑞士	6.0	泰国	3.5
奥地利	5.8	印度	3.4
以色列	5.7	土耳其	3.4
爱沙尼亚	5.6	保加利亚	3.1
德国	5.6	印度尼西亚	3.1
斯洛文尼亚	5.5	阿根廷	2.8
比利时	5.4	俄罗斯	2.7
塞浦路斯	5.4	越南	2.7
英国	5.4	菲律宾	2.4
中国台湾地区	5.3	马耳他	N/A
美国	5.3	所有国家和地区	4.9
葡萄牙	5.2	亚太经合组织19个国家和地区	4.7
法国	5.1	欧盟国家	5.2
西班牙	5.0	经合组织国家	5.4
波兰	4.8		

注：N/A表示缺乏相关数据。

三、外国直接投资

市场准入的一个重要组成部分是国家对流入或流出的外国直接投资的开放程度。① 富有竞争力的国内市场会允许外国公司参与竞争并鼓励外国直接投资。研究表明，外国直接投资对区域创新能力的提升和经济的增长起至关重要的作用，这种作用部分是通过技术和管理知识的转移来实现的。② 例如，达尔曼（Dahlman）认为，较高的外国直接投资率解释了东亚国家技术增长相对较快的原因。③ 科（Coe）、赫尔普曼（Helpman）、霍夫梅斯特（Hoffmeister）研究发现，发展中国家的外国研发投资越多，其生产率增速就越快。④ 这一部分是因为跨国公司能更好地扩大经济的规模和范围，这就使得它们比纯本土企业生产力更高，在中、小国家情况尤其如此。伊顿（Eaton）和科图姆（Kortum）估计，经合组织国家生产率增长的一半得益于贸易、许可所得和外国直接投资。⑤ 换句话说，外国直接投资构建了一个既能增强国内创新能力，又能增强全球创新能力的国际联系和知识网络。外商研发投资也已被证明能够刺激资金流入国本地企业，增加其本身在研发中的份额，从而带来区域集群创新型经济活动。因此，一个国家不仅要开放边境，接受外国直接投资的流入，而且应该允许国内企业投资海外，这点是非常必要的。

经合组织从四个方面对各国和各地区在外国直接投资上的限制进行了衡量：外资股权限制、筛选和事先批准、对关键外籍人员的限制以及对于

---

① Ezell and Atkinson. *Good, Bad, and Ugly*, 76.

② Michael P. Ryan. *Intellectual Property and Economic Growth* (working paper, George Washington University, Washington, D. C., 2008). http://www.law.gwu.edu/Academics/research_ centers/ciec/Documents/Notes%20on%20Creativity/IPANDECONOMICGROWTH.pdf.

③ Carl Dahlman. *Technology Strategy in East Asian Developing Economies* (working paper, World Bank, Washington, D. C., 1994).

④ Coe, Helpman, and Hoffmeister. *North-South R&D Spillovers*.

⑤ Eaton and Kortum. *Trade in Ideas*.

外资控股企业的经营限制①（见表 2—14）。对外国直接投资最直接的控制形式是对外国股权的限制。例如，印度禁止外商对房地产、核能、铁路和大多数农业活动投资。② 菲律宾的很多企业外商持股不能超过 40%。③ 马来西亚的金融部门对外资股权实施严格的限制。墨西哥在农业、能源、交通、传媒、无线通信、金融、法律 服务和教育等部门对外资股权设限。④

第二项指标是对国外直接投资的筛选和审批要求的存在程度。尽管筛选和审批需求可能有其合法的经济目的，但是如果执行或审批程序过于烦琐，它们也可能成为外国直接投资的实际障碍。例如在这项指标中得分最低的新西兰，只对能够带来以下结果的外商投资予以批准：（a）控制 25%或更多的所有权或利益，（b）新企业的创立启动成本超过 1 亿新西兰元，（c）收购企业财产价值超过一亿新西兰元。另外，新西兰还对“敏感”的土地投资和捕捞限额收购设定严格的审批要求。⑤

第三项指标是对外籍关键人员的限制。包括是否允许外籍人员入境、是否对外籍就业人员实施经济状况调查、是否对外籍人员就业设立时间限制、对董事会成员是否有国籍、居住地要求等。例如，秘鲁在人员方面就存在多种限制和要求。值得注意的是，在秘鲁，所有的雇主（包括外商独

---

① Blanka Kalinova, Angel Palerm, and Stephen Thomsen. *OECD's FDI Restrictiveness Index* (working paper, OECD, Paris, March 2010). http://dx.doi.org/10.1787/5km91p02zj7g-en.

② World Trade Organization. *Trade Policy Review: India* (Geneva: WTO, 2011), http://www.wto.org/english/tratop_e/tpr_e/tp349_e.htm. India recently opened its retail sector to 51 percent foreign ownership. See Vikas Bajaj. India to Ease Retail Rules for Foreign Companies. *New York Times*, November 24, 2011. http://www.nytimes.com/2011/11/25/business/global/india-to-allow-foreignretailers-to-own-stores.html.

③ World Trade Organization. *Trade Policy Review: The Philippines* (Geneva: WTO, 2005). http://www.wto.org/english/tratop_e/tpr_e/tp249_e.htm; Ezell and Atkinson, Good, Bad, and Ugly.

④ International Monetary Fund. *Annual Report on Exchange Arrangements and Exchange Restrictions database* (country reports; accessed July 15, 2011). http://elibrary.imf.org/page/AREAER/.

⑤ Ibid.

资企业的雇主)，在雇佣员工时都必须优待秘鲁国民，任何企业里外籍人士可能都不超过员工总数的20%，外籍员工的薪酬也可能不超过企业工资总额的30%。①

最后一项指标，包括本地注册要求、互惠要求（即外国直接投资的项目条款必须与投资者所在国家的相一致)，资金撤回限制以及对与地方财政和土地征用相关项目的限制。

表2—14　对外国直接投资的限制②

国家和地区	股权限制(0=最好；1=最差)	国家和地区	筛选和审批(0=最好；1=最差)	国家和地区	关键人员限制(0=最好；1=最差)	国家和地区	经营限制(0=最好；1=最差)
卢森堡	0.003	阿根廷	0.000	阿根廷	0.000	阿根廷	0.000
荷兰	0.003	比利时	0.000	奥地利	0.000	印度	0.000
葡萄牙	0.003	巴西	0.000	比利时	0.000	卢森堡	0.000
保加利亚*	0.003	智利	0.000	保加利亚*	0.000	罗马尼亚	0.000
罗马尼亚	0.008	捷克	0.000	加拿大	0.000	斯洛伐克	0.000
斯洛文尼亚	0.011	丹麦	0.000	捷克	0.000	斯洛文尼亚	0.000
比利时	0.014	爱沙尼亚	0.000	丹麦	0.000	西班牙	0.000
芬兰	0.019	芬兰	0.000	爱沙尼亚	0.000	丹麦	0.001
西班牙	0.019	法国	0.000	芬兰	0.000	匈牙利	0.001
德国	0.020	德国	0.000	德国	0.000	荷兰	0.001
南非	0.022	匈牙利	0.000	匈牙利	0.000	瑞典	0.001
澳大利亚	0.023	印度尼西亚	0.000	冰岛	0.000	土耳其	0.001

① OECD. *OECD Investment Policy Reviews*: *Peru* (Paris: OECD, 2008).

② Kalinova, Palerm, and Thomsen. *World Bank*, *Investing Across Borders* (investing across sectors; starting a foreign business; accessed September 29, 2011). http://iab.worldbank.org/.

续表

国家和地区	股权限制（0=最好；1=最差）	国家和地区	筛选和审批（0=最好；1=最差）	国家和地区	关键人员限制（0=最好；1=最差）	国家和地区	经营限制（0=最好；1=最差）
阿根廷	0.025	爱尔兰	0.000	爱尔兰	0.000	比利时	0.002
瑞典	0.028	意大利	0.000	以色列	0.000	韩国	0.002
希腊	0.032	日本	0.000	意大利	0.000	澳大利亚	0.003
爱尔兰	0.035	拉脱维亚	0.000	拉脱维亚	0.000	智利	0.003
立陶宛	0.036	立陶宛	0.000	立陶宛	0.000	葡萄牙	0.003
英国	0.036	卢森堡	0.000	卢森堡	0.000	德国	0.004
法国	0.038	荷兰	0.000	墨西哥	0.000	意大利	0.004
新西兰	0.039	挪威	0.000	荷兰	0.000	加拿大	0.005
捷克	0.049	秘鲁	0.000	新西兰	0.000	日本	0.005
斯洛伐克	0.049	波兰	0.000	波兰	0.000	挪威	0.005
新加坡*	0.051	葡萄牙	0.000	葡萄牙	0.000	捷克	0.006
拉脱维亚	0.051	罗马尼亚	0.000	罗马尼亚	0.000	美国	0.008
爱沙尼亚	0.052	斯洛伐克	0.000	新加坡*	0.000	奥地利	0.009
秘鲁	0.057	斯洛文尼亚	0.000	斯洛伐克	0.000	瑞士	0.011
奥地利	0.058	南非	0.000	斯洛文尼亚	0.000	法国	0.014
波兰	0.058	韩国	0.000	南非	0.000	印度尼西亚	0.014
丹麦	0.063	西班牙	0.000	西班牙	0.000	立陶宛	0.014
挪威	0.063	土耳其	0.000	瑞典	0.000	芬兰	0.021
匈牙利	0.065	英国	0.000	瑞士	0.000	英国	0.022
加拿大	0.067	美国	0.000	英国	0.000	新西兰	0.023
智利	0.067	希腊	0.002	法国	0.001	希腊	0.024

续表

国家和地区	股权限制（0=最好；1=最差）	国家和地区	筛选和审批（0=最好；1=最差）	国家和地区	关键人员限制（0=最好；1=最差）	国家和地区	经营限制（0=最好；1=最差）
意大利	0.069	奥地利	0.009	韩国	0.001	爱尔兰	0.024
以色列	0.070	瑞士	0.009	土耳其	0.001	以色列	0.032
瑞士	0.070	以色列	0.018	希腊	0.002	巴西	0.033
土耳其	0.070	印度	0.025	挪威	0.002	拉脱维亚	0.034
巴西	0.080	瑞典	0.027	澳大利亚	0.003	墨西哥	0.037
美国	0.100	俄罗斯	0.040	巴西	0.005	秘鲁	0.045
墨西哥	0.131	加拿大	0.082	印度	0.005	爱沙尼亚	0.046
韩国	0.139	墨西哥	0.095	俄罗斯	0.005	波兰	0.053
越南*	0.149	澳大利亚	0.108	日本	0.007	南非	0.067
马来西亚*	0.156	中国	0.135	美国	0.008	中国	0.069
冰岛	0.173	冰岛	0.200	智利	0.015	冰岛	0.108
印度	0.191	新西兰	0.200	马来西亚*	0.018	俄罗斯	0.122
菲律宾*	0.192	保加利亚	N/A	泰国*	0.018	保加利亚	N/A
俄罗斯	0.216	中国台湾地区	N/A	菲律宾*	0.021	中国台湾地区	N/A
中国	0.226	塞浦路斯	N/A	越南*	0.021	塞浦路斯	N/A
日本	0.230	中国香港特别行政区	N/A	中国	0.048	中国香港特别行政区	N/A
泰国*	0.232	马来西亚	N/A	印度尼西亚	0.048	马来西亚	N/A
印度尼西亚	0.274	马耳他	N/A	秘鲁	0.050	马耳他	N/A
中国台湾地区	N/A	菲律宾	N/A	中国台湾地区	N/A	菲律宾	N/A

续表

国家和地区	股权限制（0=最好；1=最差）	国家和地区	筛选和审批（0=最好；1=最差）	国家和地区	关键人员限制（0=最好；1=最差）	国家和地区	经营限制（0=最好；1=最差）
塞浦路斯	N/A	新加坡	N/A	塞浦路斯	N/A	新加坡	N/A
中国香港特别行政区	N/A	泰国	N/A	中国香港特别行政区	N/A	泰国	N/A
马耳他	N/A	越南	N/A	马耳他	N/A	越南	N/A
所有国家和地区	0.077	所有国家和地区	0.021	所有国家和地区	0.005	所有国家和地区	0.019
亚太经合组织19个国家和地区	0.138	亚太经合组织19个国家和地区	0.055	亚太经合组织19个国家和地区	0.016	亚太经合组织19个国家和地区	0.028
欧盟国家	0.033	欧盟国家	0.002	欧盟国家	0.000	欧盟国家	0.012
经合组织国家	0.058	经合组织国家	0.022	经合组织国家	0.001	经合组织国家	0.014

注：* 为估计数值；N/A 表示缺乏相关数据。

第三章
科学与研发

第一节　为什么科学与研发政策是重要的

一个国家和地区的科学与研发政策（有时也称为技术政策）对其经济活力起着至关重要的决定作用。对于那些劳动力成本更高、技术更先进的较发达国家而言，这通常意味着要实行能够提升创新和知识经济数量，并激励其走向商业化的科学与研发政策。而对于欠发达国家而言，这通常意味着实行的科学与研发政策，要能够使国内各组织采用比现用的更新、更好的技术（尽管这些方法对发达国家和发展中国家同样重要）。之所以强调科研政策，是因为假如没有这些政策，那么从社会的角度来说，一个经济体的创新水平便无法达到理想状态。的确，创新的显著溢出效应表明，即使是在“完美”的市场条件下，私营部门在产生创新的因素上也投资不足，研发也包含在这些因素之中。除此之外，各种机构常常不能够充分采用现有的创新成果，这部分原因是由于“学习失败”，但同时也是因为它们要将溢出效应应用于公司新资本设备的投资（例如，公司投资不足是因为它们无法从投资中获得所有的收益）。①

仅依靠市场的力量来引导创新投资会产生两个附加问题。第一个问题是企业在正面溢出效应最明显的基础及早期应用研究领域的投资会特别不

---

① Robert D. Atkinson. *Effective Corporate Tax Reform in the Global Innovation Economy* (technical report, Information Technology and Innovation Foundation, Washington, D. C., 2009). http://www.itif.org/files/090723_ CorpTax.pdf.

足。这一领域常有大学和研究机构参与进来：这些机构往往会进行更多的基础研究，而私营部门可以在产品和工艺创新方面借鉴这些研究。第二个问题是所谓的“死谷”。穿越“死谷”从早期研究走向商业化的道路是漫长的，并且充满了曲折和不确定性。正因为如此，企业常常避开穿越它，而是选择依靠创新性不强的途径，实现短期效益。

为了缓解这些问题，政府需要介入并支持私营部门投资，这是通过一系列政策，包括：研发的公共投入、支持研发和新资本投资的税收政策以及鼓励创新网络和帮助组织采用最佳实践技术的计划和政策来实现的。尽管这些政策可能只专注于增加国内创新成果和实现现有产业的现代化，但更重要的是，在全球化经济方面它们也促进了国际联系——或者换句话说，不只是区域化创新，而是全球创新网络。思想、知识和技能的跨国界共享不仅仅有利于国内经济，也使世界经济整体受益。这是一个“双赢”的协议，对所有各方来说，创新这块“蛋糕”也做大做强了。

正如科（Coe）和赫尔普曼（Helpman）所解释的那样，在一个拥有国际商品贸易和服务、外国直接投资以及国际信息交流和知识传播的世界里，一个国家和地区的生产力，既取决于本国和本地区的研发水平，也取决于其贸易伙伴的研发力度。的确，他们的研究发现，在 G7（七国集团，即美、英、法、德、意、加、日）国家，其本国和本地区研发回报率为123%，而全球研发回报率则为 155%。① 从这方面来说，科学和研发政策应该对国内经营的外商控股企业开放。比如说，研发税收激励不应该歧视外国公司。② 公共研发基金也不应该只分配给国内控股公司。自由参与全球经济是利用一个国家创新投资复合回报率网络效应的关键。

然而，使用特定的方法来实施这些政策会限制其有效性。例如，如果仅仅是创新生态系统中独立的区域企业集合，而不互相合作的话，那么产

① Coe and Helpman. *International R&D Spillovers*. The G7 countries are Canada, France, Germany, Italy, Japan, the United Kingdom, and the United States.

② Aside from stipulating that the R&D must be performed domestically.

业集群可能会表现不佳。特别是一些国家在其学习能力和价值链①显著提升之前，试图领跑世界创新领域的时候，某些政策的制定可能会挑战错误的创新。因此，各国和各地区应当制定并不断完善国家创新和竞争力策略，这样的话，政策是相关联的，并能够利用其潜在的协同效应。国家应该利用科学和研发工具的多元化组合，在其发展的各个阶段将战略性、广泛的技术和产业作为其目标。事实上，在认识到无论是传统的科学支持机构，还是大而僵化的经济部门，都不能充分协调创新政策后，世界上许多国家和地区在最近 10 年已经建立，或扩大了其国家和地区创新基金会。其中收效最显著的国家和地区——比如澳大利亚、奥地利、中国台湾地区、丹麦、芬兰、日本、荷兰、葡萄牙、新加坡、韩国、瑞典和英国等，已经拥有广泛的权利来制定和协调本国与本地区的创新政策。

第二节 国家和地区科学和研发政策全球评价

本章节采用五项指标对各国和各地区的科学和研发政策进行评估，如表 3—1 所示。这些指标包括：国家和地区研发税收激励，国防和非国防政府研发支出②，高等教育研发绩效，以及产业集群的发展活动。国家在科学研发政策上的得分占 17.5%的权重，各国和各地区在本项研究中的总排名也由此决定，如表 3—2 所示。

表 3—1 科学研发政策指标

指标	数据类型	来源	指标权重（%）
研发税收激励	指数	经合组织	20

① Justin Yifu Lin and Célestin Monga. *Growth Identification and Facilitation: The Role of the State in the Dynamics of Structural Change* (working paper, World Bank, Washington, D. C., May 2010).

② Due to wide disparities between high defense spenders and low defense spenders, the natural logarithm of defense R&D as a share of GDP was used in computing countries' tier ranks.

续表

指标	数据类型	来源	指标权重（%）
政府研发支出			
非国防	占 GDP 百分比	经合组织，联合国教科文组织（UNESCO）	30
国防	占 GDP 百分比	经合组织，联合国教科文组织	20
高等教育研发绩效	占 GDP 百分比	联合国教科文组织	20
产业集群发展	等级	世界教育联谊会（WEF）	10

表 3—2 科学和研发政策的国家和地区排名（按字母先后顺序排列）

高级	中高级	中低级	低级
澳大利亚	巴西	阿根廷	保加利亚
奥地利	中国	比利时	印度尼西亚
加拿大	捷克	智利	卢森堡
中国台湾地区	爱沙尼亚	塞浦路斯	马来西亚
丹麦	德国	希腊	马耳他
芬兰	中国香港特别行政区	匈牙利	墨西哥
法国	冰岛	爱尔兰	秘鲁
荷兰	印度	拉脱维亚	菲律宾
挪威	以色列	新西兰	斯洛伐克
新加坡	意大利	波兰	泰国
韩国	日本	罗马尼亚	越南
西班牙	立陶宛	南非	

续表

高级	中高级	中低级	低级
瑞典	葡萄牙	土耳其	
	俄罗斯		
	斯洛文尼亚		
	瑞士		
	英国		
	美国		

基于这些指标，西欧和北美洲的大部分国家和地区、亚洲四小龙和金砖四国（BRIC）（巴西、俄罗斯、印度及中国）在科学和研发政策排名中主导两个较高级别。澳大利亚在科学研发政策方面得分较高的原因主要是其拥有一流的研发税收激励政策。日本在所有各项指标中的得分都比较好，跻身于中高级的行列。俄罗斯位于中高等级的原因主要是其在国防研发上的高额支出。位于两个低级别行列的是那些仍需要大幅改进科学研发政策的国家和地区。新西兰和墨西哥在这一政策领域有所倒退，它们取消了研发税收激励，并且在政府研发支出和高校研发绩效继续落后于其他国家和地区。许多东亚国家，如印度尼西亚、马来西亚、菲律宾、泰国和越南等，科学和研发政策还不够成熟和完善。尽管在研发税收激励制度这一指标上的得分相对较高，但土耳其在其他指标上的表现拉低了其总得分，特别是在政府研发支出方面成绩不佳。另一方面，芬兰、瑞典和瑞士没有研发税收激励，但它们其他四项指标的得分相当高。

一、研发税收激励

这是各国和各地区研发税收激励力度的第一个分项指标。大部分研发税收激励工作，旨在奖励进行研发的所有行业的所有公司，使它们能够进行更多的研发。在很大程度上，这也是对那些即使拥有自己的专利和知识产权系统，也无法完全获取研发带来的所有利润的市场失灵公司的回应。这些激励措施可以成为增加私人创新投资的有效工具。它们不仅可以帮助企业克服“死谷”问题，即由于创新固有的不确定性而使企业不愿意投资创新，也有助于带来社会最优水平的创新投资。大量研究发现，由企业研发和创新活动带来的经济整体社会回报率是企业本身收到的预期回报率的至少 2 倍。① 例如，图克斯伯里（Tewksbury）、克兰德尔（Crandall）、克兰（Crane）经对 20 个杰出创新活动的回报率研究后发现，其平均个人回报率为 27%，但平均社会回报率则高达 99%，后者是前者的近 4 倍。②

几乎所有自 20 世纪 90 年代初进行的学术研究都发现，研发税收激励是有效且高效的。一项对 2011 年之前澳大利亚研发税收激励政策的研究发现，每 1 美元的税收支出能够生成 1 美元的研发。③ 三个独立的研究结果显示，加拿大的税收抵免政策，能够使每 1 美元的信贷生成 98 美分至

① See Charles I. Jones and John C. Williams. Measuring the Social Return to R&D. *Quarterly Journal of Economics* 113, no. 4 (1998): 1119-1135; Edwin Mansfield. Social Returns from R&D: Findings, Methods, and Limitations. *Research Technology Management* 34, no. 6 (1991): 24-27; Eric Brynjolfsson, Lauren Hitt, and Shinkyu Yang. *Intangible Assets: How the Interaction of Information Technology and Organizational Structure Affects Stock Market Valuations.*

② J. G. Tewksbury, M. S. Crandall, and W. E. Crane. Measuring the Societal Benefits of Innovation. *Science 209*, no. 4457 (1980): 658-662.

③ The U. S. tax credit, in particular, has been heavily studied. For example, the former U. S. Congressional Office of Technology Assessment concluded that, “For every dollar lost in tax revenue, the R&D tax credit produces a dollar increase in reported R&D spending, on the margin.” See Bronwyn Hall. *The Effectiveness of Research and Experimental Tax Credits: Critical Literature Review and Research Design* (technical report, Office of Technology Assessment, Washington, D. C., 1995). http://emlab. berkeley. edu/~ bhhall/papers/BHH95%20OTArtax. pdf. Other studies of the U. S. credit find even greater benefits, with the research investment to tax-cost ratio between 1. 3 and 2. 9. See Coopers and Lybrand. *Economic Benefits of the R&D Tax Credit* (New York: Coopers & Lybrand, 1998).

1.38美元的额外研发。① 好几个研究项目都对许多国家的研发税收激励进行了评估。通过对经合组织（OECD）17个国家研发税收激励政策的研究，盖莱克（Guellec）和范·波特斯伯格（Van Pottelsberghe）发现，税收激励能够有效地刺激企业研发。② 法尔克（Falk）认为，每1美元的研发税收支出能够激发出至少90美分的额外企业研发。③ 另一项由沃尔夫（Wolf）和瑞恩赛罗（Reinthaler）进行的跨国研究也得出结论，研发税收补贴能使1美元的税收支出产生至少1美元的研发。④ 同样，在一个对经合组织9个国家的研究中，布鲁姆（Bloom）和格里菲斯（Griffith）发现，每1美元的研发税收支出能激发1美元的企业研发。他们同时发现，信贷变化显著的三个国家（澳大利亚、加拿大和西班牙）私人研发的数量有所增加，而数量的减少会产生相反的效果。⑤

为了使其对创新生态系统的影响最大化，研发税收激励政策应当符合以下标准：

1. 研发税收激励措施应相对慷慨。

2. 税收激励应具有持久性，并确保减少不确定性、促进长期的创新项

① Australian Bureau of Industry Economics. *R&D, Innovation and Competitiveness: An Evaluation of the R&D Tax Concession* (Canberra: Australian Government Publishing Service, 1993). In 2011, Australia replaced its system of R&D super deductions with a system of R&D tax credits.

② Marcel Dagenais, Pierre Mohnen, and Pierre Therrien. *Do Canadian Firms Respond to Fiscal Incentives to Research and Development?* (working paper, CIRANO, Québec, 1997).

③ Dominique Guellec and Bruno van Pottelsberghe de la Potterie. The Impact of Public R&D Expenditure on Business R&D, *Economics of Innovation and New Technology 12*, no. 3 (2003): 225-243.

④ Martin Falk. *What Drives Business R&D across OECD Countries?* (working paper, Austrian Institute of Economic Research, Vienna, 2004).

⑤ Guntram B. Wolff and Volker Reinthaler. The Effectiveness of Subsidies Revisited: Accounting for Wage and Employment Effects in Business R&D. *Research Policy 37*, no. 8 (2008): 1403-1412.

目。它们无须在一个设定的时间段后重新授权。

3. 税收激励措施不应当歧视在国内从事经营活动的外国企业。那些在经济活动中歧视外国控股公司的国家，无法从整体的全球创新系统的创意、技能和知识共享中获益。①

4. 符合条件的研发的界定应当相对宽泛，既包括工艺创新，也包括产品创新。② 符合条件的研发也应当包括软件开发。

5. 该资格应该是向所有部门开放的，或向国家创新战略背景下选定的关键部门或技术领域开放。③

在表3—3中，研发税收激励的值是“1”减去大型、小型企业的B—指标平均分得出的平均数。B—指标的定义是：“包含研发投资的初始成本和支付的企业所得税在内的税前收入的现值，因此，进行研究活动是有利可图的。”④ 本节中的激励评分指标包括税收抵免、折旧免税额，以及其他研发资产的特殊津贴。如果税收激励歧视外资控股公司，那么B—指

---

① Nicholas Bloom and Rachel Griffith. The Internationalisation of UK R&D. *Fiscal Studies 22*, no. 3 (2001): 337-355.

② Requiring that the R&D be performed domestically is an acceptable practice, however.

③ The "Frascati" definition of R&D expenditure provides a baseline for grading individual countries' definitions of eligible expenditure, although there are several acceptable exemptions from the Frascati definition, including social science R&D, marketing expenses, and indirectly related expenditures. (For example, some economies, such as Norway, deem services expenditures such as ethnographic social research and concept piloting and prototyping as eligible for tax incentives. See SkatteFun. http://www.forskningsradet.no.) Likewise, while including capital expenditure related to R&D is a good practice, economies are not graded on capital expenditure eligibility in this study, due to the difficulty in parsing the effects of incentives for R&D capital expenditure from other, more general capital expenditure incentives present in many tax codes. See Organization for Economic Co-operation and Development, *Frascati Manual: Proposed Standard Practice for Surveys on Research and Experimental Development* (Paris: OECD, 2002).

④ Ezell and Atkinson. *Good, Bad, and Ugly.*

标的得分将扣除25%。① 由于B—指标检测方法的限制，再融资和亏损预报或亏损补报机制等不包含在本项分析内；适用研发税收激励措施的纳税人和资产基地也不包括在内。②

表3—3 研发税收激励得分（2008年）③

国家和地区	研发税收激励得分（B—指标平均分）	国家和地区	研发税收激励得分（B—指标平均分）
法国	0.425	瑞士	-0.008
澳大利亚（2011）*	0.350	冰岛	-0.009
西班牙	0.349	以色列	-0.011

① OECD. *Science, Technology and Industry Scoreboard 2009* (Paris: OECD, 2009). According to the OECD: "The B index is a unique tool for comparing the generosity of the tax treatment of R&D in different countries. However, its computation requires some simplifying assumptions. It should therefore be examined together with a set of other relevant policy indicators. Furthermore, its 'synthetic' nature does not allow for distinguishing the relative importance of the various policy tools it takes into account [such as depreciation allowances, special R&D allowances, tax credit, CITR (Corporate Income Tax Rate)]. B indexes have been calculated under the assumption that the 'representative firm' is taxable and may enjoy the full benefit of the tax allowance or credit. For incremental tax credits, calculation of the B index implicitly assumes that R&D investment is fully eligible for the credit and does not exceed the ceiling if there is one. Some detailed features of R&D tax schemes (such as refunding, carry-back and carry-forward of unused tax credit, or flow-through mechanisms) are therefore not taken into account. The effective impact of the R&D tax allowance or credit on the after-tax cost of R&D is affected by the level of the CITR. An increase in the CITR reduces the B index only in those countries with the most generous R&D tax treatment. If tax credits are taxable, the effect of the CITR on the B index depends only on the level of the depreciation allowance. If the latter is more than 100 percent for the total R&D expenditure, an increase in the CITR will reduce the B index. For countries with less generous R&D tax treatment, the B index is positively related to the CITR."

② B-index scores are penalized by 25 percent of their positive value.

③ OECD. *Science, Technology and Industry Scoreboard 2009*; OECD. *Science, Technology and Industry Scoreboard 2011* (Paris: OECD, 2011); Deloitte. *Global Survey of R&D Tax Incentives* (New York: Deloitte, 2011). http://www.investinamericasfuture.org/PDFs/Global%20RD%20Survey%20Final%20-%202011.pdf.

续表

国家和地区	研发税收激励得分（B—指标平均分）	国家和地区	研发税收激励得分（B—指标平均分）
葡萄牙	0. 281	卢森堡	-0. 014
捷克	0. 271	瑞典	-0. 015
印度	0. 269	爱沙尼亚*	-0. 02
巴西	0. 254	德国	-0. 02
韩国（2011）*	0. 220	墨西哥（2011）*	-0. 02
土耳其	0. 219	新西兰	-0. 02
挪威	0. 219	秘鲁*	-0. 02
加拿大**	0. 190	阿根廷	N/A
南非	0. 163	保加利亚	N/A
匈牙利	0. 162	中国台湾地区	N/A
中国（2011）*	0. 160	塞浦路斯	N/A
荷兰	0. 157	中国香港特别行政区	N/A
俄罗斯（2011）*	0. 150	印度尼西亚	N/A
英国	0. 142	拉脱维亚	N/A
丹麦	0. 138	立陶宛	N/A
日本	0. 138	马来西亚	N/A
意大利	0. 117	马耳他	N/A
爱尔兰	0. 109	菲律宾	N/A
新加坡	0. 094	罗马尼亚	N/A
比利时	0. 089	斯洛文尼亚	N/A
奥地利	0. 088	泰国	N/A
美国	0. 066	越南	N/A

续表

国家和地区	研发税收激励得分（B—指标平均分）	国家和地区	研发税收激励得分（B—指标平均分）
波兰	0.016	所有国家和地区	0.111
希腊	0.010	亚太经合组织19个国家和地区	0.089
智利	-0.006	欧盟国家	0.113
芬兰	-0.008	经合组织国家	0.107
斯洛伐克	-0.008		

＊为估计数据；＊＊加拿大的B指标（正的）平均值（0.253）对歧视外国控制的公司给予25%的罚分；N/A表示缺乏相关数据。

澳大利亚、法国和西班牙是到目前为止，税收激励制度最为慷慨的国家。澳大利亚平均B—指标得分为0.35，据估计这是其2011年7月生效的新研发税收激励系统带来的结果。澳大利亚是现今世界上提供研发税收抵免最慷慨的国家之一，大型企业可以申请40%的税收抵免，而中小型企业则可以申请45%的抵免。① 法国的平均B—指标得分为0.425，它所提供的税收减免相当于首笔符合条件的1亿欧元研发支出的30%，以及超出部分的5%。除此之外，对于新申请者，法国还提供第一年40%和次年35%的抵免。② 一些企业研发落后的国家，已经开始向大手笔的研发抵免转变，以助其赶上其他国家。例如，西班牙提供了数量众多的研发税收抵免，这其中包括平均25%的“批量抵免”；对于研发支出超过前两年平均水平的给予42%的“增量”抵免；对于研发人员工资的17%给予抵免；以及有形及无形的研发设施投入的8%也予以抵免。③ 这种大手笔反映在西班牙的B—指标得分上，为令人印象深刻的0.349。尽管从慷慨程度上讲要大大低

① OECD. *Science, Technology and Industry Scoreboard 2009*.

② R&D Tax Credit: Frequently Asked Questions. *AusIndustry*, June 21, 2011. http://www.ausindustry.gov.au/InnovationandRandD/RandDTaxCredit/Documents/RDTaxCreditFAQs.pdf.

③ 2011 rates.

于位列三甲的国家，但巴西、捷克、印度、挪威、葡萄牙、韩国和土耳其组成了税收抵免慷慨度的第二阵营，它们比剩下的所有国家都慷慨得多。

紧随其后的各国和各地区，尽管有各种形式的研发税收激励，但输在不够大方。[①] 加拿大则是个例外。使用 B—指标衡量法，经合组织给予加拿大的平均得分为 0.253 分，这得益于其慷慨的抵免。在加拿大，大型企业有资格获得 20%的无退款抵免，而中小型企业则可以申请 35%的退款抵免。然而，美国信息技术与创新基金会（ITIF）对于加拿大的平均 B—指标得分给予了罚分 25%的处理，因为只有加拿大控股的公司有资格获得 35%的税收抵免；外资控股公司仅能享受 20%的抵免。[②] 调整之后，加拿大的得分仅为 0.190 分。主要由慷慨程度造成，落后的国家包括日本、荷兰、南非、英国和美国。例如在美国，符合条件的研发支出超过了一个复杂的基本量时，公司有资格获得 20%的税收抵免；若研发支出超过了前三年平均量的 50%，还可以获得 14%的替代简化抵免（ASC）。但是，根据专业服务公司——德勒（Deloitte）的说法就是：“ASC 优先扣除的累积效应和基础计算规则是 ASC 的最大值低于目前符合条件的研发支出的 9.1%。”值得注意的是，美国的抵免不是永久性的，需要每两年再审批一次。[③]

爱沙尼亚、芬兰、德国、卢森堡、墨西哥、新西兰、秘鲁、瑞典和瑞士没有研发税收激励，因此在表 3—3 中的得分不佳。[④] 德国仅提供研发补助，但也正考虑在未来的 3—4 年内实施税收激励制度。[⑤] 新西兰近来已取

① Deloitte. *Global Survey of R&D Tax Incentives* (New York: Deloitte, 2011). http://www.investinamericasfuture.org/PDFs/Global% 20RD% 20Survey% 20Final% 20-% 202011.pdf.

② Another way a country may fall behind in the B index measure is if certain features of its R&D tax incentive regime are not captured in the B Index calculation.

③ Deloitte. *Global Survey of R&D Tax Incentives*.

④ Ibid. The fact that the United States R&D tax credit is not permanent is not captured in the B index calculation.

⑤ OECD. *Science, Technology and Industry Scoreboard 2011* (Paris: OECD, 2011).

消了研发税收抵免，现在仅有研究补助。① 墨西哥甚至在2010年税收改革法案中将补贴和税收抵免一并取消了，虽然它通过立法将补贴延长到了2011年。② 尽管秘鲁新当选的总统奥良塔·乌马拉（Ollanta Humala）提议由政府拨款并协调“优先”的研发领域，但该国不提供研发激励。③

二、政府研发支出

由于私营部门往往对创新投入不足，因此就需要公共研发资金来带动经济增长率和就业率的增长，并最大限度地改善人们的生活水平。除此之外，与私营部门相比，政府较少规避对高风险、处在初级阶段并尚未用于商业化的研究领域的投资。因此，利用公共资金支持研发有助于缓解由于“死谷”问题造成的私营部门投入不足。尽管这些处在初级阶段的研发项目中有一些短期内不会实现商业化，但是从长远来看，它们却更有可能产生为国内经济甚至世界经济带来巨大利润的突破性创新成果。例如，纳米技术是一项极有潜力的重要的未来科技。尽管纳米技术在21世纪就如同钢铁技术在20世纪初期一样重要，但这项新技术的商业化程度还很有限。因此，在纳米技术研究领域，政府投入的资金占绝大多数。尽管投资类似纳米技术是高风险项目，但公共研发已被证明是有效的：公共资助的研发投资回报率估计在20%—67%不等。④ 此外，多项研究发现，公共研发是私人研发的有益补充而非替代品，它使得信息在公共研发人员和行业间流

① Ernst and Young. *Research Incentives in the New Tax Landscape* (London: Ernst & Young, 2010). http://www.ey.com/Publication/vwLUAssets/Research_incentives_in_the_new_tax_landscape/$File/Research_incentives_in_the_new_tax_landscape.pdf.

② Ibid.

③ Deloitte. *Global Survey of R&D Tax Incentives*.

④ United Nations Conference on Trade and Development, Economic Commission for Latin America and the Caribbean, Science, Technology and Innovation Policy Review: Peru (New York: United Nations, 2011). http://www.unctad.org/en/docs/dtlstict20102_en.pdf; Patricia Guerra. New ICT Ministry Proposed under Humala's Platform. *Business News Americas*, June 10, 2011. http://www.bnamericas.com/news/technology/new-ict-ministry-proposed-under-humalas-platform.

动，增加工业研发的价值。①

本节包括两个分项指标：国防研发支出和非国防研发支出。尽管非国防研发支出所占的权重比国防研发支出高，因为前者更有可能关注提升竞争力和经济发展速度的创新，但是国防支出对于一个国家的创新生态系统而言仍然是有价值的，这归因于研发的总体溢出效应以及国防研发带来的附加利益。② 例如，因特网是美国政府资助的先进国防研发的直接产物，半导体技术的早期图谱也是如此。这就是说，由于军事保密和一些先进武器装备的高特异性，国防研发的溢出效益往往更有限。

在表3—4中，在非国防政府研发支出方面领先的是奥地利、芬兰、冰岛、新加坡和瑞典。冰岛和奥地利在非国防研发上的投入相当于其GDP的1%。亚洲国家和地区中新加坡处于领先地位，该国在非国防研发方面的投资相当于其GDP的0.78%。而另一方面，俄罗斯、英国和美国在这一指标上的排名都比较靠后，在非国防研发方面的投资分别占其GDP的0.47%、0.43%和0.31%。但是，如表3—5所示，俄罗斯、英国、美国在政府国防研发支出上的排名位于各国和各地区前列。然而，包括法国、韩国、瑞典在内的很多国家在国防和非国防研发上的得分都很高。重视一个方面不应当以损害另一方面为代价；俄罗斯、英国和美国可以并且应该，在不牺牲国家安全的同时，增加民用研发支出。

---

① U.S. Committee on Prospering in the Global Economy of the 21st Century and U.S. Committee on Science, Engineering, and Public Policy. *Rising Above the Gathering Storm: Energizing and Employing America for a Brighter Economic Future* (Washington, D.C.: National Academies Press, 2007).

② Wesley M. Cohen, Richard R. Nelson, and John P. Walsh. Links and Impacts: The Influence of Public Research on Industrial R&D. *Management Science 48*, no. 1 (2002): 1-23; For a review of the econometric evidence, see Paul A. David, Bronwyn H. Hall, and Andrew A. Toole. Is Public R&D a Complement or Substitute for Private R&D? A Review of the Econometric Evidence. *Research Policy 29*, no. 4 (2000): 497-529.

表 3—4 政府非国防研发支出占 GDP 的比重（2008 年）①

国家和地区	政府非国防研发支出（%）	国家和地区	政府非国防研发支出（%）
冰岛	1.02	立陶宛*	0.43
奥地利	0.99	英国	0.43
瑞典*	0.80	匈牙利	0.41

① UNESCO Institute for Statistics, Reports, Science and Technology (GERD financed by government; accessed June 2, 2011). http://stats.uis.unesco.org/unesco/ReportFolders/Report Folders.aspx; World Bank. *World Development Indicators* (gross domestic product; accessed June 2, 2011). http://data.worldbank.org/data-catalog/world-development-indicators; OECD. *Science, Technology and R&D Statistics* (gross domestic expenditure on R-D by sector of performance and source of funds; accessed June 2, 2011); OECD. *Science, Technology and R&D Statistics* (government budget appropriations or outlays for R-D; accessed October 3, 2011); Taiwan Directorate General of Budget, Accounting and Statistics. *National Accounts, Statistical Tables* (principle figures; accessed June 2, 2011); Carlos Henrique de Brito Cruz and Herman Chaimovich, Brazil, in *UNESCO Science Report 2010* (ed.) Susan Schneegans (Paris: UNESCO, 2010). http://unesdoc.unesco.org/images/0018/001899/189958e.pdf; Center for Strategic and International Studies, Defense-Industrial Initiatives Group. *India's Defense Spending and Military Modernization* (technical report, March 29, 2011). http://casi.ssc.upenn.edu/system/files/RR+-+CSIS.pdf; Richard A. Bitzinger. China's Defense-Budget: If Not More Transparent, At Least More Credible?. *Asian Military Review*, June 2008. http://www.asianmilitaryreview.com/upload/200806252205141.pdf; Hepeng Jia. China Slows R&D Funding Growth. *Chemistry World*, March 10, 2010. http://www.rsc.org/chemistryworld/News/2010/March/10031002.asp; S. Rajaratnam, School of International Studies. Indonesia's New Offset Policy: Time for Broader Defence Industrial Strategy – Analysis. *Eurasia Review*, August 8, 2011. http://www.eurasiareview.com/08082011-indonesia% E2% 80% 99s-new-offset-policy-time-for-broader-defence-industrial-strategy-analysis/; Business Monitor International. *Malaysia Defense and Security Report Q3 2011* (London: Business Monitor International, 2011); South Africa Human Sciences Research Council, Centre for Science, Technology and Innovation Indicators. *National Survey of Research & Experimental Development: Main Results 2008/09* (Cape Town: Human Sciences Research Council, 2011); 2008 data estimated for Belgium, Bulgaria, Chile, China, Cyprus, Denmark, Greece, Hong Kong, India, Indonesia, Israel, Latvia, Lithuania, Luxembourg, Malaysia, Malta, Mexico, Netherlands, New Zealand, Norway, the Philippines, Singapore, Slovak Republic, South Africa, Sweden, Thailand, Turkey, and Vietnam; no data available Peru.

续表

国家和地区	政府非国防研发支出（%）	国家和地区	政府非国防研发支出（%）
芬兰	0.79	罗马尼亚	0.40
新加坡*	0.78	阿根廷	0.35
丹麦*	0.76	波兰	0.35
澳大利亚	0.76	中国香港特别行政区*	0.35
中国台湾地区	0.74	智利*	0.35
挪威*	0.74	美国	0.31
以色列*	0.72	卢森堡*	0.30
德国	0.72	希腊*	0.30
韩国	0.71	中国*	0.30
荷兰*	0.69	拉脱维亚*	0.29
瑞士	0.68	保加利亚*	0.28
葡萄牙	0.66	塞浦路斯*	0.27
爱沙尼亚	0.64	斯洛伐克*	0.24
法国	0.59	土耳其*	0.22
捷克	0.59	墨西哥*	0.20
巴西	0.58	越南*	0.16
加拿大	0.58	马耳他*	0.16
新西兰*	0.53	泰国*	0.08
意大利	0.52	马来西亚*	0.07
西班牙	0.52	印度尼西亚*	0.04
印度*	0.52	菲律宾*	0.03
日本	0.51	秘鲁	N/A
爱尔兰	0.49	所有国家和地区	0.48

续表

国家和地区	政府非国防研发支出（%）	国家和地区	政府非国防研发支出（%）
斯洛文尼亚	0.49	亚太经合组织19个国家和地区	0.39
俄罗斯	0.47	欧盟国家	0.50
南非*	0.44	经合组织国家	0.56
比利时*	0.44		

注：*为估计数据；N/A表示缺乏相关数据。

表3—5　政府国防研发支出占GDP的比重（2008年）①

国家和地区	政府国防研发支出（%）	国家和地区	政府国防研发支出（%）
美国	0.44	土耳其*	0.00
法国	0.23	丹麦*	0.00
俄罗斯	0.21	瑞士	0.00
韩国	0.15	巴西	0.00
英国	0.12	越南*	0.00
瑞典*	0.11	马耳他*	0.00
西班牙	0.09	匈牙利	0.00
澳大利亚	0.06	阿根廷	0.00
中国*	0.05	希腊*	0.00
德国	0.05	泰国*	0.00
中国台湾地区	0.04	马来西亚*	0.00
挪威*	0.04	葡萄牙	0.00
日本	0.03	比利时*	0.00

① Ibid.（Same sources as for Table 3-4）.

续表

国家和地区	政府国防研发支出（%）	国家和地区	政府国防研发支出（%）
斯洛文尼亚	0.03	印度尼西亚*	0.00
芬兰	0.02	菲律宾*	0.00
加拿大	0.02	奥地利	0.00
新加坡*	0.02	智利*	0.00
捷克	0.01	冰岛	0.00
荷兰*	0.01	爱尔兰	0.00
波兰	0.01	以色列*	0.00
罗马尼亚	0.01	卢森堡*	0.00
印度*	0.01	墨西哥*	0.00
立陶宛*	0.01	新西兰*	0.00
爱沙尼亚	0.01	南非*	0.00
中国香港特别行政区*	0.01	秘鲁	N/A
意大利	0.01	所有国家和地区	0.03
拉脱维亚*	0.01	亚太经合组织19个国家和地区	0.06
保加利亚*	0.01	欧盟国家	0.03
塞浦路斯*	0.01	经合组织国家	0.04
斯洛伐克*	0.01		

注：＊为估计数据；N/A 表示无相关数据。

三、高等教育研发绩效

上一节讨论过，政府比私人更有可能在尚未实现商业化的早期研究领域进行投资。这其中的一个原因是，在许多国家，公共研发基金绝大部分是划拨给高校和其他高等教育机构的，基本、初级阶段的研究项目在这里进行，而不会受到私营部门盛行的奖惩制度的制约。也就是说，政府并非是高校研究资金的唯一来源；高校研究预算的相当一部分来自于私营部门和这些机构本身的收入。因此，要获得一个国家精确的创新生态系统的剪影，衡量其高等教育研发绩效是十分重要的。

如表3—6所示，在高等教育研发绩效方面排名领先的是奥地利、加拿大、丹麦、芬兰、冰岛、荷兰、瑞典和瑞士。上述每个国家的高等教育研发绩效在其GDP中所占比重都超过了0.6%。在金砖四国（BRIC）中，巴西遥遥领先，该国将相当于其GDP总额0.4%的资金作为对高等教育的研发投资。俄罗斯、印度和中国排名较后，它们在高校研发上的投资分别仅占GDP的0.07%、0.04%和0.12%。美国在这一指标上大大低于经合组织国家的平均水平，其在高等教育研发上的投资仅相当于GDP的0.36%，尽管这一数字只是略低于欧盟国家的平均水平。

表3—6 高等教育研发绩效占GDP的比重（2008年）①

国家和地区	高等教育研发绩效占GDP比重（%）	国家和地区	高等教育研发绩效占GDP比重（%）
瑞典	0.79	土耳其	0.32
丹麦	0.78	拉脱维亚	0.29
瑞士	0.72	智利*	0.27
荷兰	0.67	捷克	0.25

① UNESCO Institute for Statistics, Reports, Science and Technology (GERD performed by Higher Education; accessed June 2, 2011). http://stats.uis.unesco.org/unesco/ReportFolders/ReportFolders.aspx; World Bank. *World Development Indicators* (gross domestic product; accessed June 2, 2011). http://data.worldbank.org/data-catalog/world-development-indicators; OECD. *Science, Technology and R&D Statistics* (gross domestic expenditure on R-D by sector of performance and source of funds; accessed June 2, 2011); Taiwan Directorate General of Budget, Accounting and Statistics. *National Accounts, Statistical Tables* (principle figures; accessed June 2, 2011); 2008 data estimated for Brazil, Chile, Greece, India, Indonesia, Mexico, New Zealand, Peru, the Philippines, South Africa, Thailand, and Vietnam.

续表

国家和地区	高等教育研发绩效占 GDP 比重（%）	国家和地区	高等教育研发绩效占 GDP 比重（%）
冰岛	0.66	斯洛文尼亚	0.22
加拿大	0.64	匈牙利	0.22
芬兰	0.64	南非*	0.22
奥地利	0.64	波兰	0.20
澳大利亚	0.57	塞浦路斯	0.19
以色列	0.57	马耳他	0.17
爱沙尼亚	0.56	罗马尼亚	0.17
新加坡	0.55	阿根廷	0.15
葡萄牙	0.52	中国	0.12
挪威	0.52	墨西哥*	0.12
英国	0.47	斯洛伐克	0.11
德国	0.45	马来西亚	0.10
比利时	0.45	卢森堡	0.10
巴西*	0.43	泰国*	0.08
法国	0.43	秘鲁*	0.07
新西兰*	0.42	俄罗斯	0.07
立陶宛	0.42	越南*	0.05
爱尔兰	0.42	保加利亚	0.05
日本	0.40	印度*	0.04
中国香港特别行政区	0.40	菲律宾*	0.03
意大利	0.39	印度尼西亚*	0.02
韩国	0.37	所有国家和地区	0.34
西班牙	0.36	亚太经合组织 19 个国家和地区	0.26
美国	0.36	欧盟国家	0.38

续表

国家和地区	高等教育研发绩效占 GDP 比重（%）	国家和地区	高等教育研发绩效占 GDP 比重（%）
希腊*	0.35	经合组织国家	0.44
中国台湾地区	0.34		

注：* 为估计数据。

如果产出的研究成果没有转移到公司或企业，那么政府资助的高等教育研究对于国内创新生态系统的用处就会比较小。换句话说，获取高校研究的全部收益有赖于知识从高校到私营部门的有效转移，以便使其发展成为市场化的创新。在美国，1980 年的拜杜法案（Bayh-Dole Act）的主要条款，旨在通过将政府资助研究项目的知识产权授予研究机构来推动高校研究的商业化，而不是依赖于政府机构资助的不同政策。美国的研究机构现在通过研究许可赚取版税，此举旨在激励高校和其他研究机构寻求商业机会。① 包括巴西、中国、中国台湾地区、印度尼西亚、日本、马来西亚、菲律宾、俄罗斯、新加坡、南非和韩国在内的许多国家和地区已经开始效仿美国的做法，制定授予高校知识产权所有权的相关政策，而印度也正在考虑实施与拜杜法案（Bayh-Dole Act）相似的政策。② 然而，在鼓励高校将创新方法转化为技术方面，各国和各地区仍需多加努力。例如，利坦（Litan）、米切尔（Mitchell）和瑞迪（Reedy）推荐了一些替代性方案，方案强调加大创新成果转化的数量和速度，这与仅仅追捧“专利授权”的类似拜杜法案的政策截然相反。这些替代性方案包括高校与产业间的开源合作、创新成果的非专属授权以及为研究生和高校教师服务的社交网络的

① John A. Alic et al.（eds.）. *Beyond Spinoff, Military and Commercial Technologies in a Changing World*（Cambridge, MA: Harvard University Press, 1992）.

② Wendy H. Schacht. *Patent Ownership and Federal Research and Development (R&D): A Discussion of the Bayh-Dole Act and the Stevenson-Wydler Act*（technical report, Congressional Research Service, Washington, D. C., 2000）. http://ncseonline.org/nle/crsreports/science/st-66.cfm.

开发。①

① Bhaven N. Sampat. Lessons from Bayh-Dole. *Nature 468*, no. 7325 (2010): 755-756; Brad Sherman. *The Patenting of University-based Research in Australia*, video, 2: 01: 43, from Bayh-Dole @ 30: Mapping the Future of University Patenting, University of California, Davis, April 30, 2011. http://mediasite.ucdavis.edu/Mediasite/Viewer/?peid=17f3390d85c1479ba88 ad672c03fd3f21d; Alan Collier and Brendan Gray. *The Commercialisation of University Innovations: A Qualitative Analysis of the New Zealand Situation* (technical report, University of Otago, 2010). http://www.otago.ac.nz/entrepreneurship/docs/Qual%20report_31%20Augu-st%202010.pdf; University Brunei Darussalem. *Intellectual Property Policy*, March 15, 2010. http://www.wipo.int/clea/docs_new/pdf/en/bn/bn022en.pdf; Amit Shovon Ray and Sabyasachi Saha. *Patenting Public-Funded Research for Technology Transfer: A Conceptual Synthesis of US Evidence and Lessons for India* (working paper, Indian Council for Research on International Economic Relations, January 2010). http://www.icrier.org/pdf/WorkingPaper244.pdf; Scott Valentine. IP in Canada. *Canadian Broadcasting Corporation*, December 11, 2007. http://www.cbc.ca/news/background/tech/hightech/ip.html; Gregory D. Graff. Echoes of Bayh-Dole? A Survey of IP and Technology Transfer Policies in Emerging and Developing Economies. *Intellectual Property Management in Health and Agricultural Innovation: A Handbook of Best Practices* (eds.) Anatole Krattiger et al. (Oxford: MIHR; Davis, CA: PIPRA, 2007). http://www.iphandbook.org/handbook/ch03/p03/; Hepeng Jia. China Allows Academics to Own Patents. *Chemistry World*, news release, January 4, 2008. http://www.rsc.org/chemistryworld/News/2008/January/04010802.asp; Risaburo Nezu et al.. *Technology Transfer, Intellectual Property and Effective University-Industry Partnerships: The Experience of China, India, Japan, Philippines, the Republic of Korea, Singapore and Thailand* (Geneva: World Intellectual Property Organization, 2007). http://www.wipo.int/freepublications/en/intproperty/928/wipo_pub_928.pdf; David Mowery. *University-Industry Collaboration and Technology Transfer in Hong Kong and Knowledge-based Economic Growth* (working paper, University of California, Berkeley, 2009). http://www.savantas.org/cmsimg/files/Research/HKIP/Report/1_mowery.pdf; M. V. Ramani. Technology Commercialization by Academic Institutions of Far East Countries: A Review. *Society for Technology Management*, newsletter, July 2009. http://www.fenwick.com/docstore/publications/ip/technology_transfer_considerations.pdf; Ryoichi Namikawa. Intellectual Property in R&D Project under Japanese Bayh-Dole System. *International Journal of Technology Transfer and Commercialisation 9*, no. 1 (2010): 9-24; Anil Narayan and Keith Hooper. *The Role of Government towards Encouraging the Development of Academic Research Commercialisation in New Zealand Universities: A Historical Overview of Policy Directions* (working paper, Auckland University of Technology, 2010). http://www.victoria.ac.nz/sacl/6ahic/Publications/6AHIC-34_FINAL_paper.pdf; L. Stanley. *Country Report: Papua New Guinea* (presentation, WIPO Regional Workshop on Effective Management of Intellectual

四、产业集群发展

有证据表明，地理上集中的行业，生产率和就业率更高、工资增长更快、专利水平也更高。①产业集群能够使公司充分利用公共资源，如接受特殊培训的员工、技术学院或共同的供应商基地等，以更好地促进劳动力市场匹配和知识共享。这个过程与那些更依赖创作或新技术应用的行业尤其相关，因为集群似乎能促进知识的转化。②就如同每一位额外的宽带用户都能为互联网现有用户带来更多价值一样，集群中的每一家企业都能为

（接上页注①）Property Academies: Challenges and Responses, Jakarta, February 2, 2010). http://www.wipo.int/edocs/mdocs/aspac/en/wipo_ip_jkt_10/wipo_ip_jkt_10_topic09_papua_new_guinea.pdf; *Patents*, *Intellectual Property Office of Papua New Guinea*, 2011. http://www.ipopng.gov.pg/patents.htm; United Nations Conference on Trade and Development, Economic Commission for Latin America and the Caribbean, Science, Technology and Innovation Policy Review: Peru (New York: United Nations, 2011). http://www.unctad.org/en/docs/dtlstict20102_en.pdf; W. Lesser. The Role of Intellectual Property Rights in Biotechnology Transfer under the Convention on Biological Diversity. *ISAAA Briefs*, no. 3 (1997): 22; Erica Poon. Bayh-Dole Comes to the Philippines. *Managing Intellectual Property*, April 14, 2011. http://www.managingip.com/Article/2807576/Bayh-Dole-comes-to-the-Philippines.html; Jae-hwan Park and James Moultrie. *Understanding University Academics' Internal and External Knowledge Interactions in Different Disciplines: Evidence from Universities in South Korea* (conference paper, Imperial College London Business School, June 16, 2010). http://www2.druid.dk/conferences/viewpaper.php?id=502087&cf=43; David Cyranoski. Taiwan's Hopes for a Biotech Revolution. *Nature*, July 10, 2009. http://www.nature.com/news/2009/090710/full/news.2009.643.html; Orakanoke Phanraksa. *Uniformity of the Patent Policy in Technology Transfer in Thailand: To What Extent Can the Bayh-Dole Act Concept be Adapted for the Thai Technology Transfer System?* (dissertation, University of Washington, 2005); Wendy H. Schacht. *Patent Ownership and Federal Research and Development (R&D): A Discussion of the Bayh-Dole Act and the Stevenson-Wydler Act* (technical report, Congressional Research Service, Washington, D.C., 2000). http://ncseonline.org/nle/crsreports/science/st-66.cfm.

① Robert E. Litan, Lesa Mitchell, and E.J. Reedy. *Commercializing University Innovations: Alternative Approaches* (working paper, National Bureau of Economic Research, Cambridge, MA, May 2007).

② Mercedes Delgado, Michael E. Porter, and Scott Stern. *Clusters, Convergence, and Economic Performance* (working paper, Harvard Business School, Cambridge, MA, 2011). http://www.isc.hbs.edu/pdf/DPS_Clusters_Performance_2011-0311.pdf.

使整个集群对其他企业更有价值做出贡献。这是因为地理集群的溢出收益超越了企业的界限，市场规律产生的地理集群比社会决策要少。除此之外，集群中的企业常常有共同的需求（比如员工培训或基础设施），而这些需求是靠其自身力量无法满足的。集群内的企业也常需要外部合作来满足需求，比如说来自国家创新基金的扶持。然而，成功的产业集群的关键并不是简单地将类似的企业集中在一个地方并为它们贴上某个标签（比如“高科技谷”之类的）。正如萨克森尼（Saxenian）等人所指出的那样，地理集群的优势依赖于一个动态的、区域学习系统内的企业和其他组织的积极参与。① 例如，研究显示，集群主体间的非正式交流产生的创新成果更多。② 因此，对那些致力于追求动态集群的国家来说，仅将企业的不动产放在一起是不够的。想要创建高功能的区域创新生态系统，各国和各地区也应着力于确保企业间积极合作和相互学习。

产业集群的经典例子是加利福尼亚的“硅谷”，这里聚集了大批的高科技公司、斯坦福这样的研究型大学、培养高科技人才的技术学院、风险投资家以及其他一些共同支持“硅谷”成为世界最有活力研究区域的机构。③ 在中国，有人将北京的“中关村科技园”誉为“中国的硅谷”，因为它从周边的多所学院和研究型大学吸引人才。④ 日本在生物医学、信息

---

① Joseph Cortright. *Making Sense of Clusters*: *Regional Competitiveness and Economic Development* (Washington: Brookings Institution, 2006); Andrew Reamer, Larry Icerman, and Jan Youtie. *Technology Transfer and Commercialization*: *Their Role in Economic Development* (Washington, D. C.: Department of Commerce, Economic Development Administration, 2003), 57-110. http://www.eda.gov/ImageCache/EDAPublic/documents/pdfdocs/eda_ 5fttc_ 2epdf/v1/eda _ 5fttc. pdf.

② Timothy Bresnahan, Alfonso Gambardella, and Annalee Saxenian. “Old Economy” Inputs for “New Economy” Outcomes: Cluster Formation in the New Silicon Valleys. *Industrial and Corporate Change 10*, no. 4 (2001): 835-860.

③ Michale S. Dahl and ChristianO. R. Pedersen. *Knowledge Flows through Informal Contacts in Industrial Clusters*: *Myths or Realities*? (working paper, Danish Research Unit for Industrial Dynamics, Aalborg Oe, Denmark, 2003). http://www.druid.dk/wp/pdf_ files/03-01. pdf.

④ Robert D. Atkinson and Stephen J. Ezell. *The Race for Global Innovation Advantage*: *And Why the United States is Falling Behind* (New Haven, CT: Yale University Press, forthcoming).

通信技术（ICT）、制造业、半导体和环境等领域建立了全国 17 个产业集群项目。① 意大利在产业集群方面有着悠久的历史，该国自称已经建立了全国范围内横跨制造业的 100 多个产业集群。② 瑞士有 3 个主要的高科技产业集群：位于苏黎世附近的电力机械集群、位于巴塞尔的药品和化学品集群以及基地位于伯尔尼和汝拉州的精密仪器和医疗设备集群。③ 中国台湾地区也有一些发展良好的产业集群，例如拥有 3000 多家常驻企业的台北内湖科技园区。④ 新加坡已为产业集群发展分配出许多区域，目前，其已拥有包括生物医学、石油化工、食品和海运业在内的多个产业集群。⑤ 表 3—7 显示了各国和各地区产业集群发展的评级。

表 3—7　产业集群发展评级⑥

国家和地区	产业集群发展评级（7=最好；1=最差）	国家和地区	产业集群发展评级（7=最好；1=最差）
意大利	5.5	泰国	4.1
中国台湾地区	5.4	塞浦路斯	4.0
日本	5.4	捷克	4.0

① China Internet Information Center. *Zongguancun, China's Silicon Valley*, (accessed August 10, 2011). http://www.china.org.cn/english/travel/51023.htm.

② Shinya Okuda. *The Industrial Cluster Policy of Japan* (presentation, EU-Japan Forum on Research, Technology, and Innovation, Kobe University, April 22, 2006). http://www.deljpn.ec.europa.eu/data/current/dataobj-480-data.pdf.

③ Clusters Flustered. *Economist*, April 14, 2011. http://www.economist.com/node/18560669.

④ Patrick Dümmler and Alain Thierstein. *Identifying and Managing Clusters – Evidence from Switzerland* (conference paper, Uddevalla Symposium 2003, Trollhtan, Sweden, 2003), http://e-collection.library.ethz.ch/eserv/eth: 26802/eth-26802-01.pdf.

⑤ Tian-jy Chen. *Taiwan's Industrial Development Strategies* (presentation, 1st Global Monte Jade Summit and Taiwan MJ Annual Conference, Taipei, July 30, 2008), www.cepd.gov.tw/dn.aspx? uid=5712.

⑥ Klaus Schwab et al.. *The Global Competitiveness Report 2010-2011* (Geneva: World Economic Forum, 2010). http://www3.weforum.org/docs/WEF_GlobalCompetitivenessReport_2010-11.pdf.

续表

国家和地区	产业集群发展评级（7=最好；1=最差）	国家和地区	产业集群发展评级（7=最好；1=最差）
新加坡	5.2	南非	4.0
瑞士	5.2	墨西哥	3.8
芬兰	5.1	斯洛文尼亚	3.8
中国香港特别行政区	5.1	冰岛	3.7
瑞典	5.1	马耳他	3.7
美国	5.1	新西兰	3.7
加拿大	5.0	菲律宾	3.7
德国	5.0	葡萄牙	3.7
英国	5.0	阿根廷	3.6
越南	4.9	斯洛伐克	3.6
卢森堡	4.8	土耳其	3.6
马来西亚	4.8	以色列	3.5
中国	4.7	秘鲁	3.4
荷兰	4.7	俄罗斯	3.2
挪威	4.7	爱沙尼亚	3.1
奥地利	4.6	希腊	2.9
丹麦	4.6	匈牙利	2.9
巴西	4.5	拉脱维亚	2.9
印度尼西亚	4.5	立陶宛	2.9
韩国	4.4	波兰	2.9
比利时	4.3	保加利亚	2.8

续表

国家和地区	产业集群发展评级 (7=最好；1=最差)	国家和地区	产业集群发展评级 (7=最好；1=最差)
法国	4.2	罗马尼亚	2.8
印度	4.2	所有国家和地区	4.2
澳大利亚	4.1	亚太经合组织 19 个国家和地区	4.5
智利	4.1	欧盟国家	4.0
爱尔兰	4.1	经合组织国家	4.2
西班牙	4.1		

第四章
国内市场竞争与创业

第一节 为什么国内市场竞争与创业是重要的

虽然经济规划者们越来越关注于出口导向型增长，然而由健全、公平的监管环境支持，并允许现有的和新成立的企业在同一水平上竞争，充满活力的国内市场仍然是经济繁荣的关键。那些支持国内市场竞争的国家在为创新企业蓬勃发展创造条件的同时，也激励已有企业不断创新，以提高生产力。当然，这些国家需要支持发展具有更高附加值的、全球贸易的行业。然而，来自麦肯锡全球研究院一份最近的报告发现，那些超越同行的国家，并非具有更为优化的行业组合（例如，较多高科技产业的岗位），而是它们国家所有企业（包括不太令人兴奋的零售或运输）更富有成效。① 换言之，一个经济体制中所有公司的生产力比组成该经济体制的行业组合更为重要。这点同样适用于发达国家和发展中国家。正如麦肯锡的报告中所详细阐述的那样：一些观察人士认为，国家之所以能超越同类国家是因为它们具有更良好的增长势头的行业组合。但行业组合并不能完全解释收入水平相似的国家间增长表现上的差异。处在经济发展大致相同阶段的国家之间②，这种行业组合也惊人的相似。

麦肯锡是通过计算 12 个国家（6 个发达国家和 6 个发展中国家）的

---

① McKinsey Global Institute. *How to Compete and Grow: A Sector Guide to Policy* (New York: McKinsey, 2010). http://www.mckinsey.com/mgi/reports/freepass_pdfs/competitiveness/Full_Report_Competitiveness.pdf.

② Ibid, 26.

“增长势头”得出上述结论的。增长势头的计算是采用每个国家现有的产业组成（即如制造业、零售业、建筑业、交通运输业、农业等产业的实际份额），并假设所有的6个国家中相同产业以平均增长率增长，预测经济会产生多少总增加值。麦肯锡首先计算了6个主要发达国家的增长势头：法国、德国、日本、韩国、英国和美国。研究表明，由一个国家原始的产业组合所预测出的经济增长率在高度发达国家里增幅有限，即从1.8%—2.3%，但实际增长率显示的范围要比这大得多，从日本的0.4%到美国的3.3%，这也表明一些国家的产业远远优于其他国家的产业。换言之，美国行业相对较高的生产力表现使得其在1995—2005年期间综合年增长比原本预期高出0.9%，而与此同时日本相对较低的生产力表现使其增长比原本预期低1.7%。这些发现不仅适用于发达国家，把它运用到6个发展中国家：中国、印度、墨西哥、俄罗斯、巴西和南非，也得出了相似的结论。麦肯锡发现，1995—2005年间综合年增长率范围从俄罗斯的3.6%、墨西哥的3.9%到中国的9.1%不等。这些实际增长率不同于1995年这些国家初期产业组合所预期的增长势头。也就是说，如果这6个发展中国家每个国家的产业以同产业的平均增长率增长的话，俄罗斯的经济按预计应增长6.7%，墨西哥6.0%，中国5.7%。换言之，从1995年到2005年，中国产业表现的差异意味着其综合年增长率好于预期3.4%印度好于预期0.3%，而墨西哥比预期低2.1%，以及巴西、印度和俄罗斯分别比预期低2.5%、3.1%和4.1%。

正如麦肯锡结论中所表述的：这阐明了一个事实，即使一开始产业组合优势较小，快速增长的国家在行业竞争方面的表现仍优于同类国家。①

是什么驱动着行业绩效呢？研究表明，国家间促进生产力增长最强大的驱动力之一是竞争市场的存在。麦肯锡全球研究院前院长威廉·刘易斯（William Lewis）认为或许没有比现有的竞争市场对推动经济增长更为重要的因素了。正如刘易斯（Lewis）解释道：“产品市场竞争的差异（相比劳

① McKinsey Global Institute. *How to Compete and Grow: A Sector Guide to Policy* (New York: McKinsey, 2010), 27. http://www.mckinsey.com/mgi/reports/freepass_pdfs/competitiveness/Full_Report_Competitiveness.pdf.

动力和资本市场的差异）更重要。管理产品市场竞争的政策和管理宏观经济的政策同样重要。”① 这意味着诸如产品和劳动力市场规范、竞争政策和科技政策之类的微观经济因素和宏观经济因素对经济增长（如果不是更重要）同样重要。这也意味着一个国家企业的生产力与该国的监管环境紧密相联。简而言之，国家创造了一个竞争的大气候，迫使该国的企业变得更具生产力和创新力。这包括了取消限制竞争的限制性规定、现行的保护性措施和境外贸易限制。

不幸的是，许多国家现有的限制性监管制度会严重抑制经济增长。②例如，麦肯锡全球研究院的报告观察发现，在某些诸如零售等行业，规定本身很大程度上解释了国家与国家之间在生产力和就业上的巨大差异。而且因为此类产业规模巨大，政策选择对一个国家的整体国内生产总值就会产生巨大的影响。一种允许效率更高的现代超市和便利店快速扩张的监管环境能够提高生产力，因为大型连锁店可以在采购、销售和仓储运作中获得规模化利益。然而，许多国家选择了通过设置外国直接投资、竞争准入、分区法和限制商店规模等壁垒来保护小型零售商铺。③

加布里埃尔·桑切斯（Gabriel Sanchez）发现，阿根廷在最近的20年中，其杂货零售行业经历了生产率的大幅下降，主要原因是由于其大型、生产型的企业被施加了极其严格的监管限制，导致失去了市场份额。④ 在这种情况下，不是创造性的破坏导致低效生产企业出局，而是针对大型高效率企业采取歧视性的政策，以及小型、非正式企业缺乏监管措施，意味着那些相对低效企业（在许多情况下，销售低质量杂货的企业）实际上获得了市场份额。例如，小商店可以出售已过期的产品，而大公司则被迫丢弃这些食物。小杂货店交的税要少很多。开一家大型的杂货商店需要花四

---

① William Lewis. *The Power of Productivity* (Chicago: University of Chicago Press, 2005). http://www.press.uchicago.edu/Misc/Chicago/476766.html.

② Lewis. *The Power of Productivity*.

③ McKinsey Global Institute. *How to Compete and Grow*, 35.

④ Gabriel Sanchez. *Understanding Productivity Levels, Growth and Dispersion in Argentina: the Case of Supermarkets* (working paper, IERAL, Buenos Aires, February 13, 2008). http://www.merit.unu.edu/MEIDE/papers/2009/1236010806_ GS.pdf.

年的时间申请，法规限制了任何一家商店在同一个地区的规模和最多的商店数量。此外，政府对食品价格实行控制，但只针对大型商店，阿根廷政府限制大型商店进口某些商品。

当然，绝不只是阿根廷在限制其国内零售行业的竞争。在日本，限制大型超级市场进入，并给予留在业内的小型零售商提供激励措施的法律，说明了该国家庭零售商的高份额和低效率的原因。① 日本政府给予小商店提供宽松的贷款，与此同时，该国高资本收益税也很难激励业主们出售世上最有价值的房产。因此，日本的零售行业50%是由小商店组成的。相比而言，美国只有12%。然而，许多美国社区已经通过了旨在限制“大鹏屋”零售商的区域法规。马里兰州通过立法强制规定沃尔玛为其员工提供健康保险，但这只针对沃尔玛，并不包括小型零售商。这些仅仅是来自零售业的例子。在所有国家的各个行业都能发现类似的例子。例如，美国各州都有法规禁止消费者从网上购买汽车，旨在保护汽车销售商的工作。②并且随着互联网时代的到来，在线商务模式得以实现。许多行业已经向政府寻求保护（往往成功），试图阻碍更高效、低成本的电子商务参与竞争。

与试图保护其产业的国家形成鲜明对比的是，那些放开零售业的国家的行业生产力得以迅猛地提高，其结果大大促进了经济的增长。因为更现代的零售商赢得了日益增长的市场份额，俄罗斯的零售业生产力在最近的10年里增长了1倍多，从15%增加到31%，达到了美国的水平。③ 由于墨西哥在过去的五年内便利店数量从1000多家激增到6000多家，墨西哥的食品零售业向国际竞争市场开放导致了竞争日益加剧，价格降低。由于食品的价格比其他商品的价格增长速度要小得多，墨西哥消费者已经完全成为这种日益加剧竞争的受益者。④ 在瑞典，放开零售商店的营业时间和分

---

① McKinsey Global Institute. *Why the Japanese Economy is Not Growing: Micro Barriers to Productivity Growth* (New York: McKinsey, 2000).

② Robert D. Atkinson and Mark Cooper. A Cure by Way of the Consumer. *Washington Times*, December 17, 2008. http://www.washingtontimes.com/news/2008/dec/17/ailing-auto- industry/.

③ McKinsey Global Institute. *How to Compete and Grow*, 36.

④ Ibid, 37.

区法规促进了竞争，使得零售业的生产力从 1995 年起，10 年内以每年 4.6%的速度增长。①

因此，提高国内诸如零售业之类的非贸易行业的生产力并非微不足道，它对经济可产生深远的影响。例如，尽管日本拥有一些极为高效的和创新型的跨国公司，然而其总体生产力只有美国的 70%。韩国的生产力只有美国的 50%。这种差距在发展中国家更大。印度的总生产力仅是美国的 8%，而中国的生产力只有美国的 14%。② 很明显，这传递了一个同样适用于发达国家和发展中国家的信息：吸引更多高附加值的出口企业从长远角度来看并不是促进经济增长的主要途径，要提高经济各方面的生产力而并非国际贸易。③ 为了促进国内这些非贸易行业，并为新成立的创新企业得以蓬勃发展创造条件，确保国内竞争的政策是至关重要的。国家要考虑法规对创新产生的影响，这一点也是重要的。然而，传统的经济理论认为，法规不可避免地给企业带来成本负担，导致它们重新分配支出，减少在创新上的投入。在有些情况下，人性化的法规可以在一个经济体制中刺激创新，提高生产力。④ 尤其是那些灵活的规定，包括建立在激励基础上的法规和绩效标准，往往通过使企业得到最大化的执行空间，允许市场制定出有成本效益和商业利益的解决方案，从而促进创新。

第二节　国家和地区国内市场竞争开放度全球评价

在本节中，如表 4—1 显示，21 个指标被分成三个类别——监管环境、

① McKinsey Global Institute. *How to Compete and Grow*, 36.

② Robert D. Atkinson. Time to End Rampant Mercantilism. *G8/G20 Magazine*, June 2010. http://www.itif.org/files/G8G20_ RAtkinson.pdf.

③ Atkinson. *Globalisation, New Technology and Economic Transformation.*

④ Luke A. Stewart. *The Impact of Regulation on Innovation in the United States: A Cross-Industry Literature Review* (technical report, Institute of Medicine Committee on Patient Safety and Health IT, June 2010). http://www.iom.edu/~/media/Files/Report%20Files/2011/Health-IT/Commissioned-paper-Impact-of-Regulation-on-Innovation.pdf.

竞争环境和创业环境，以此来评估各国和各地区对国内市场竞争的开放程度。60%的权重被分配到15个指标中，这些指标对国家和地区监管环境如何促进国内市场的高度竞争进行评估。竞争环境类别里的四个指标，占25%的权重，组成了国内市场竞争的总体措施；它们反映了在监管环境类别中，创建竞争的国内市场措施的有效性。鼓励新企业进入对形成一个竞争性的国内市场是非常重要的，占国家和地区15%的权重。

表4—1　国内市场竞争和创业指标

比例（%）	指标	数据类型	来源	指标权重（%）
60	监管环境			
	创业			
	创业程序	#程序	世界银行	3.33
	创业时间	#天	世界银行	3.33
	创业成本	% 人均收入	世界银行	3.33
	资产收购			
	购买/租赁资产的程序	#程序	世界银行	2.50
	购买/租赁资产的时间	# 天	世界银行	2.50
	执行合同			
	执行合同的程序	#程序	世界银行	3.33
	执行合同时间	#天	世界银行	3.33
	执行合同的成本	%总量	世界银行	3.33
	吸引人才			
	刚性就业	比率	世界经济论坛	15.00
	报酬对于生产力的影响	比率	世界经济论坛	5.00
	关闭企业			
	关闭企业时的回报率	美分/美元	世界银行	3.33
	关闭企业的时间	#年	世界银行	3.33
	关闭企业的成本	%财产	世界银行	3.33
	廉洁的经营环境			
	不正常的付款和贿赂	比率	世界经济论坛	2.50
	监管和行政行为的透明度	比率	经合组织	2.50

续表

<table>
<tr><th>比例（%）</th><th>指标</th><th>数据类型</th><th>来源</th><th>指标权重（%）</th></tr>
<tr><td rowspan="5">25</td><td colspan="4">竞争环境</td></tr>
<tr><td>地方竞争强度</td><td>比率</td><td>世界经济论坛</td><td>10.00</td></tr>
<tr><td>市场支配地位的程度</td><td>比率</td><td>世界经济论坛</td><td>5.00</td></tr>
<tr><td>挑战法律的效率</td><td>比率</td><td>世界经济论坛</td><td>5.00</td></tr>
<tr><td>竞争壁垒</td><td>比率</td><td>经合组织</td><td>5.00</td></tr>
<tr><td rowspan="2">15</td><td colspan="4">创业环境</td></tr>
<tr><td>新公司的数量</td><td>每千名员工的
新公司</td><td>世界银行
考夫曼基金会</td><td>10.00</td></tr>
</table>

注：#表示未经处理的原始数值。

表4—2显示了这些措施的国家和地区排名。澳大利亚、加拿大、丹麦、中国香港特别行政区、新加坡、瑞士、英国和美国都排在了前列。这些排名靠前的国家和地区找到了一个最佳平衡点，一方面使监管制度不要超负荷，能够使国内贸易灵活而具有竞争性，另一方面又能提供新企业资金、培训和发展机会。这些国家使公司能够容易地得以启动、获得资金、购置资产、吸引有才能的员工、执行合同、在必要时关闭或调整运营以及在一个普遍无腐败的环境中运营。虽然它们肯定并不完美，但是它们一般都有已颁布的政策来鼓励国内市场竞争（包括由国外企业引入的国内业务），以此鼓励新企业进入。这些国家和地区的政府也已经推广了先进的G2B（政府对企业）电子政务平台，使企业可以方便地注册、提交所需信息、照章办事和纳税。阿根廷、巴西、希腊、意大利、印度尼西亚、印度、墨西哥、秘鲁、菲律宾、罗马尼亚、俄罗斯这些国家的国内市场竞争性最低。这些中低层国家大部分是无腐败的，并且对经商之道有其明确的规则。然而，尽管有些国家是数字市场的先驱者，但这些国家的决策者们在培养创新型国家方面做得远远不够。排名靠后的那些国家，包括印度尼西亚、墨西哥、秘鲁、菲律宾、俄罗斯，它们拥有大量的非正式产业，这些产业的创业者很难获得可靠的资金或政府援助。它们通常提供一个较困

难的企业运营环境，在确保竞争的国内市场上不下大力气，而且劳动力和资本市场所具有的流动性的比率没有高级和中级国家相应的比率高。

一、企业监管环境

从开始创业到获得资产和人才，从执行合同到达成交易，针对私企的公共部门管理好比是国内企业的“交通规则”，对一笔业务整个周期中的每个环节产生着影响。换句话说，公共监管政策为企业竞争设置了框架。因此，可以通过考量国家是如何使企业创立、获得资产、执行合同、吸引人才、结束经营以及无腐败经营的容易程度来了解公共政策和法规促进竞争的有效性。

表 4—2 国内市场竞争和创业的国家和地区排名

高级	中高级	中低级	低级
澳大利亚	奥地利	保加利亚	阿根廷
加拿大	比利时	智利	巴西
丹麦	中国台湾地区	中国	希腊
中国香港特别行政区	塞浦路斯	法国	意大利
新加坡	捷克	匈牙利	印度尼西亚
瑞士	爱沙尼亚	以色列	印度
英国	芬兰	拉脱维亚	墨西哥
美国	德国	立陶宛	秘鲁
	冰岛	卢森堡	菲律宾
	爱尔兰	波兰	罗马尼亚
	日本	葡萄牙	俄罗斯
	马来西亚	斯洛文尼亚	
	马耳他	南非	

续表

高级	中高级	中低级	低级
	荷兰	韩国	
	新西兰	西班牙	
	挪威	泰国	
	斯洛伐克	土耳其	
	瑞典	越南	

（一）创业

表4—3对国家创业需要的程序、时间和成本进行评估。那些简化这些程序的国家更容易促进国内市场竞争，并刺激新企业的成长。事实上，学术证据清楚地表明，准入规则造成的延误与较低的企业准入比率相关。① 然而，国家之间这些程序的差异性很明显。在加拿大和新西兰创办一家新企业只需要1道程序，澳大利亚和斯洛文尼亚需要2道，而印度需要12道，阿根廷和中国需要14道，巴西、希腊和菲律宾则需要15道。在世界经合组织（OECD）及欧盟（EU）国家中创业是最容易的，平均只需不到6道程序，而在亚太经合组织（APEC）国家和地区创业需要6.8道程序。创业所需程序数量的差异性很大程度上解释了创业所需时间上的不同。在新西兰创办一个企业只需1天时间，澳大利亚2天，新加坡3天，然而在巴西则需要120天，印度尼西亚和西班牙需要47天，越南需要44天。虽然在韩国创业仍然需要近三个星期的时间，但比起之前的17个月来说，这个数字实际上代表着显著的改善。② 创业成本（以人均收入的百分比来衡量）也大相径庭，丹麦和斯洛文尼亚几乎没有创业成本，加拿大、爱尔兰

① Antonio Ciccone and Elias Papaioannou. Red Tape and Delayed Entry. *Journal of the European Economic Association* 5, no. 2-3（2007）: 444-458.

② Kim Jong-Nyun. Korean Firms Come Out Winners from Global Crisis. *SERI Quarterly* 3, no. 3（2010）, 39.

和新西兰仅占 0.4%，而印度几乎达到了昂贵的高成本，是平均人均收入的 56.5%。意大利、希腊、印度尼西亚和菲律宾的创业成本在人均收入中占有相当大的比重，这无疑会抑制这些国家和地区的创业精神。然而所幸的是，许多国家已经在精简创业所需的时间和费用上取得了进展。例如，中国台湾地区已经减少了企业用来检查公司名称、注册退休计划和申请健康保险的时间。诸如葡萄牙等国家简化并加快了新企业注册程序，已经带来了显著的结果。葡萄牙的“现场公司”的倡议使得新企业只需 45 分钟就可以在政府有线网站上注册登记，而且在短短 2 年里就有 6 万家新公司采用此方法成功注册。①

表 4—3　创业的程序、时间和成本②

国家和地区	程序步骤（道）	国家和地区	时间（天）	国家和地区	成本（占人均收入的百分比）
加拿大	1	新西兰	1	丹麦	0.0
新西兰	1	澳大利亚	2	斯洛文尼亚	0.0
澳大利亚	2	新加坡	3	加拿大	0.4
斯洛文尼亚	2	比利时	4	爱尔兰	0.4
比利时	3	匈牙利	4	新西兰	0.4
芬兰	3	加拿大	5	瑞典	0.6
中国香港特别行政区	3	爱尔兰	5	澳大利亚	0.7
新加坡	3	丹麦	6	新加坡	0.7

① Portuguese Ministry of Justice. *On the Spot Firm* (presentation, Finland, September 2006). http://www.4qconference.org/liitetiedostot/bp_ esitykset/Portugal_ C.pdf.

② World Bank. *Doing Business: Measuring Business Regulations*. http://www.doingbusiness.org/.

续表

国家和地区	程序步骤（道）	国家和地区	时间（天）	国家和地区	成本（占人均收入的百分比）
瑞典	3	中国香港特别行政区	6	英国	0.7
保加利亚	4	意大利	6	法国	0.9
丹麦	4	葡萄牙	6	芬兰	1.1
匈牙利	4	斯洛文尼亚	6	美国	1.4
爱尔兰	4	土耳其	6	拉脱维亚	1.5
爱沙尼亚	5	美国	6	保加利亚	1.6
法国	5	爱沙尼亚	7	挪威	1.8
爱尔兰	5	法国	7	爱沙尼亚	1.9
以色列	5	挪威	7	斯洛伐克	1.9
拉脱维亚	5	塞浦路斯	8	中国香港特别行政区	2.0
挪威	5	荷兰	8	卢森堡	2.1
中国台湾地区	6	墨西哥	9	瑞士	2.1
塞浦路斯	6	罗马尼亚	10	冰岛	2.3
意大利	6	爱尔兰	13	罗马尼亚	2.6
立陶宛	6	英国	13	立陶宛	2.8
卢森堡	6	芬兰	14	俄罗斯	3.6
墨西哥	6	韩国	14	中国台湾地区	4.1
荷兰	6	中国台湾地区	15	以色列	4.3
秘鲁	6	德国	15	中国	4.5
波兰	6	瑞典	15	德国	4.8

续表

国家和地区	程序步骤（道）	国家和地区	时间（天）	国家和地区	成本（占人均收入的百分比）
葡萄牙	6	拉脱维亚	16	奥地利	5.2
罗马尼亚	6	斯洛伐克	16	比利时	5.4
斯洛伐克	6	马来西亚	17	泰国	5.6
南非	6	保加利亚	18	荷兰	5.7
瑞士	6	希腊	19	南非	6.0
土耳其	6	卢森堡	19	葡萄牙	6.5
英国	6	捷克	20	智利	6.8
美国	6	瑞士	20	巴西	7.3
泰国	7	智利	22	日本	7.5
奥地利	8	立陶宛	22	匈牙利	8.2
智利	8	南非	22	捷克	9.3
日本	8	日本	23	越南	12.1
韩国	8	阿根廷	26	墨西哥	12.3
捷克	9	秘鲁	27	塞浦路斯	12.6
德国	9	奥地利	28	秘鲁	13.6
印度尼西亚	9	印度	29	阿根廷	14.2
马来西亚	9	俄罗斯	30	韩国	14.7
俄罗斯	9	波兰	32	西班牙	15.1
越南	9	泰国	32	土耳其	17.2
西班牙	10	以色列	34	马来西亚	17.5
印度	12	中国	38	波兰	17.5

续表

国家和地区	程序步骤（道）	国家和地区	时间（天）	国家和地区	成本（占人均收入的百分比）
阿根廷	14	菲律宾	38	意大利	18.5
中国	14	越南	44	希腊	20.7
巴西	15	印度尼西亚	47	印度尼西亚	22.3
希腊	15	西班牙	47	菲律宾	30.3
菲律宾	15	巴西	120	印度	56.5
马耳他	N/A	马耳他	N/A	马耳他	N/A
所有国家和地区	6.6	所有国家和地区	19	所有国家和地区	7.8
亚太经合组织19个国家和地区	6.8	亚太经合组织19个国家和地区	20	亚太经合组织19个国家和地区	8.5
欧盟国家	5.9	欧盟国家	14.6	欧盟国家	5.7
经合组织国家	5.7	经合组织国家	13.5	经合组织国家	5.8

注：N/A 表示缺乏相关数据。

（二）资产获得

产权的有效分配、收购和转让构成了竞争市场得以蓬勃发展的又一个基本条件。诸项研究发现，产权薄弱、监管执行含糊武断，或要求烦琐的国家不太有可能拥有更多更具生产力的企业。[①] 表 4—4 审查了各国和各地区在购买或租赁资产所需的程序数和时间。挪威、瑞典和葡萄牙购买或租赁资产只需要 1 道程序，新西兰、泰国和英国只需要 2 道。相反，巴西需

① Hossein Jalilian, Colin Kirkpatrick, and David Parker. The Impact of Regulation on Economic Growth in Developing Countries: A Cross-Country Analysis. *World Development 35*, Issue 1 (2007): 87 - 103. http://www.sciencedirect.com/science/article/pii/S0305750X06001823.

要14道程序，希腊11道。与所需程序的数量一样，葡萄牙购买或租赁资产所需时间最短，仅用1天，而新西兰和泰国只需2天，立陶宛和挪威需要3天，冰岛需要4天。相反，购买或租赁资产在波兰需要152天，以色列144天，斯洛文尼亚113天。这样长的时间段延缓了商业的运转，阻碍经济增长，使这些国家和地区与其他国家和地区相比处于不利境地。

表4—4　购买或租赁资产所需程序和时间①

国家和地区	程序步骤（道）	国家和地区	时间（天）
挪威	1	葡萄牙	1
葡萄牙	1	新西兰	2
瑞典	1	泰国	2
新西兰	2	立陶宛	3
泰国	2	挪威	3
英国	2	冰岛	4
奥地利	3	澳大利亚	5
中国台湾地区	3	中国台湾地区	5
塞浦路斯	3	新加坡	5
丹麦	3	土耳其	6
爱沙尼亚	3	荷兰	7
芬兰	3	秘鲁	7
冰岛	3	瑞典	7
立陶宛	3	英国	8
新加坡	3	韩国	11
斯洛伐克	3	美国	12

① World Bank. *Doing Business* (starting a business: accessed September 21, 2011).

续表

国家和地区	程序步骤（道）	国家和地区	时间（天）
中国	4	芬兰	14
捷克	4	日本	14
匈牙利	4	保加利亚	15
秘鲁	4	瑞士	16
西班牙	4	加拿大	17
瑞士	4	匈牙利	17
美国	4	斯洛伐克	17
越南	4	爱沙尼亚	18
澳大利亚	5	西班牙	18
德国	5	奥地利	21
中国香港特别行政区	5	希腊	22
印度	5	印度尼西亚	22
爱尔兰	5	南非	24
马来西亚	5	意大利	27
墨西哥	5	中国	29
荷兰	5	卢森堡	29
阿根廷	6	智利	31
加拿大	6	菲律宾	33
智利	6	塞浦路斯	34
印度尼西亚	6	中国香港特别行政区	36
日本	6	爱尔兰	38
拉脱维亚	6	德国	40
波兰	6	巴西	42

续表

国家和地区	程序步骤（道）	国家和地区	时间（天）
俄罗斯	6	丹麦	42
斯洛文尼亚	6	拉脱维亚	42
南非	6	捷克	43
土耳其	6	俄罗斯	43
以色列	7	印度	44
韩国	7	罗马尼亚	48
比利时	8	阿根廷	52
保加利亚	8	马来西亚	56
法国	8	越南	57
意大利	8	法国	59
卢森堡	8	墨西哥	74
菲律宾	8	比利时	79
罗马尼亚	8	斯洛文尼亚	113
希腊	11	以色列	144
巴西	14	波兰	152
马耳他	N/A	马耳他	N/A
所有国家和地区	5.0	所有国家和地区	31.7
亚太经合组织19个国家和地区	4.8	亚太经合组织19个国家和地区	24.3
欧盟国家	5.0	欧盟国家	35.2
经合组织国家	4.8	经合组织国家	32.7

注：N/A表示缺乏相关数据。

（三）执行合同

一个有效的、加强竞争的监管环境，其具备的另一个特征是它能及时地、具有成本效益地执行私有合同。表4—5给出了执行合同所需的程序数、时间和成本的数据。国家和地区之间再次呈现出巨大的差异。爱尔兰、新加坡、中国香港特别行政区和奥地利执行合同所需的程序最少，在20—25道之间，而在意大利、秘鲁、塞浦路斯、巴西、印度和中国台湾地区则需要40多道程序。到目前为止新加坡执行合同所需时间最少，只有150天，这个过程在新西兰（216天），韩国（230天）也属于相对较快的。领先国家和地区已经实行了一系列改革，使执行合同的流程更顺畅。例如，新西兰创造了新的地方法院法规，简化了执行合同的过程。① 2010年，中国香港特别行政区实行了民事司法制度改革，旨在提高解决商业纠纷的效率和成本效益。但在意大利、斯洛文尼亚和印度，合同的执行过程特别耗时，分别需要1210天、1290天和1420天。执行合同成本，被定义为债权百分比，在冰岛、卢森堡和挪威最低，需要不到10%的债权价值，但是在印度尼西亚成本达到了上限，往往要超过债券价值。这种成本费用在南非、秘鲁和印度同样很高。

表4—5 执行合同相关程序、时间和成本②

国家和地区	程序步骤（道）	国家和地区	时间（天）	国家和地区	成本（占人均收入的百分比）
冰岛	20	新加坡	150	冰岛	8.2
新加坡	21	新西兰	216	卢森堡	9.7

① International Finance Corporation and The World Bank. *Doing Business: Business Reforms in New Zealand*. http://www.doingbusiness.org/reforms/overview/economy/new-zealand.

② World Bank. *Doing Business* (starting a business: accessed September 21, 2011).

续表

国家和地区	程序步骤（道）	国家和地区	时间（天）	国家和地区	成本（占人均收入的百分比）
中国香港特别行政区	24	韩国	230	挪威	9.9
奥地利	25	立陶宛	275	韩国	10.3
比利时	26	中国香港特别行政区	280	中国	11.1
卢森堡	26	挪威	280	波兰	12.0
荷兰	26	俄罗斯	281	泰国	12.3
捷克	27	越南	295	斯洛文尼亚	12.7
爱尔兰	27	美国	300	葡萄牙	13.0
拉脱维亚	27	拉脱维亚	309	芬兰	13.3
澳大利亚	28	卢森堡	321	俄罗斯	13.4
英国	28	法国	331	德国	14.4
法国	29	日本	360	希腊	14.4
德国	30	芬兰	375	美国	14.4
日本	30	德国	394	匈牙利	15.0
立陶宛	30	澳大利亚	395	塞浦路斯	16.4
马来西亚	30	匈牙利	395	阿根廷	16.5
新西兰	30	奥地利	397	巴西	16.5
南非	30	英国	399	比利时	16.6
瑞典	30	中国	406	西班牙	17.2
葡萄牙	31	丹麦	410	法国	17.4
罗马尼亚	31	墨西哥	415	中国台湾地区	17.7

续表

国家和地区	程序步骤（道）	国家和地区	时间（天）	国家和地区	成本（占人均收入的百分比）
斯洛伐克	31	冰岛	417	奥地利	18.0
瑞士	31	瑞士	41 7	土耳其	18.8
芬兰	32	土耳其	420	中国香港特别行政区	19.5
斯洛文尼亚	32	爱沙尼亚	425	澳大利亚	20.7
美国	32	秘鲁	428	加拿大	22.3
挪威	33	泰国	479	新西兰	22.4
中国	34	智利	480	日本	22.7
越南	34	比利时	505	拉脱维亚	23.1
丹麦	35	瑞典	508	丹麦	23.3
匈牙利	35	中国台湾地区	510	英国	23.4
以色列	35	罗马尼亚	512	立陶宛	23.6
韩国	35	荷兰	514	保加利亚	23.8
土耳其	35	爱尔兰	515	瑞士	24.0
阿根廷	36	西班牙	515	荷兰	24.4
加拿大	36	葡萄牙	547	以色列	25.3
智利	36	保加利亚	564	新加坡	25.8
爱沙尼亚	36	斯洛伐克	565	菲律宾	26.0
泰国	36	加拿大	570	爱沙尼亚	26.3
菲律宾	37	印度尼西亚	570	爱尔兰	26.9
俄罗斯	37	马来西亚	585	马来西亚	27.5
墨西哥	38	阿根廷	590	越南	28.5

续表

国家和地区	程序步骤（道）	国家和地区	时间（天）	国家和地区	成本（占人均收入的百分比）
波兰	38	南非	600	智利	28.6
保加利亚	39	捷克	611	罗马尼亚	28.9
希腊	39	巴西	616	意大利	29.9
西班牙	39	塞浦路斯	735	斯洛伐克	30.0
印度尼西亚	40	希腊	819	瑞典	31.2
意大利	41	波兰	830	墨西哥	32.0
秘鲁	41	菲律宾	842	捷克	33.0
塞浦路斯	43	以色列	890	南非	33.2
巴西	45	意大利	1210	秘鲁	35.7
印度	46	斯洛文尼亚	1290	印度	39.6
中国台湾地区	47	印度	1420	印度尼西亚	122.7
马耳他	N/A	马耳他	N/A	马耳他	N/A
所有国家和地区	33.2	所有国家和地区	513.2	所有国家和地区	23.0
亚太经合组织19个国家和地区	34.0	亚太经合组织19个国家和地区	410.1	亚太经合组织19个国家和地区	27.0
欧盟国家	31.8	欧盟国家	548.9	欧盟国家	20.7
经合组织国家	31.8	经合组织国家	507.8	经合组织国家	20.1

注：N/A 表示缺乏相关数据。

（四）人才招募/灵活的劳动力市场

正如经济需要制定一些机制来停止或关闭失败或经营不善的企业，这样资本可以重新分配，寻求其他机会，一个经济体同样需要劳动力的灵活性，这样人才就可以被分配或重新分配到最具生产力的岗位上。的确，劳动力市场的灵活性是一个经济体制的适应能力和创新能力的重要组成部分。事实上，2004 年阿姆斯特丹自由大学的埃里克·贝塔斯曼（Eric Bartlesman）给经合组织提交的一份报告中发现了美国企业和欧盟企业的“创新比率”其实是相同的。但贝塔斯曼还发现，美国在这方面做得很好，它迅速把资本和劳动力分配到最具潜力，而且具有创新模式的创新企业。虽然创新比率从根本上是相同的，但美国正孕育着更多的高科技“赢家”。①

表 4—6 显示了来自世界银行就业指数的数据（从最好 0 分到最差 100 分）。该指数衡量就业的规章制度，尤其是关于雇用和解聘工人及工作时间硬性规定。该指数包含着六个劳动力市场灵活性的定量尺度：平均每个附加值工人的最低工资、雇用额外工人的障碍、工作时间的硬性规定、裁员的困难、法定的通知期限，强制遣散费。

表 4—6　刚性就业指数②

国家和地区	刚性就业指数 （0=最好；100=最差）	国家和地区	刚性就业指数 （0=最好；100=最差）
澳大利亚	0	土耳其	35
中国香港特别行政区	0	意大利	38
新加坡	0	立陶宛	38
美国	0	俄罗斯	38
加拿大	4	韩国	38
丹麦	7	瑞典	38
新西兰	7	秘鲁	39
瑞士	7	印度尼西亚	40

① Eric Bartelsman, Stefano Scarpetta, and Fabiano Schivardi. Comparative Analysis of Firm Demographics and Survival: Evidence from Micro-level Sources in OECD Countries. *Industrial and Corporate Change 14*, no. 3 (2005): 365-391.

② Schwab et al.. *Global Competitiveness Report*, 446.

续表

国家和地区	刚性就业指数 (0=最好；100=最差)	国家和地区	刚性就业指数 (0=最好；100=最差)
冰岛	10	芬兰	41
马来西亚	10	墨西哥	41
英国	10	德国	42
捷克	11	拉脱维亚	42
泰国	11	荷兰	42
日本	16	葡萄牙	43
比利时	17	挪威	44
以色列	17	巴西	46
智利	18	中国台湾地区	46
保加利亚	19	罗马尼亚	46
阿根廷	21	西班牙	49
爱尔兰	21	希腊	50
越南	21	爱沙尼亚	51
匈牙利	22	法国	52
斯洛伐克	22	斯洛文尼亚	54
奥地利	24	卢森堡	56
塞浦路斯	24	马耳他	N/A
波兰	25	所有国家和地区	28.1
菲律宾	29	亚太经合组织 19个国家和地区	20.5
印度	30	欧盟国家	33.6
中国	31	亚太经合组织国家	28.0

续表

国家和地区	刚性就业指数（0=最好；100=最差）	国家和地区	刚性就业指数（0=最好；100=最差）
南非	35		

注：N/A 表示缺乏相关数据。

通过这种评估显示，一些亚太经合组织国家和地区，特别是澳大利亚、中国香港特别行政区、新加坡和美国，拥有世界上最灵活的劳动力市场。加拿大、丹麦、新西兰和瑞士也体现出高度灵活的劳动力市场。与之相反，西班牙、希腊、斯洛文尼亚、爱沙尼亚、法国、卢森堡显示出最少的劳动力市场的灵活性。也难怪，一些青年人失业率最高的国家（例如，在西班牙失业率超过 45%）有着高度僵化的劳动力市场。另一种评估一个国家生产力的方式是看其薪酬和生产效率的相关程度如何。如果薪酬和生产效率之间没有紧密的关系，这可能表明政府的政策或是通过增加解雇低效率员工的难度，或是要求企业给员工提供超出其创造附加值的最低工资或其他福利等方式，结果导致企业保留了效率低下的员工。表 4—7 显示了世界经济论坛的调查数据，它反映了薪酬和生产效率两者间关系。在新加坡、中国香港特别行政区、中国台湾地区、马来西亚、瑞士和越南，薪酬和生产效率的关系最为密切，在葡萄牙、西班牙、南非、希腊、意大利和阿根廷两者的相关性最低，那些劳动力市场僵化的国家所承担的成本显得尤为突出。在这种评估下获得最高分的国家，最能够根据绩效对员工的能力进行奖励，并且不断完善强大自己，以吸引最优秀的人才加入它们的公司。那些得分最低的国家，通过强制留下那些在大多数情况下产出抵不上其薪资的员工而束缚了企业的生产力。值得注意的是，薄弱的监管制度（正如世界银行定义）和普遍的以绩效为基础的薪酬之间有着强大的负相关性。①

① Author's calculations, data for regulatory systems from World Bank, data for payment systems and productive based on surveys from the World Economic Forum.

表 4—7 薪酬与生产率的关联度①

国家和地区	薪酬与生产率的关联度（7=最好；1=最差）	国家和地区	薪酬与生产率的关联度（7=最好；1=最差）
新加坡	5.6	波兰	4.2
中国香港特别行政区	5.5	俄罗斯	4.2
中国台湾地区	5.4	保加利亚	4.1
马来西亚	5.1	爱尔兰	4.1
瑞士	5.1	塞浦路斯	4.0
越南	5.1	印度	4.0
爱沙尼亚	5.0	马耳他	4.0
斯洛伐克	4.9	挪威	4.0
美国	4.9	奥地利	3.9
日本	4.8	芬兰	3.9
中国	4.7	荷兰	3.9
立陶宛	4.7	斯洛文尼亚	3.9
捷克	4.6	土耳其	3.9
印度尼西亚	4.6	菲律宾	3.8
以色列	4.6	瑞典	3.8
丹麦	4.5	比利时	3.7
冰岛	4.5	巴西	3.7
韩国	4.5	秘鲁	3.7
泰国	4.5	墨西哥	3.5

① Schwab et al.. *Global Competitiveness Report*, 449.

续表

国家和地区	薪酬与生产率的关联度（7=最好；1=最差）	国家和地区	薪酬与生产率的关联度（7=最好；1=最差）
英国	4.5	葡萄牙	3.3
加拿大	4.4	西班牙	3.3
新西兰	4.4	南非	3.2
罗马尼亚	4.4	希腊	3.1
智利	4.3	意大利	3.1
德国	4.3	阿根廷	2.8
拉脱维亚	4.3	所有国家和地区	4.2
卢森堡	4.3	亚太经合组织19个国家和地区	4.6
澳大利亚	4.2	欧盟国家	4.1
法国	4.2	经合组织国家	4.2
匈牙利	4.2		

（五）关闭企业

创新除了能够提高现有企业的生产力之外，它还能产生新的、通常是更具生产率和竞争力的企业。企业洗牌的这种激荡、动态的过程是经济革新和增长的一个重要来源。创新需要不断地革新，这点同样适用于企业层面和经济层面。在公司层面，富兰克林（Franklin）和基利（Keeley）的研究表明，如果企业不能每年推出新的产品或服务来取代其至少10%的收入流，很有可能在五年内破产。① 信息通信技术（ICT）的出现，只是加快了ICT生产和ICT消费行业的动态发展。正如麻省理工学院（MIT）经济学家埃里克·布伦乔尔森（Eric Brynjolfsson）写道："我们目睹了在信息业更大的动荡和波动，反映创造性的破坏之风不可避免地伴随着破坏性的创新。"② 事实上，自20世纪90年代中期以来，这已经导致了行业领先的技术密集型企业和那些低技术密集型企业与行业之间的利润差距急剧扩大。如今，领先者们真正从创新中获益，而创新落后者们付出了沉重的代价。

正如企业必须不断更新自己一样，国家也应如此。例如，在美国制造业，生产力从低效企业到高效企业的再分配，导致了1976年到1996年间制造业生产力超过一半的增长。③ 企业要么创新，变得更具生产力，要么失去市场份额和工作岗位。创新同样加快一个经济体制下企业营业额的增长步伐。而在20世纪初，一家标准普尔500指数的公司平均寿命超过60年，现如今平均寿命只有20年。98%的美国公司在11年间消失了。④ 日本和欧洲公司的平均寿命是12.5年。尽管听起来是在后退，这种推陈出新的过程事实上对一个国家的经济健康是至关重要的。实际上，美国每年有超过75万家新企业成立，其中有50万家是创业公司。这些公司创造了700多万个新的就业岗位。同时，在美国每年有近70万家公司倒闭，在这过程中摧毁了600多万个就业岗位。⑤ 企业创立和解散受限的国家，削弱了创

---

① Larry Keeley. *The Taming of the New*: *Larry Keeley Workshop on Innovation* (presentation, Puget Sound SIGCHI, Seattle, September 18, 2007); Carl Franklin. *Why Innovation Fails* (London: Spiro, 2003).

② Erik Brynjolfsson and Adam Saunders. *Wired for Innovation*: *How Information Technology is Reshaping the Economy* (Cambridge, MA: MIT Press, 2010), x.

③ Amil Petrin, T. Kirk White, and Jerome Reiter. *The Impact of Plant-level Resource Allocations and Technical Progress on U. S. Macroeconomic Growth* (discussion paper, Center for Economic Studies, Census Bureau, December 2009).

④ Curtis Carlson and William Wilmot. *Innovation*: *The Five Disciplines for Creating What Customers Want* (New York: Crown Business, 2006), 34-35.

⑤ Census Bureau, Business Dynamics Statistics. *Database List* (economy wide; accessed January 6, 2011). http://www.ces.census.gov/index.php/bds/bds_database_list/.

新给经济带来的动态效应。因此，那些使企业关闭更加困难的国家阻碍了资本和人才重新分配给更有前途的企业。表 4—8 对关闭一家企业所花费的时间、成本以及回收率进行了评估。这些指标可以帮助识别国家破产法的弱点和破产过程中主要程序上与行政上的瓶颈。① 关闭企业的监管成本（定义为房产价值的一个百分比）在菲律宾达到了公司价值的 38%，泰国达到 36%，非常惊人，相比之下，挪威和新加坡只有 1%。爱尔兰、日本、加拿大、新加坡、比利时、芬兰、挪威允许最快速度停业（不到一年），而非常惊人的是关闭企业在印度需要花 7 年、菲律宾 5.7 年、印度尼西亚 5.5 年、越南 5.0 年。这种异乎寻常的长时间阻碍了经济体制中劳动力和资本重新调整到更高效的用途上，其结果最终适得其反。

回收率（定义为美分恢复对美元）计算索赔人（债权人、税务机关和员工）可以从一家破产的公司回收多少价值。在日本、新加坡、加拿大、挪威回收率最高，索赔人可以在破产诉讼中获得高达 90% 的回收率。在菲律宾、印度尼西亚、印度、巴西和越南回收率最低，索赔人在破产诉讼中只可以获得一小部分的赔偿。综合这三个指标，比利时、加拿大、丹麦、中国台湾地区、芬兰、冰岛、挪威和新加坡这些国家和地区关闭企业并回收其资产最容易，而在巴西、智利、印度、印度尼西亚、菲律宾、斯洛伐克和土耳其，这一过程最耗时、耗成本。

表 4—8　关闭企业所需成本、时间及回收率②

国家和地区	成本（占资产的百分比）	国家和地区	时间（年）	国家和地区	回收率（美分/美元）
挪威	1	爱尔兰	0.4	日本	92.7
新加坡	1	日本	0.6	新加坡	91.3

① International Finance Corporation and The World Bank. *Doing Business*: *Closing a Business*. http://www.doingbusiness.org/data/exploretopics/closing-a-business.

② World Bank. *Doing Business* (resolving insolvency; accessed September 23, 2011).

续表

国家和地区	成本（占资产的百分比）	国家和地区	时间（年）	国家和地区	回收率（美分/美元）
比利时	4	加拿大	0.8	加拿大	91.2
加拿大	4	新加坡	0.8	挪威	90.9
中国台湾地区	4	比利时	0.9	丹麦	89.4
丹麦	4	芬兰	0.9	芬兰	89.4
芬兰	4	挪威	0.9	英国	88.6
冰岛	4	澳大利亚	1.0	比利时	87.6
日本	4	冰岛	1.0	爱尔兰	87.4
荷兰	4	西班牙	1.0	中国台湾地区	82.2
新西兰	4	英国	1.0	荷兰	81.9
斯洛文尼亚	4	奥地利	1.1	澳大利亚	81.8
韩国	4	丹麦	1.1	韩国	81.7
瑞士	4	中国香港特别行政区	1.1	美国	81.5
英国	6	荷兰	1.1	中国香港特别行政区	81.2
立陶宛	7	德国	1.2	新西兰	79.1
秘鲁	7	新西兰	1.3	冰岛	78.5
美国	7	塞浦路斯	1.5	瑞典	77.3
澳大利亚	8	立陶宛	1.5	西班牙	76.3
德国	8	韩国	1.5	奥地利	73.1
保加利亚	9	美国	1.5	葡萄牙	72.6
爱沙尼亚	9	中国	1.7	塞浦路斯	70.4

续表

国家和地区	成本（占资产的百分比）	国家和地区	时间（年）	国家和地区	回收率（美分/美元）
法国	9	意大利	1.8	墨西哥	66.7
希腊	9	墨西哥	1.8	意大利	58.0
中国香港特别行政区	9	中国台湾地区	1.9	捷克	55.9
印度	9	法国	1.9	斯洛伐克	55.3
爱尔兰	9	希腊	2.0	德国	53.1
葡萄牙	9	匈牙利	2.0	斯洛文尼亚	50.9
俄罗斯	9	卢森堡	2.0	立陶宛	49.6
瑞典	9	葡萄牙	2.0	以色列	49.1
罗马尼亚	11	斯洛文尼亚	2.0	瑞士	47.5
西班牙	11	南非	2.0	法国	45.2
阿根廷	12	瑞典	2.0	卢森堡	43.7
巴西	12	马来西亚	2.3	泰国	43.5
拉脱维亚	13	泰国	2.7	希腊	43.2
智利	15	阿根廷	2.8	马来西亚	39.8
塞浦路斯	15	爱沙尼亚	3.0	匈牙利	37.9
匈牙利	15	拉脱维亚	3.0	中国	36.4
卢森堡	15	波兰	3.0	爱沙尼亚	35.5
马来西亚	15	瑞士	3.0	南非	34.4
土耳其	15	秘鲁	3.1	阿根廷	32.8
越南	15	捷克	3.2	拉脱维亚	31.9
捷克	17	保加利亚	3.3	波兰	31.3

续表

国家和地区	成本（占资产的百分比）	国家和地区	时间（年）	国家和地区	回收率（美分/美元）
奥地利	18	罗马尼亚	3.3	保加利亚	31.0
印度尼西亚	18	土耳其	3.3	智利	28.2
墨西哥	18	俄罗斯	3.8	秘鲁	27.2
斯洛伐克	18	巴西	4.0	罗马尼亚	25.7
南非	18	以色列	4.0	俄罗斯	25.3
波兰	20	斯洛伐克	4v	土耳其	21.1
中国	22	智利	4.5	越南	18.6
意大利	22	越南	5.0	巴西	17.1
以色列	23	印度尼西亚	5.5	印度	16.3
泰国	36	菲律宾	5.7	印度尼西亚	13.2
菲律宾	38	印度	7.0	菲律宾	4.5
马耳他	N/A	马耳他	N/A	马耳他	N/A
所有国家和地区	11.4	所有国家和地区	2.3	所有国家和地区	55.5
亚太经合组织19个国家和地区	12.5	亚太经合组织19个国家和地区	2.5	亚太经合组织19个国家和地区	56.1
欧盟国家	10.7	欧盟国家	1.9	欧盟国家	59.3
经合组织国家	9.9	经合组织国家	1.9	经合组织国家	65.4

注：N/A 表示缺乏相关数据。

（六）廉洁的监管环境

一个经济制度中腐败程度严重影响着公司的监管环境。腐败包括贿赂当地官员谋求服务或好处，以及使政府官员滥用政治权力来干涉经济决策。经济文献清楚表明：腐败严重阻碍经济的长期增长。莫罗（Mauro）发现，腐败降低外国直接投资率和国内投资率，这反过来抑制了经济性能。① 坦齐（Tanzi）和达维德（Davodi）发现，腐败实际上增加了公共部门的支出（可能挤掉了私营企业的投资），它大幅降低了公共支出的效率。② 从中长期来看，腐败和贪污蚕食着一个经济体制的竞争要素，因为企业是在“做游戏”中获得回报，而不是在以最低成本、最高质量的生产中获得回报。

表 4—9 显示了该项研究中 55 个国家和地区非法支付和贿赂的程度。新西兰、新加坡、瑞典、丹麦和芬兰，分值从 6.7 分到 6.5 分不等（7 分是最高值），根据世界经济论坛提供的调查数据表明，这几国非法支付和贿赂的发生率最低。相反，菲律宾、阿根廷、越南、俄罗斯、印度尼西亚和保加利亚在这个指标上的分值最低，得分在 2.8 分到 3.5 分之间，大大低于所有国家和地区的平均分值 5.0 分。重要的是，这些低分值国家减少腐败最容易的方法之一就是可以通过引入服务和公民之间的“非中介化”来实现。③ 通过采用自动化的程序来取代传统上要求与地方官僚交涉的程序，信息技术减少了官员与公民间的权利不对称，因此减少了被迫受贿和腐败的可能性。

表 4—9　非法支付和贿赂④

国家和地区	非法支付和贿赂（7=最好；1=最差）	国家和地区	非法支付和贿赂（7=最好；1=最差）
新西兰	6.7	马耳他	4.8

① Hiren Sarkar and M. Aynul Hasan. Impact of Corruption on the Efficiency of Investment: Evidence from A Cross-Country Analysis. *Asia-Pacific Development Journal 8*, no. 2 (2001): 112.

② Ibid.

③ Robert D. Atkinson and Daniel Castro. *Digital Quality of Life: Understanding the Benefits of the IT Revolution*, *Information Technology and Innovation Foundation* (Washington, D. C.: ITIF, 2008). http://www.itif.org/files/DQOL-16.pdf.

④ Schwab et al.. *Global Competitiveness Report*, 370.

续表

国家和地区	非法支付和贿赂（7=最好；1=最差）	国家和地区	非法支付和贿赂（7=最好；1=最差）
新加坡	6.6	立陶宛	4.6
瑞典	6.6	南非	4.6
丹麦	6.5	韩国	4.6
芬兰	6.5	马来西亚	4.5
冰岛	6.4	罗马尼亚	4.4
挪威	6.4	匈牙利	4.2
中国香港特别行政区	6.3	中国	4.1
卢森堡	6.3	秘鲁	4.1
瑞士	6.3	巴西	4.0
加拿大	6.2	捷克	4.0
日本	6.2	泰国	4.0
爱尔兰	6.1	意大利	3.9
荷兰	6.1	拉脱维亚	3.9
澳大利亚	6.0	斯洛伐克	3.9
奥地利	6.0	土耳其	3.9
以色列	6.0	印度	3.7
德国	5.9	希腊	3.6
英国	5.9	墨西哥	3.6
比利时	5.7	保加利亚	3.5
智利	5.7	印度尼西亚	3.4
塞浦路斯	5.5	俄罗斯	3.2
爱沙尼亚	5.5	越南	3.2

续表

国家和地区	非法支付和贿赂（7=最好；1=最差）	国家和地区	非法支付和贿赂（7=最好；1=最差）
法国	5.5	阿根廷	3.1
葡萄牙	5.3	菲律宾	2.8
斯洛文尼亚	5.2	所有国家和地区	5.0
中国台湾地区	5.1	亚太经合组织19个国家和地区	4.8
西班牙	5.0	欧盟国家	5.2
美国	5.0	经合组织国家	5.5
波兰	4.9		

经合组织提供了一份国家和地区监管与行政透明度的评级，反映一个国家的法规和行政程序可以清晰、透明地传到其企业的程度。① 如表4—10显示，奥地利、意大利、墨西哥、葡萄牙、韩国和西班牙具有最高程度的监管和行政能力。相反，在经合组织用此指标评估的所有国家中，以色列、冰岛、新西兰、土耳其和南非具有最不透明的监管和行政程序。

表4—10　监管和行政透明度②

国家和地区	监管和行政透明度（0=最好）	国家和地区	监管和行政透明度（0=最好）
奥地利	0	波兰	0.66
意大利	0	印度	0.66

① OECD. *OECD Science, Technology and Industry Scoreboard 2011: Innovation and Growth in Knowledge Economies* (Paris: OECD, 2011). http://www.oecd.org/document/10/0,3746,en_2649_33703_39493962_1_1_1_1,00.html. Product market regulations indicators are quantitative indicators derived from qualitative information on laws and regulations that may affect competition.

② OECD. *Science, Technology and Industry Scoreboard 2011.*

续表

国家和地区	监管和行政透明度（0=最好）	国家和地区	监管和行政透明度（0=最好）
墨西哥	0	德国	0.67
葡萄牙	0	爱尔兰	0.69
韩国	0	以色列	0.73
西班牙	0	冰岛	0.78
荷兰	0.04	新西兰	1.03
斯洛文尼亚	0.05	土耳其	1.07
美国	0.06	南非	1.12
中国	0.08	阿根廷	N/A
智利	0.10	保加利亚	N/A
加拿大	0.16	中国台湾地区	N/A
匈牙利	0.18	塞浦路斯	N/A
丹麦	0.33	中国香港特别行政区	N/A
法国	0.33	印度尼西亚	N/A
卢森堡	0.33	拉脱维亚	N/A
俄罗斯	0.33	立陶宛	N/A
瑞典	0.33	马来西亚	N/A
瑞士	0.33	马耳他	N/A
挪威	0.35	秘鲁	N/A
澳大利亚	0.35	菲律宾	N/A
英国	0.37	罗马尼亚	N/A
日本	0.37	新加坡	N/A
芬兰	0.38	泰国	N/A

续表

国家和地区	监管和行政透明度（0=最好）	国家和地区	监管和行政透明度（0=最好）
比利时	0.38	越南	N/A
爱沙尼亚	0.38	所有国家和地区	0.38
捷克	0.41	亚太经合组织19个国家和地区	0.25
希腊	0.45	欧盟国家	0.31
斯洛伐克	0.52	经合组织国家	0.35
巴西	0.64		

注：N/A 表示缺乏相关数据。

二、企业竞争环境

上述的 15 个指标提供了国家是如何有效地促进国内市场竞争的大致情况。然而，尽管它们在微观层面上是重要的，但并没有反映出整体情况。以下 4 项指标把上述政策的有效性提升到一个更广、更高层次的视角，以此衡量国家的监管政策是如何有效地促成竞争性的市场。

（一）本地竞争强度

世界经济论坛通过向高管们提问，如何“评估你们国家当地市场的竞争强度”，从而提供一种评估经济体制下竞争强度的方法①。如表 4—11 显示，按照此指标，中国台湾地区、德国、奥地利、比利时和瑞典处于最高等级。俄罗斯、阿根廷、墨西哥、保加利亚和拉脱维亚的国内市场竞争性最低。越南、希腊、意大利、立陶宛和罗马尼亚的本地国内竞争市场同样远低于世界平均水平。这些数据表明，东欧国家、波罗的海国家和许多亚太经合组织国家拥有相当大的机会来为它们国家的竞争消除障碍。然而，

① Schwab et al.. *Global Competitiveness Report*, 428.

总的来说，发达国家的市场似乎更具竞争力，这表明那些想要和上层国家缩小发展差距的国家应该使提高国内市场的竞争性成为一条重要的政策来优先考虑。

表 4—11　本地竞争强度①

国家和地区	本地竞争强度（7=最好；1=最差）	国家和地区	本地竞争强度（7=最好；1=最差）
中国台湾地区	6.1	匈牙利	5.3
德国	6.1	马来西亚	5.3
奥地利	5.9	泰国	5.3
比利时	5.9	卢森堡	5.2
瑞典	5.9	葡萄牙	5.2
日本	5.8	斯洛文尼亚	5.2
马耳他	5.8	巴西	5.1
荷兰	5.8	芬兰	5.1
英国	5.8	印度尼西亚	5.1
澳大利亚	5.7	爱尔兰	5.1
捷克	5.7	新西兰	5.0
韩国	5.7	南非	5.0
土耳其	5.7	冰岛	4.9
加拿大	5.6	秘鲁	4.9
中国	5.6	菲律宾	4.9
塞浦路斯	5.6	越南	4.8
丹麦	5.6	希腊	4.7

① Schwab et al.. *Global Competitiveness Report*, 428.

续表

国家和地区	本地竞争强度（7=最好；1=最差）	国家和地区	本地竞争强度（7=最好；1=最差）
法国	5.6	意大利	4.7
以色列	5.6	立陶宛	4.7
美国	5.6	罗马尼亚	4.7
智利	5.5	拉脱维亚	4.6
挪威	5.5	保加利亚	4.5
新加坡	5.5	墨西哥	4.5
西班牙	5.5	阿根廷	4.3
爱沙尼亚	5.4	俄罗斯	4.1
中国香港特别行政区	5.4	所有国家和地区	5.3
印度	5.4	亚太经合组织19个国家和地区	5.3
波兰	5.4	欧盟国家	5.4
斯洛伐克	5.4	经合组织国家	5.4
瑞士	5.4		

（二）市场垄断程度

国内市场竞争程度的一个相关指标就是市场垄断程度，用以衡量经济体制中企业活动是由一小部分商业团体垄断还是分散到许多公司。如表4—12显示，按照这一标准，德国、日本、中国台湾地区、瑞士、比利时排名最高。墨西哥、以色列、韩国、菲律宾和冰岛在这一指标上得分最低。而令人惊讶的是，执行意见认为，日本并非是由一小部分企业团体（考虑到日本的历史，企业集团间紧密相联）垄断其商业活动，日本在这一指标上获得高分可以反映其中小企业（所谓的chuken kigyo公司）的强度，这些公司在许多行业垄断了全球专业市场。事实上，日本企业为至少30个价值过10亿美元的工业技术领域里超过70%的全球市场提供服务。①但是，日本国和本地区内服务领域（例如，卫生保健、零售等）的竞争似乎不太激烈。相反，韩国方面，由于其商业集团（被称为 chaebol）的历史，以及墨西哥企业集团化的强大趋势，似乎更符合市场预期。

表 4—12　商业市场垄断程度②

国家和地区	商业市场垄断程度（7=最好；1=最差）	国家和地区	商业市场垄断程度（7=最好；1=最差）
德国	5. 9	新西兰	4. 2
日本	5. 9	波兰	4. 2
中国台湾地区	5. 7	南非	4. 2
瑞士	5. 7	土耳其	4. 2
比利时	5. 5	马耳他	4. 1
荷兰	5. 4	越南	4. 0
奥地利	5. 3	斯洛文尼亚	3. 9
美国	5. 3	罗马尼亚	3. 8
英国	5. 2	希腊	3. 7
澳大利亚	5. 1	中国香港特别行政区	3. 7
丹麦	5. 1	匈牙利	3. 7
加拿大	5. 0	拉脱维亚	3. 7
捷克	5. 0	泰国	3. 7
新加坡	5. 0	智利	3. 5

① Invisible but Indispensable. *Economist*, November 5, 2009. http://www.economist.com/node/14793432.

② Schwab et al.. *Global Competitiveness Report*, 429.

续表

国家和地区	商业市场垄断程度 （7=最好；1=最差）	国家和地区	商业市场垄断程度 （7=最好；1=最差）
意大利	4.9	保加利亚	3.4
挪威	4.9	秘鲁	3.4
瑞典	4.9	俄罗斯	3.4
中国	4.8	阿根廷	3.3
法国	4.8	立陶宛	3.3
芬兰	4.7	葡萄牙	3.3
印度	4.7	冰岛	3.2
塞浦路斯	4.6	菲律宾	3.2
卢森堡	4.6	韩国	3.2
马来西亚	4.6	以色列	3.1
斯洛伐克	4.5	墨西哥	2.9
西班牙	4.5	所有国家和地区	4.3
爱尔兰	4.4	亚太经合组织 19 个国家和地区	4.3
巴西	4.2	欧盟国家	4.5
爱沙尼亚	4.2	经合组织国家	4.5
印度尼西亚	4.2		

政府是否能够促进国内市场的蓬勃发展，与政府是否能承受企业对妨碍竞争的法规和政府行为提出的异议有着很大的关系。世界经济论坛就各国和各地区允许私营企业质疑政府行为法规合法性的效率，对企业高管进行调查，结果如表 4—13 所示。中国香港特别行政区和瑞典在这一指标上得分最高，其次是卢森堡、芬兰和瑞士。相比之下，阿根廷得分最低，其次是斯洛伐克和意大利。保加利亚、匈牙利、拉脱维亚、菲律宾和俄罗斯

在这项指标上得分较低。在这一指标上得低分，这就意味着监管机构可能受既得利益者（无论是企业、工会、政党等）拉拢，因此更容易颁布一些保护现任玩家们的决策和法规。政府行为和法规应该在透明的方式下制定，并且存在一种机制，使企业能够对政府阻碍成长或竞争的监管决策提出质疑。

表 4—13　法律体制挑战规章的效率①

国家和地区	法律体制挑战规章的效率（7=最好；1=最坏）	国家和地区	法律体制挑战规章的效率（7=最好；1=最坏）
中国香港特别行政区	5.8	马耳他	4.0
瑞典	5.8	泰国	4.0
卢森堡	5.6	印度尼西亚	3.9
芬兰	5.5	越南	3.8
瑞士	5.4	西班牙	3.7
德国	5.3	巴西	3.5
新西兰	5.3	墨西哥	3.4
挪威	5.3	斯洛文尼亚	3.4
新加坡	5.3	土耳其	3.4
奥地利	5.2	捷克	3.3
丹麦	5.2	立陶宛	3.2
荷兰	5.1	韩国	3.2
澳大利亚	5.0	希腊	3.1
冰岛	5.0	秘鲁	3.1
加拿大	4.9	波兰	3.1

① Schwab et al.. *Global Competitiveness Report*, 376.

续表

国家和地区	法律体制挑战规章的效率（7=最好；1=最坏）	国家和地区	法律体制挑战规章的效率（7=最好；1=最坏）
法国	4.9	葡萄牙	3.0
英国	4.9	罗马尼亚	2.9
塞浦路斯	4.7	保加利亚	2.8
南非	4.7	匈牙利	2.8
智利	4.6	拉脱维亚	2.8
爱尔兰	4.5	菲律宾	2.8
马来西亚	4.4	俄罗斯	2.8
日本	4.3	意大利	2.7
美国	4.3	斯洛伐克	2.4
爱沙尼亚	4.2	阿根廷	2.3
印度	4.2	所有国家和地区	4.1
比利时	4.1	亚太经合组织19个国家和地区	4.2
中国台湾地区	4.1	欧盟国家	4.0
以色列	4.1	经合组织国家	4.3
中国	4.0		

经合组织提供了一个衡量许多国家竞争壁垒图表，如表4—14所示。根据经合组织的数据，英国、爱尔兰、瑞典、斯洛伐克和荷兰在国内竞争贸易壁垒最低。其次是西班牙、新西兰、捷克、智利和奥地利。相比之下，经合组织数据表明冰岛、美国、以色列、中国和墨西哥在受评估的39个国家中竞争壁垒最高。

表 4—14　竞争壁垒①

国家和地区	竞争壁垒（0=最好）	国家和地区	竞争壁垒（0=最好）
英国	0.25	俄罗斯	0.66
爱尔兰	0.32	加拿大	0.69
瑞典	0.33	日本	0.74
斯洛伐克	0.37	南非	0.79
荷兰	0.41	冰岛	0.82
西班牙	0.42	美国	0.83
新西兰	0.42	以色列	0.92
捷克	0.43	中国	0.93
智利	0.45	墨西哥	1.02
奥地利	0.46	阿根廷	N/A
瑞士	0.47	保加利亚	N/A
德国	0.47	中国台湾地区	N/A
斯洛文尼亚	0.48	塞浦路斯	N/A
土耳其	0.48	中国香港特别行政区	N/A
芬兰	0.49	印度尼西亚	N/A
爱沙尼亚	0.49	拉脱维亚	N/A
法国	0.51	立陶宛	N/A
巴西	0.52	马来西亚	N/A
意大利	0.52	马耳他	N/A
澳大利亚	0.54	秘鲁	N/A

① OECD. *Science, Technology and Industry Scoreboard 2011*.

续表

国家和地区	竞争壁垒（0=最好）	国家和地区	竞争壁垒（0=最好）
比利时	0.55	菲律宾	N/A
匈牙利	0.56	罗马尼亚	N/A
波兰	0.57	新加坡	N/A
印度	0.58	泰国	N/A
卢森堡	0.58	越南	N/A
挪威	0.58	所有国家和地区	0.57
葡萄牙	0.59	亚太经合组织 19个国家和地区	0.69
丹麦	0.60	欧盟国家	0.48
韩国	0.61	经合组织国家	0.55
希腊	0.61		

注：N/A 表示缺乏相关数据。

三、创业环境

如上所述，要在发达国家和发展中国家实现经济增长，提高生产力和所有行业全方位的创新是至关重要的。在某种程度上，这可以通过实施刺激现有企业生产率增长的创新政策来实现。但这只是解决问题的部分方法。尤其重要的是，决策者们必须在经济体制的所有部门中运用创新政策，培养创业精神。新创立的公司，尤其是那些“瞪羚”企业——快速成长的新公司，它们通过给经济注入新理念和新技术来增进经济的活力。它们在“破坏性创造”的过程中是必不可少的，借此创新型的新企业可以取代缺乏创新精神的现有企业，提高其行业的生产率，甚至产生新的行业并且带动整体经济增长。企业家提高生产力和创新的主要途径是把新理念和发明投入市场，用熊彼特（Schumpeter）的话来说就是“发明家产生想法，企业家把事做成”①。关键的一点是，正如克里斯坦森（Christensen）在《创新者的困境》一书中记载，现有企业往往抵制创新；相反，创业企业往往是先驱者。② 因此，创业促进了创新，通过直接把新想法投入市场，防止现有企业越来越自满，使新企业和现有企业的生产力同时得以提高。在一个对经合组织 23 个国家的调查中，奥德斯（Audretsch et al.）发现持续创业率对经济增长至关重要。③ 霍尔茨—埃金（Holrz-Eakin）和卡奥（Kao）发现，新公司的诞生，经过一些时间的滞后，会创造更高的生产率。④ 这也反映了一个事实，例如，在加拿大，中小型企业的新技术创造了 82%经济价值。⑤ 此外，在许多国家，小部分的新的“瞪羚”企业负责创造大部分的新就业机会。事实上，在美国和韩国，新成立的公司（5 年以下）在过去数年中几乎负责创造了所有新的工作岗位。⑥ 在美国，新的

---

① Joseph A. Schumpeter. The Creative Response to Economic History. *Journal of Economic History* 7, no. 2 (1947): 149–159; Hugo Erken. *Productivity, R&D and Entrepreneurship*. (doctoral thesis, Erasmus Research Institute of Management, Rotterdam November 27, 2011). http://repub.eur.nl/res/pub/14004/EPS2008147ORG9058921796 Erken.pdf.

② Clayton M. Christensen. *The Innovator's Dilemma: When New Technologies Cause Great Firms to Fail* (Boston: Harvard Business School Press, 1997).

③ David B. Audretsch et al.. Impeded Industrial Restructuring: The Growth Penalty. *Kyklos 55*, no. 1 (2002): 81–97.

④ Douglas Holtz-Eakin and Chihwa Kao. *Entrepreneurship and Economic Growth* (working paper, Center for Policy Research, Syracuse University, NY, February 2003). https://www.maxwell.syr.edu/uploadedFiles/cpr/publications/working_ papers/wp50.pdf.

⑤ Kashmir Gill. NRC-IRAP Program and Tips for Commercial Success. *NSERC I2I Workshop*, May 16, 2007. www.rso.ualberta.ca/pdfs/NRC-IRAP.ppt.

⑥ David Stanler and Paul Kedrosky. *Neutralism and Entrepreneurship: The Structural Dynamics of Startups, Young Firms, and Job Creation* (Kansas City, MO: Ewing Marion Kauffman Foundation, 2010). http://www.kauffman.org/uploadedFiles/firm-formationneutralism.pdf; Haltiwanger, Jarmin, and Miranda. *Jobs Created from Business Startups in the United States* (Kansas City, MO: Ewing Marion Kauffman Foundation, 2009). http://www.kauffman.org/uploadedFiles/BDS_ Jobs_ Created_ 011209b.pdf.

小型企业在过去10年中创造了大约70%的就业机会。①

表4—15显示了2009年，每雇用1000个工人所创立的新公司的数量。按照这一指标，塞浦路斯在所有国家中独占鳌头，每雇用1000个工人能创立20.3家新公司。紧随其后的是中国香港特别行政区、新西兰和冰岛。印度、印度尼西亚、菲律宾、阿根廷、波兰创业率最低，其中印度、印度尼西亚和菲律宾，每雇用1000工人所创建公司数分别只有0.12家、0.18家和0.19家。美国在这个指标上表现平平——每雇用1000个工人创立4.30家新公司，这或许部分反映了2000年代末出现的经济衰退。作为一个群体，欧盟国家和亚太经合组织国家每雇用1000名工人创造新公司均为4.73家，其次是经合组织国家，为4.38家。

一个国家监管环境的质量对促进新企业的产生是至关重要的。在一项对84个国家的调查中，克拉伯（Klapper）、阿米特（Amit）和格林（Guillen）发现，创业活动和那些影响国内市场竞争的指标（金融市场、经济增长、法律监管的质量和治理环境）有着密切的联系。② 经合组织提供了一个衡量国家对其创业企业的行政负担的指标，如表4—16所示。根据经合组织的数据，爱尔兰、德国、新西兰、英国和丹麦对其创业公司施加的行政负担最少。相反，中国、印度、墨西哥、智利和波兰施加的行政负担最重。

---

① Zoltan J. Acs, William Parsons, and Spencer Tracy. *High-Impact Firms: Gazelles Revisited* (technical report, Small Business Administration, Washington, D. C., June 2008). http://archive. sba. gov/advo/research/rs328tot. pdf.

② Leora Klapper et al.. *Entrepreneurship and Firm Formation Across Countries* (working paper, World Bank, Washington, D. C., 2008). http://knowledge. wharton. upenn. edu/papers/1345. pdf.

表 4—15　每雇佣 1000 名工人所建新公司数①

国家和地区	每雇用 1000 名工人所建新公司数	国家和地区	每雇用 1000 名工人所建新公司数
塞浦路斯	20.30	捷克	3.00
中国香港特别行政区	19.19	西班牙	2.92
新西兰	17.08	秘鲁	2.65
冰岛	12.84	俄罗斯	2.61
马耳他	9.52	马来西亚	2.55
爱沙尼亚	8.10	中国台湾地区	2.42
英国	8.05	巴西	2.38
加拿大	7.56	立陶宛	2.18
新加坡	7.40	智利	2.12
卢森堡	7.38	意大利	1.78
保加利亚	7.20	韩国	1.72
澳大利亚	6.38	日本	1.28
中国	6.30	德国	1.19
匈牙利	6.26	希腊	1.18
瑞士	4.88	土耳其	0.87
爱尔兰	4.67	南非	0.77
拉脱维亚	4.62	墨西哥	0.61
丹麦	4.57	泰国	0.59

① *World Bank Group Entrepreneurship Snapshots* (accessed September 6, 2011); For China and Taiwan, new firm information was derived from Donna Kelley, Niels Bosma, and José Ernesto Amorós. *Global Entrepreneurship Monitor: 2010 Global Report* (London: Global Entrepreneurship Monitor, 2010). http://www.gemconsortium.org/download/1322865922331/GEM%20GLOBAL%20REPORT%202010rev.pdf.

续表

国家和地区	每雇用 1000 名工人所建新公司数	国家和地区	每雇用 1000 名工人所建新公司数
挪威	4.49	奥地利	0.58
以色列	4.46	波兰	0.52
美国	4.30	阿根廷	0.46
比利时	4.28	菲律宾	0.19
斯洛文尼亚	4.16	印度尼西亚	0.18
瑞典	4.09	印度	0.12
斯洛伐克	4.04	越南	N/A
葡萄牙	3.92	所有国家和地区	4.52
罗马尼亚	3.66	亚太经合组织 19 个国家和地区	4.73
芬兰	3.37	欧盟国家	4.73
荷兰	3.10	经合组织国家	4.38
法国	3.08		

注：N/A 表示缺乏相关数据。

表 4—16　创业公司的行政负担①

国家和地区	创业公司的行政负担（0=最好）	国家和地区	创业公司的行政负担（0=最好）
爱尔兰	0.15	以色列	0.81
德国	0.16	土耳其	0.86
新西兰	0.18	希腊	0.87
英国	0.19	匈牙利	0.94

① OECD. *Science, Technology and Industry Scoreboard 2011*, 155.

续表

国家和地区	创业公司的行政负担（0=最好）	国家和地区	创业公司的行政负担（0=最好）
丹麦	0.21	波兰	1.07
南非	0.24	智利	1.08
挪威	0.24	墨西哥	1.27
日本	0.24	印度	1.47
澳大利亚	0.25	中国	1.84
加拿大	0.28	阿根廷	N/A
瑞典	0.28	保加利亚	N/A
美国	0.33	中国台湾地区	N/A
瑞士	0.36	塞浦路斯	N/A
冰岛	0.38	中国香港特别行政区	N/A
荷兰	0.41	印度尼西亚	N/A
法国	0.43	拉脱维亚	N/A
芬兰	0.48	立陶宛	N/A
比利时	0.49	马来西亚	N/A
爱沙尼亚	0.52	马耳他	N/A
韩国	0.52	秘鲁	N/A
斯洛文尼亚	0.54	菲律宾	N/A
意大利	0.55	罗马尼亚	N/A
葡萄牙	0.57	新加坡	N/A
斯洛伐克	0.64	泰国	N/A
捷克	0.69	越南	N/A
奥地利	0.70	所有国家和地区	0.60

续表

国家和地区	创业公司的行政负担（0=最好）	国家和地区	创业公司的行政负担（0=最好）
俄罗斯	0.77	亚太经合组织19个国家和地区	0.68
卢森堡	0.77	欧盟国家	0.54
西班牙	0.77	经合组织国家	0.54
巴西	0.79		

注：N/A 表示缺乏相关数据。

第五章
知识产权

第一节 什么是知识产权

就创新政策的构成而言，知识产权（IPR）作为“用属性权力诱导各种创新”，被认为是政策领域最核心和最古老的制度之一。知识产权指的是人类智力的创造，比如发明、文学和艺术作品、标示、名称、图像和一些商业用途的设计。[①] 知识产权作为一种制度安排，由各种类型的权利组成，包括发明专利权、商业秘密权、版权、商标权，甚至还包括设计权和数据库的权利等。

知识产权代表了创造性思维，这些思维均体现在发明、书籍、音乐和艺术作品中，体现在汽车引擎的设计、飞机机翼、电脑软件、生产车间高效运行的设备和程序、小说故事和歌曲上等。专利法、版权法和商标法赋予知识产权的发明者在有限的期限内，禁止他人使用他们的作品的权利。专利权赋予某类电路设计的发明者禁止别人使用相同的程序生产电路的权利；[②] 版权法允许软件公司禁止任何人未经许可复制软件；商标法保护公司使用销售它们自己产品的商标名称、设计图案和其他符号（如苹果电脑上的苹果图案）。

---

① World Intellectual Property Organization. *What is Intellectual Property*?. http://www.wipo.int/about-ip/en/.

② Julie A. Hedlund. *Patents Pending*: *Patent Reform for the Innovation Economy* (technical report, ITIF, Washington, D. C., 2007), 3. http://www.itif.org/files/PatentsPending.pdf.

第二节　为什么知识产权是重要的

众所周知，从中世纪至今，知识产权制度为创新主体提供了有效的保护，使创新者能够得到必要的回报，继而继续创新以促进前沿技术的有效性。经济学家、经济史上最重要的学者之一道格拉斯·诺斯（Douglass North）认为，知识产权的应用是人类历史上对促进经济增长具有最深刻影响的因素之一。诺斯指出，据估计，工业革命之前的大约150万年间，全球经济平均增长率几乎为零。18世纪英国精英阶层的人均收入与3世纪罗马同阶层的人均收入几乎相同。① 诺斯表示，经济快速增长的转折点就是专利制度在19世纪的广泛发展。②

明确界定知识产权是创新经济发展的必要条件。对知识产权的有效保护和执行可以鼓励创新者对技术的研发和商业化进行投资，同时又促进这些技术的传播推广。而薄弱或者不利的知识产权保护会减少或降低外国直接投资和技术转让的流量。如果没有足够的知识产权保护，就不会涌现更多的创新。

无论是对发达国家还是对发展中国家来说，知识产权至少带来了五个主要的益处。

第一，强有力的知识产权保护通过提高创新回报的专用性来激励创新活动，使创新主体能够从自己的创新活动中获取更多的利益。通过提高个人收益率，使之接近社会收益率的办法，知识产权提出了知识资产的激励问题，即允许发明者从他们的发明中获取经济效益，从而促进经济增长。此外，由于创新主体获得了创新活动带来的大部分利益，他们就会用获得

---

① Michael P. Ryan. *Intellectual Property and Economic Growth* (working paper, George Washington University Law School, Washington, D. C., 2008). http://www.law.gwu.edu/Academics/research_centers/ciec/Documents/Notes%20on%20Creativity/IPANDECONOMICGROWTH.pdf.

② Douglass C. North. *Institutions*, *Institutional Change*, *and Economic Performance* (Cambridge: Cambridge University Press, 1990).

的资源来开展下一个创新活动，这样就带动了国家和地区创新的良性循环。

第二，作为接受某些知识产权（比如专利）的一个条件，创新者必须公开他们的知识，而不是保守秘密，这样就产生了知识溢出效应，可以帮助别人创新。① 事实上，创新活动的溢出效应是巨大的。大量的研究发现，社会从企业研发和创新活动中获得的回报率至少是企业自身创造的 2 倍。②

第三，知识产权可以通过减少交易成本，使得各国和各地区经济运作得更有效，也更高效。例如，商标标志着产品质量的信息，这就降低了消费者搜寻的成本。③

第四，关于创新的国际扩散，即指各国和各地区引入境外产品、方法和技术。④ 这种扩散可以通过若干机制来实现，包括贸易、国际授权、外国直接投资（FDI）或合资企业。当各国和各地区要扩大知识产权保护时，既要对本国和本地区的企业加以保护，也要对国外的企业加以保护。这些企业试图引进新产品、流程或技术进入它们的市场，知识和技术就辐射出了国界，为国外经济体的消费者和企业创造效益。正如麦斯克斯（Maskus）所解释的，贸易和外国直接投资是这一过程中的关键因素，因为他们是市场调节的两个主要渠道，通过这两个渠道，在国际间传播各种

---

① Edmund W. Kitch. The Nature and Function of the Patent System. *Journal of Law and Economics 20*. no. 2 (1977): 265–290.

② See Charles Jones and John Williams. Measuring the Social Return to R&D. *Quarterly Journal of Economics* 113, no. 4 (1998): 1119–1135; Edwin Mansfield. Social Returns from R&D: Findings, Methods, and Limitations. *Research Technology Management 34*, no. 6 (1991): 24–27; Eric Brynjolfsson, Lauren Hitt, and Shinkyu Yang. Intangible Assets: How the Interaction of Information Technology and Organizational Structure Affects Stock Market Valuations. *Brookings Papers on Economic Activity* 33 (2000): 137–199.

③ Eugenia Baroncelli, Ekaterina Krivonos, and Macelo Olarreaga. *Trademark Protection or Protectionism*? (working paper, World Bank, Washington, D. C., 2004).

④ Brent B. Allred and Walter G. Park. Patent Rights and Innovative Activity: Evidence from National and Firm-level Data. *Journal of International Business Studies*, 38, no. 6 (2007): 878–900.

理念和一些无形资产。[①] 因此，贸易和外国直接投资有利于企业、行业和国家知识资本的逐步积累。[②] 像信息通信技术这种使能技术的开放贸易，对各国和各地区都极其重要。因为，这种使能技术影响着各国和各地区经济领域的竞争能力。例如，如果一个国家知识产权保护不到位，就会阻碍外国企业的引入，从而抑制其国内产业获取最佳信息通信技术，那么国内行业，如银行业、保险业、零售业和运输业，就有可能错失这些能提高生产率的产品和技术。

第五，知识产权的优势（我们随后会解释说明），就是加强知识产权保护已被证明能够促进发展中国家的出口。

综合以上五个优势，很显然，有效的知识产权对于一个国家的竞争力至关重要。正如经合组织（OECD）认为的，"加强知识产权体系和一些辅助性政策，通过知识资本的获取和知识资本的积累，有助于提高竞争力——在宏观和微观经济的层面"[③]。因此，正如帕克（Park）和利珀德（LIppoldt）所说，"知识产权保护的改革通常被视为是促进经济发展总体战略的一部分"。而在同时，有效的知识产权保护会对整个世界产生积极的溢出效应。[④] 创新企业，通过从一个更大的全球市场赚取利润，并将这些收入再投资到未来的新一代产品、流程和技术中，继续推进全球前沿科技，为所有国家的公民创造效益。

尽管强大的知识产权保护给各国和各地区带来了好处，但一些国家也

---

① Keith E. Maskus. *Encouraging International Technology Transfer* (technical report, International Centre for Trade and Sustainable Development, Geneva, May 2004). http://ictsd.net/downloads/2008/07/b.pdf.

② Ricardo Cavazos Cepeda, Douglas C. Lippoldt, and Jonathan Senft. *Policy Complements to the Strengthening of IPRS in Developing Countries* (working paper, OECD, Paris, 2010). http://dx.doi.org/10.1787/5km7fmwz85d4-en.

③ Ricardo Cavazos Cepeda, Douglas C. Lippoldt, and Jonathan Senft. *Policy Complements to the Strengthening of IPRS in Developing Countries* (working paper, OECD, Paris, 2010), 8. http://dx.doi.org/10.1787/5km7fmwz85d4-en.

④ Walter G. Park and Douglas Lippoldt. International Licensing and the Strengthening of Intellectual Property Rights in Developing Countries during the 1990s. *OECD Journal: Economic Studies* 40, no. 1 (2005): 7-48.

表达了对知识产权的忧虑，特别是有关技术准入、企业“边干边学”的能力和实施知识产权制度的成本等方面。还有人担心，不论是通过企业的竞争或战略行为，都会出现一些“专利丛林”，阻止别人开发新技术的能力或限制相关领域的创新。① 还有一些人认为，尽管强有力的知识产权体制对发达国家行得通，而对于发展中国家来说，它们似乎不太有用，因为发展中国家的工业在某些情况下可能要依靠模仿追赶战略，而这些策略旨在构建一些其他领域开创的技术。

回应这个问题的实质是专利制度一直在创建创新激励机制与促进知识的扩散之间找到合适的平衡。这就是为什么许多国家（以及与贸易有关的知识产权协议 TRIPS）授予专利权 20 年的保护期，而不是 100 年的保护期。当然，尽管有时会出现“专利丛林”问题，但这些问题通常是由于劣质专利的授权而产生，而非其他因素。最终，决策者必须意识到，我们的目的就是要形成一个平衡、高质量的专利制度，这个制度会为真正的创新活动提供强大的专利保护，并且会平衡以传播知识为目的的激励创新机制。

证据表明，强大的知识产权保护对发达国家和发展中国家都有极其重要的意义。正如 2010 年经合组织所做的一个权威性的综述——“知识产权保护对发展中国家的影响”——所说：“这些结论明确了一个趋势，即知识产权改革会带来积极的经济效益。”② 这项研究发现，发展中国家关于专利保护方面的知识产权改革已经有了实质性改善的趋势，版权改革和商标改革的效果也是积极且意义深远的。但若要对经济增长产生更大影响，知识产权改革必须与其他积极的补充性政策相伴随，特别是那些有关创新和生产流程的投入以及经营能力的政策。这其中还包括影响企业发展宏观环境的政策，以及所掌握的资源（如与教育有关的资源）、法律与制度环

① David Encaoua, Dominique Guellec, and Catalina Martínez. *The Economics of Patents: From Natural Rights to Policy Instruments* (working paper, University of Paris, October 2003). ftp://mse. univ-paris1. fr/pub/mse/cahiers2003/V03124. pdf; Keith E. Maskus and Jerome H. Reichman (eds). *International Public Goods and Transfer of Technology Under a Globalized Intellectual Property Regime* (New York: Cambridge University Press, 2005).

② Cavazos Cepeda, Lippoldt, and Senft. *Policy Complements*, 2.

境、财政激励等政策。①

一、知识产权改革与贸易、外国直接投资和技术转让之间的关系

大量的学术研究已经证明，一个国家知识产权保护力度和贸易以及外国直接投资的程度之间存在关系。例如，联合国关于贸易和发展研究的大会，在1986年有一项研究发现，直接投资于新技术领域如计算机软件、半导体、生物技术等，受到了更强大的知识产权政策制度支持和保护。② 联合国跨国公司委员会（UNCTC）的1990年的一项研究发现，知识产权保护不力使得制药产业投资减少。③ 曼斯菲尔德（Mansfield）进行了企业层面的调查，发现强烈的海外知识产权意识对向境外技术转移的激励机制有积极的影响。同样地，世界银行国际财务公司所做的一份调查发现，随着部门、国家和技术的发展变化，至少有25%的美国和日本的高科技公司不愿意向知识产权保护不力的发展中国家进行直接投资或建立合资；之后的研究也用外国直接投资的实际数据证实了这些调查结果。④ 国际经济研究所对世界银行的数据进行研究得出结论：无论国民经济发展的水平如何，知识产权保护薄弱会减少这些商业活动的流动。⑤ 同样，加强知识产权保

---

① Cavazos Cepeda, Lippoldt, and Senft. *Policy Complements*, 2.

② United Nations Conference on Trade and Development. *Periodic Report* 1986: *Policies, Laws, and Regulations on Transfer, Application, and Development of Technology* (Geneva: UNCTAD, 1986).

③ United Nations Commission on Transnational Corporations. *New Issues in the Uruguay Round of Multilateral Trade Negotiations* (New York: United Nations, 1990); United Nations Commission on Transnational Corporations. *The Determinants of Foreign Direct Investment: A Survey of Evidence* (New York: United Nations, 1992).

④ Edwin Mansfield. *Intellectual Property Protection, Direct Investment, and Technology Transfer: Germany, Japan, and the United States* (Washington, D. C.: World Bank, 1995); Jeong-Yeon Lee and Edwin Mansfield. Intellectual Property Protection and U. S. Foreign Direct Investment. *Review of Economics and Statistics* 78, no. 2 (1996): 181-186.

⑤ Keith E. Maskus. *Intellectual Property Rights in the Global Economy* (Washington, D. C.: Institute for International Economics, 2000).

护也一直与外国直接投资的流入增加有关系。卡瓦佐斯·赛佩达（Cavazos Cepeda）、利珀德和森夫特（Senft）发现，用专利权指数（衡量各国知识产权制度保护力度）来衡量，知识产权保护每上升1%，外国直接投资的流入就相应提高2.8%。①

同样地，商标保护水平上升1%，外国直接投资就增加3.8%。而且，版权保护水平每上升1%，就会带来6.8%的外国直接投资增长。② 此外，他们还发现外国直接投资和知识产权保护之间的良性循环。因此，知识产权环境的改进与经济效益的提高有一定的关联——特别是在外国直接投资方面——反过来，知识产权环境也会得到进一步改善。帕克和利珀德还表示，发展中国家较强的知识产权保护关系着技术密集型产业外国直接投资的增加。阿沃库兹和尹（Awokuse and Yin）提供了一个具体例子，这个事例阐明了中国知识产权保护与外国直接投资流入之间的关系。他们得出结论：中国知识产权改革已经在引进外商投资方面取得了积极和显著的成效。③ 加强知识产权保护也被证明与贸易增加有关系。④ 芬克（Fink）和普里莫·布拉加（Prime Braga）发现，知识产权保护与国际贸易流动有着积极的关系，特别是非燃料产品的进口。⑤

学术研究也表明知识产权和技术转让之间存在着很强的关联性。利珀德表示，知识产权加强的国家——特别是专利权方面——会通过贸易和投

---

① Cavazos Cepeda, Lippoldt, and Senft. *Policy Complements*.

② Ibid.

③ Titus O. Awokuse and Hong Yin. *Do Stronger Intellectual Property Rights Protection Induce More Bilateral Trade? Evidence from China's Imports* (conference paper, American Agricultural Economics Association 2008 Annual Meeting, Orlando, FL, July 27 –29, 2008).

④ Cavazos Cepeda, Lippoldt, and Senft. *Policy Complements*, 10.

⑤ Carsten Fink and Carlos A. Primo Braga. *How Stronger Protection of Intellectual Property Rights Affects International Trade Flows* (working paper, Word Bank, Washington, D. C., 1999).

资加大其技术转让。① 迪万（Diwan）和罗迪克（Rodric）也论证了在发展中国家加强专利权保护，会给发达国家的企业注入更大的动力去研究和引进适合发展中国家的技术。② 同样，泰勒（Taylor）也表示专利权保护较弱的发展中国家会导致一些发达国家的企业向其出口一些不太先进的实践技术。③ 有趣的是这种关系是双向的。布兰斯泰特（Branstetter）和萨吉（Saggi）表示加强知识产权保护不仅改善了实施国的投资环境，也会增加原始创新国的外国直接投资。④ 他们的最终结论是，“南半球”（发展中国家）的知识产权改革可能关系着“北半球”（发达国家）的外国直接投资的增加。随着北方公司将其生产转移到南方分公司，这种外国直接投资就加速了南方工业发展，这样就创建了一个也有利于北方的周期性反馈。另一项由廖（Liao）和洪（Hong）所做的聚焦企业层面分析的研究强调了发达国家和发展中国家知识产权改革的相互关系。他们的结论是发展中国家可以通过为进口产品提供知识产权保护，来吸引发达国家的技术转让（虽然他们指出，发达国家有必要加强研发工作，以刺激所需的创新）。⑤

二、知识产权改革和创新/研发之间的关系

知识产权改革给国内创新带来了强大动力。舍伍德（Sherwood）对 18 个发展中国家的案例进行研究，得出结论是知识产权保护不利的国家抑制

① Walter G. Park and Douglas G. Lippoldt. *Technology Transfer and the Economic Implications of the Strengthening of Intellectual Property Rights in Developing Countries* (working paper, OECD, Paris, 2008).

② Ishac Diwan and Dani Rodrik. Patents, Appropriate Technology, and North-South Trade. *Journal of International Economics 30*, no. 1 (1991): 27-47.

③ M. Scott Taylor. TRIPs, Trade, and Technology Transfer. *Canadian Journal of Economics 26*, no. 3 (1993): 625-637.

④ Lee Bransetter and Kamal Saggi. *Intellectual Property Rights, Foreign Direct Investment, and Industrial Development* (working paper, National Bureau of Economic Research, Cambridge, MA, October 2009).

⑤ Pei-Cheng Liao and Kar-yiu Wong. R&D Subsidy, Intellectual Property Rights Protection, and North-South trade: How Good is the TRIPS Agreement? *Japan and the World Economy 21*, no. 2 (2009): 191-201.

了本国的创新精神和承担风险能力。① 根据国内专利申请，知识产权改革一直影响着创新活动的增加，尽管不同的国家和部门存在着一些差异。②例如，瑞恩（Ryan）在对巴西的生物医学创新和专利改革的研究中发现专利为创新投资提供了激励机制，并且促进了技术市场的功能。③ 帕克和利珀德也表示提供足够的知识产权保护有助于刺激当地的创新，在某些情况下是依靠能够提供投入和溢出效应的技术转移。④ 换句话说，本地创新主体首先要通过技术转让接触一些相关技术，而这些技术转让又必须确保是在知识产权保护的环境中；然后，他们可以用这些理念来创建一个改进的产品或开发替代方法。但是麦斯克斯（Maskus）强调，如果对新开发的技术存在滥用，不提供保护，外国企业可能不太愿意透露与创新相关的技术信息。⑤ 专利和商业秘密的保护为一些公司提供了必要的法律保证，这些公司希望通过各种合同向子公司和被许可方透露一些专有技术的特征。

知识产权和创新之间的关系我们也可以在一些研究中看到，如加强知识产权法律（专利、版权和商标）保护是如何影响经济中的研发活动。瓦萨克里斯（Varsakelis）、坎瓦尔（Kanwar）和埃文森（Evenson）的研究发现，由于一些其他因素，科学研发和 GDP 的比率与专利权保护的强度存在正相关关系。⑥ 卡瓦佐斯·赛佩达、利珀德和森夫特发现知识产权对研发水平有积极的影响。他们还发现知识产权保护每增加 1%（根据提高一个国家的专利权指数的得分来衡量），国内的研发水平就平均增长 0.7%。⑦同样，版权保护水平每提高 1%，国内研发水平就增加 3.3%。以此类推，

① Robert M. Sherwood. Intellectual Property Systems and Investment Stimulation: The Ratings of Systems in Eighteen Developing Countries. *IDEA: Journal of Law and Technology 37*, no. 2 (1997): 261-370.

② Cavazos Cepeda, Lippoldt, and Senft. *Policy Complements*, 13.

③ Michael P. Ryan. Patent Incentives, Technology Markets, and Public-PrivateBio-Medical Innovation Networks in Brazil. *World Development 38*, no. 8 (2010): 1082-1093.

④ Park and Lippoldt. *Technology Transfer*.

⑤ Maskus. *Encouraging International Technology Transfer*.

⑥ Allred and Park. *Patent Rights and Innovative Activity*, 6.

⑦ Cavazos Cepeda, Lippoldt, and Senft. *Policy Complements*, 21.

当商标保护水平每提高1%，就会带来1.4%的研发增长。正如他们所得出的结论："加强知识产权的保护带来了极大的经济效益，如外国直接投资流入的增加、国内研发水平的提高、服务导入水平的提高等。"① 正如杰克逊（Jackson）对知识产权改革与创新与研发和外国直接投资之间的关系所做的总结那样"除了促进国内创新，强大的知识产权对外国直接投资具有更大的激励作用，这反过来也促使了国内经济的增长。"②

三、知识产权改革与出口/增长之间的关系

学术研究揭示了发展中国家加强知识产权保护和出口之间的相互关系，以及加强知识产权保护和某些行业发展速度更快之间的关系。杨（Yang）和郭（Kuo）认为，对于受益于技术转让的企业，加强知识产权的保护可以提高企业的出口业绩。而卡瓦佐斯·赛佩达、利珀德和森夫特在2010年所做的研究发现，商标保护对出口交易额、销售和企业的总资产有显著的关联。他们还发现版权和出口交易额之间存在着显著的关联："在一些辅助性政策的说明中，专利权保护对出口交易额（销售额）有积极的影响。"③

在对多国进行的研究中，研究人员还发现加强专利权关系着公司的快速发展，特别是在如药品企业这种知识密集型行业。实际上，在20世纪90年代早期，专利权增加一个标准差就会带给企业0.69%的增长（行业平均增长率为3.7%，而这个数达到行业平均增长的1/5）。④

四、知识产权保护不利的后果

不执行知识产权保护或执行不利的国家，至少在三个主要方面阻碍了经济发展。首先，阻碍了创新主体未来的创新活动。其次，阻碍了贸易和外国直接投资，由此损害了本国和本地区的消费者与企业，这些损害表现

---

① Allred and Park. *Patent Rights and Innovative Activity*. 6.

② Kyle Jackson. *International Property Rights Index* 2011 *Report*.

③ Cavazos Cepeda, Lippoldt, and Senft. *Policy Complements*, 6.

④ Cavazos Cepeda, Lippoldt, and Senft. *Policy Complements*, 14.

在限制其选择并且抑制企业获得最佳技术的能力，而这些技术对促进国内生产力是至关重要的。最后，知识产权保护不利的国家，企业被迫投资过度的资源在保护上，而不是发明。

一些技术不发达的国家为了追赶全球科技前沿，使用了知识产权侵权的策略。但是，正像格罗斯曼（Grossman）和赫尔普曼（Helpman）研究发现的那样，尽管知识产权的侵权行为可以在短期内对国家有所帮助，但它扼杀了自主技术开发的激励机制。因此也阻碍国家开发其长期竞争的能力，无法培养开创新的产品、服务、流程和技术的真正技能。①

最终，正如卡瓦佐斯·赛佩达、利珀德和森夫特所说，那些“知识产权环境依然存在不确定性的”国家“可能达不到他们的创新潜能”，一些公司可能会退出创新活动或把精力转移到一些知识产权保护的替代方法上去。② 因此，如果各国要实现促进区域贸易和外国直接投资的愿景，同时最大限度地发挥各自全面创新和经济增长的潜力，那就必须要完善和实施强有力的知识产权保护。

第三节　国家和地区知识产权保护全球评价

表5—1中列出的六个指标，来评价各国和各地区对知识产权保护的程度、执行知识产权制度的有效性，以及知识产权侵权的程度。各国和各地区知识产权政策的分值占总分的15%。表5—2显示了各国和各地区知识产权政策的等级。

① Gene M. Grossman and Elhanan Helpman. *Innovation and Growth in the Global Economy* (Cambridge, MA: MIT Press, 1991).

② Ibid.

表 5—1 知识产权保护指标

<table>
<tr><th>各部分权重（%）</th><th>指标</th><th>数据类型</th><th>来源</th><th>指标权重（%）</th></tr>
<tr><td rowspan="3">40</td><td colspan="4">知识产权保护</td></tr>
<tr><td>2005 帕克指数</td><td>评级</td><td>沃特·帕克</td><td>25</td></tr>
<tr><td>知识产权保护评级</td><td>评级</td><td>世界经济论坛</td><td>15</td></tr>
<tr><td rowspan="3">30</td><td colspan="4">知识产权执法</td></tr>
<tr><td>法律和政治环境</td><td>评级</td><td>知识产权联盟</td><td>15</td></tr>
<tr><td>法律体系整体</td><td>评级</td><td>政治风险服务集团</td><td>15</td></tr>
<tr><td rowspan="3">30</td><td colspan="4">知识产权侵权</td></tr>
<tr><td>软件侵权率</td><td>安装未经许可软件的比率</td><td>商业软件联盟/国际数据公司</td><td>15</td></tr>
<tr><td>美国特别 301 观察名单</td><td>重点观察名单/观察名单/未列入名单</td><td>美国贸易代表</td><td>15</td></tr>
</table>

如表 5—2 所示，国家的发展水平与知识产权政策等级之间存在一定的关系。领先的国家往往都是发达国家，如澳大利亚、荷兰和英国。一些波罗的海和东欧国家，以及其他一些寻求创新领先的国家和地区，如中国台湾地区、以色列和韩国，都排在中高级。拉丁美洲国家——阿根廷、巴西和秘鲁——与一些新兴的亚洲国家排在低级。

表 5—2 各国和各地区知识产权保护排名（按字母先后顺序排列）

高级	中高级	中低级	低级
澳大利亚	智利	保加利亚	阿根廷
奥地利	中国台湾地区	中国	巴西
比利时	塞浦路斯	希腊	印度尼西亚
加拿大	捷克	印度	秘鲁

续表

高级	中高级	中低级	低级
丹麦	爱沙尼亚	立陶宛	菲律宾
法国	中国香港特别行政区	马来西亚	俄罗斯
芬兰	匈牙利	墨西哥	泰国
德国	冰岛	罗马尼亚	越南
日本	以色列	土耳其	
爱尔兰	意大利		
卢森堡	拉脱维亚		
荷兰	马耳他		
新西兰	波兰		
挪威	葡萄牙		
新加坡	斯洛伐克		
瑞典	斯洛文尼亚		
瑞士	西班牙		
英国	南非		
美国	韩国		

一、知识产权保护

对各国和各地区知识产权保护最好的评估也许是“帕克指数”，这个指数提供了 110 个国家的专利权指数。它提供了一个由五个独立的评分标准组成的指标体系：涵盖面积（可获专利的发明）、加入国际条约、保护期、实施机制和限制条件（如发明专利未得到充分利用的强制许可）① 该指数旨在为各国和各地区提供专利保护强度的指标（虽然不是各国和各地

① Walter G. Park. International Patent Protection：1960-2005. *Research Policy 37*, no. 4（2008）：791-766.

区专利制度的总体质量）。①

根据最新的帕克指数（使用的数据截至 2005 年），如表 5—3 所示，美国提供了世界上最强大的专利保护制度。紧随其后的是丹麦、芬兰、法国、爱尔兰、意大利、日本和荷兰。泰国、印尼、越南和秘鲁的专利制度最薄弱。从 2000—2005 年间帕克指数的分数提高上来看，印度、斯洛伐克、捷克、中国和立陶宛等国都表现出很大的进步。任何国家在专利保护的强度方面都没有出现倒退。

表 5—3　知识产权保护的帕克指数评级②

国家和地区	帕克指数（2005 年）	国家和地区	帕克指数（2000 年）	国家和地区	变化幅度（%）（2000—2005 年）
美国	4.88	美国	4.88	印度	65.6
比利时	4.67	比利时	4.67	斯洛伐克	42.2
加拿大	4.67	加拿大	4.67	捷克	34.9
丹麦	4.67	丹麦	4.67	中国	32.0
芬兰	4.67	法国	4.67	立陶宛	14.9
法国	4.67	爱尔兰	4.67	马来西亚	14.9
爱尔兰	4.67	意大利	4.67	中国台湾地区	13.7
意大利	4.67	日本	4.67	印度尼西亚	12.1
日本	4.67	荷兰	4.67	罗马尼亚	12.1
荷兰	4.67	芬兰	4.54	匈牙利	11.4
保加利亚	4.54	瑞典	4.54	马耳他	9.4

① Under this index, an economy may effectively protect patents but also issue many bad patents and still receive a high score.

② Walter G. Park. International Patent Protection: 1960-2005. *Research Policy* 37, no. 4 (2008): 791-766. http://ideas.repec.org/a/eee/respol/v37y2008i4p761-766.html.

续表

国家和地区	帕克指数（2005年）	国家和地区	帕克指数（2000年）	国家和地区	变化幅度（%）（2000—2005年）
瑞典	4.54	英国	4.54	葡萄牙	9.0
英国	4.54	德国	4.50	希腊	8.3
德国	4.50	保加利亚	4.42	波兰	7.4
匈牙利	4.50	奥地利	4.33	墨西哥	5.4
葡萄牙	4.50	西班牙	4.33	泰国	5.1
奥地利	4.33	瑞士	4.33	菲律宾	5.0
捷克	4.33	智利	4.28	新加坡	5.0
韩国	4.33	南非	4.25	韩国	4.8
西班牙	4.33	澳大利亚	4.17	越南	4.5
瑞士	4.33	卢森堡	4.14	挪威	3.9
希腊	4.30	以色列	4.13	爱尔兰	3.8
挪威	4.29	挪威	4.13	芬兰	2.9
智利	4.28	葡萄牙	4.13	保加利亚	2.7
南非	4.25	南韩	4.13	阿根廷	0
波兰	4.21	匈牙利	4.04	澳大利亚	0
新加坡	4.21	新西兰	4.01	奥地利	0
斯洛伐克	4.21	新加坡	4.01	比利时	0
菲律宾	4.18	土耳其	4.01	巴西	0
澳大利亚	4.17	阿根廷	3.98	加拿大	0
罗马尼亚	4.17	菲律宾	3.98	智利	0
卢森堡	4.14	希腊	3.97	塞浦路斯	0

续表

国家和地区	帕克指数（2005年）	国家和地区	帕克指数（2000年）	国家和地区	变化幅度（%）（2000—2005年）
以色列	4.13	波兰	3.92	丹麦	0
中国	4.08	中国香港特别行政区	3.81	法国	0
新西兰	4.01	罗马尼亚	3.72	德国	0
土耳其	4.01	墨西哥	3.68	中国香港特别行政区	0
立陶宛	4.00	俄罗斯	3.68	爱尔兰	0
阿根廷	3.98	巴西	3.59	以色列	0
墨西哥	3.88	塞浦路斯	3.48	意大利	0
中国香港特别行政区	3.81	立陶宛	3.48	日本	0
印度	3.76	爱尔兰	3.38	卢森堡	0
中国台湾地区	3.74	秘鲁	3.32	荷兰	0
俄罗斯	3.68	中国台湾地区	3.29	新西兰	0
巴西	3.59	捷克	3.21	秘鲁	0
冰岛	3.51	马耳他	3.18	俄罗斯	0
塞浦路斯	3.48	中国	3.09	南非	0
马来西亚	3.48	马来西亚	3.03	西班牙	0
马耳他	3.48	斯洛伐克	2.96	瑞典	0
秘鲁	3.32	越南	2.90	瑞士	0
越南	3.03	泰国	2.53	土耳其	0
印度尼西亚	2.77	印度尼西亚	2.47	英国	0

续表

国家和地区	帕克指数（2005年）	国家和地区	帕克指数（2000年）	国家和地区	变化幅度（%）（2000—2005年）
泰国	2.66	印度	2.27	美国	0
爱沙尼亚	N/A	爱沙尼亚	N/A	爱沙尼亚	N/A
拉脱维亚	N/A	拉脱维亚	N/A	拉脱维亚	N/A
斯洛文尼亚	N/A	斯洛文尼亚	N/A	斯洛文尼亚	N/A
所有国家和地区	4.12	所有国家和地区	3.93	所有国家和地区	6.37%
亚太经合组织19个国家和地区	3.89	亚太经合组织19个国家和地区	3.72	亚太经合组织19个国家和地区	5.39%
欧盟国家	4.37	欧盟国家	4.14	欧盟国家	6.47%
经合组织国家	4.38	经合组织国家	4.24	经合组织国家	4.19%

注：N/A表示缺乏相关数据。

另一个测评标准，如表5—4所示，世界经济论坛（WEF）对高管们如何评价知识产权保护做了调查，包括各国和各地区的防伪措施。芬兰、瑞典、新加坡、卢森堡和瑞士评价最高。阿根廷评价是最低的，保加利亚、秘鲁、俄罗斯和土耳其略高于阿根廷。菲律宾和越南的得分不到排名前列国家的一半。

表5—4　世界经济论坛的知识产权保护评级①

国家和地区	知识产权保护评分（7=最好；1=最差）	国家和地区	知识产权保护评分（7=最好；1=最差）
芬兰	6.2	以色列	4.2
瑞典	6.2	韩国	4.1

① Schwab et al.. *Global Competitiveness Report*.

续表

国家和地区	知识产权保护评分（7=最好；1=最差）	国家和地区	知识产权保护评分（7=最好；1=最差）
新加坡	6.1	中国	4.0
卢森堡	6.0	希腊	4.0
瑞士	6.0	匈牙利	4.0
法国	5.9	捷克	3.9
新西兰	5.8	印度尼西亚	3.8
奥地利	5.7	斯洛伐克	3.8
丹麦	5.7	智利	3.7
德国	5.7	意大利	3.7
荷兰	5.7	波兰	3.7
澳大利亚	5.6	印度	3.6
加拿大	5.6	拉脱维亚	3.6
爱尔兰	5.6	立陶宛	3.5
挪威	5.6	罗马尼亚	3.2
英国	5.5	巴西	3.1
中国香港特别行政区	5.4	墨西哥	3.1
日本	5.2	泰国	3.1
比利时	5.1	菲律宾	2.8
冰岛	5.1	越南	2.7
美国	5.1	保加利亚	2.6
中国台湾地区	4.9	秘鲁	2.6
南非	4.9	俄罗斯	2.6
塞浦路斯	4.7	土耳其	2.6
马来西亚	4.7	阿根廷	2.5

续表

国家和地区	知识产权保护评分（7=最好；1=最差）	国家和地区	知识产权保护评分（7=最好；1=最差）
爱沙尼亚	4.6	所有国家和地区	4.5
马耳他	4.6	亚太经合组织19个国家和地区	4.3
葡萄牙	4.4	欧盟国家	4.7
斯洛文尼亚	4.4	经合组织国家	4.9
西班牙	4.3		

二、知识产权执法

建立合适的知识产权保护非常重要，但如果不执行也就没有什么意义。执法取决于各国和各地区政治和法律环境的诸多因素，包括遵守法律规则、司法独立程度、知识产权执法的现有资源以及执行权力的共同愿望。这里有两个指标可以了解各国和各地区在知识产权执法上所做的努力。

首先，知识产权联盟使用四个亚测评标准——司法独立的程度、法治、政治稳定和控制腐败——得出各国和各地区支持知识产权的法律和政治环境的综合得分。根据表5—5，芬兰、新西兰、瑞典、丹麦、卢森堡、挪威和瑞士具有最好的知识产权法律和政治的支持环境。俄罗斯、菲律宾以及秘鲁、阿根廷、墨西哥、印度尼西亚等提供的知识产权法律环境最为薄弱。

表5—5　产权联盟的法律与政治环境评级①

国家和地区	法律与政治环境评分（10=最好；0=最差）	国家和地区	法律与政治环境评分（10=最好；0=最差）
芬兰	8.8	匈牙利	6.1

① Kyle A. Jackson. *International Property Rights Index*: *2011 Report* (Washington, D. C.: Property Rights Alliance, 2011), 138. http://www.internationalpropertyrightsindex.org/ATR_ 2011%20INDEX_ Web. pdf.

续表

国家和地区	法律与政治环境评分（10=最好；0=最差）	国家和地区	法律与政治环境评分（10=最好；0=最差）
新西兰	8.8	以色列	6.1
瑞典	8.8	西班牙	6.1
丹麦	8.7	韩国	6.0
卢森堡	8.5	拉脱维亚	5.9
挪威	8.5	立陶宛	5.8
瑞士	8.5	斯洛伐克	5.7
加拿大	8.4	马来西亚	5.6
荷兰	8.4	意大利	5.5
澳大利亚	8.3	南非	5.5
冰岛	8.3	希腊	5.4
新加坡	8.3	罗马尼亚	5.2
爱尔兰	8.2	巴西	5.0
奥地利	8.1	保加利亚	5.0
德国	8.1	越南	4.8
中国香港特别行政区	8.1	印度	4.7
英国	7.8	泰国	4.6
日本	7.6	土耳其	4.6
比利时	7.4	中国	4.5
智利	7.3	印度尼西亚	4.2
马耳他	7.3	墨西哥	4.2
法国	7.2	阿根廷	4.1
爱沙尼亚	7.1	秘鲁	3.7
美国	7.1	菲律宾	3.5

续表

国家和地区	法律与政治环境评分（10=最好；0=最差）	国家和地区	法律与政治环境评分（10=最好；0=最差）
塞浦路斯	7.0	俄罗斯	3.5
葡萄牙	6.8	所有国家和地区	6.5
斯洛文尼亚	6.8	亚太经合组织19个国家和地区	6.1
中国台湾地区	6.4	欧盟国家	7.0
波兰	6.4	经合组织国家	7.2
捷克	6.3		

如表5—6所示，政治风险服务集团提供了法律体系信用评级，包含两个带有风险因素的测评标准。这条“法律”子指标评估法律体系的强度和公正性，而“秩序”子指标评估公众遵守法律的意识。① 奥地利、加拿大、丹麦、芬兰、冰岛、爱尔兰、卢森堡、荷兰、挪威和瑞典都得了满分，而这几国在产权联盟评级中也都是靠前的国家，加拿大、丹麦、荷兰和挪威在这两个指标中得分都在前10名，出现了叠加。另外，巴西的得分最低，而阿根廷、保加利亚、菲律宾、南非和泰国的得分略高于巴西。这六个国家——阿根廷、印尼、墨西哥、秘鲁、菲律宾和泰国，同样在这两个指标中得分都排在最后10位。

表5—6　政治风险服务集团的法律体系信用评级②

国家和地区	法律体系整体评分（10=最好；0=最差）	国家和地区	法律体系整体评分（10=最好；0=最差）
奥地利	10.0	美国	8.33

① The PRS Group. ICRG Methodology. (accessed August 29, 2011). http://www.prs-group.com/ICRG_Methodology.aspx.

② Gwartney, Hall, and Lawson. *Economic Freedom of the World: 2010 Annual Report*, 222. Scores for each country are compiled from individual economy profiles throughout the report.

续表

国家和地区	法律体系整体评分（10=最好；0=最差）	国家和地区	法律体系整体评分（10=最好；0=最差）
加拿大	10.0	中国	7.50
丹麦	10.0	希腊	7.50
芬兰	10.0	波兰	7.50
冰岛	10.0	斯洛文尼亚	7.50
爱尔兰	10.0	土耳其	7.50
卢森堡	10.0	爱沙尼亚	6.67
荷兰	10.0	匈牙利	6.67
挪威	10.0	印度	6.67
瑞典	10.0	意大利	6.67
澳大利亚	9.17	立陶宛	6.67
新西兰	9.17	马来西亚	6.67
英国	9.17	罗马尼亚	6.67
比利时	8.33	俄罗斯	6.67
智利	8.33	斯洛伐克	6.67
中国台湾地区	8.33	越南	6.67
塞浦路斯	8.33	墨西哥	5.83
捷克	8.33	印度尼西亚	5.00
法国	8.33	秘鲁	5.00
德国	8.33	阿根廷	4.17
中国香港特别行政区	8.33	保加利亚	4.17
以色列	8.33	菲律宾	4.17
日本	8.33	南非	4.17
拉脱维亚	8.33	泰国	4.17

续表

国家和地区	法律体系整体评分 (10=最好; 0=最差)	国家和地区	法律体系整体评分 (10=最好; 0=最差)
马耳他	8.33	巴西	3.33
葡萄牙	8.33	所有国家和地区	7.67
新加坡	8.33	亚太经合组织 19个国家和地区	7.28
韩国	8.33	欧盟国家	8.18
西班牙	8.33	经合组织国家	8.53
瑞士	8.33		

三、知识产权侵权

虽然评定各国和各地区知识产权执法等级是件好事，但无法取代评估执行的有效性。为了研究这一点，本报告评估未授权软件使用的程度并且分析哪些国家上了美国贸易代表办公室的“特别 301 条款”观察名单，上了这个名单的国家对外国知识产权持有人没有给予充分的保护。

商业软件联盟，联合国际数据公司提供了一组数据——几十个国家所安装的未经授权软件单元占总软件单元的比例。2010 年，全球个人电脑软件盗版总额达到了创纪录的 590 亿美元。① 60%的 PC（个人电脑）软件盗版发生在亚太国家。

美国贸易代表办公室“特别 301 条款”观察名单明确了那些未对美国知识产权持有人提供“适当的和有效的”保护的国家。② 未采取适当和有效保护的国家，根据其侵权的严重程度，被列入观察名单或重点观察名

① Business Software Alliance. *Global Software Piracy*. http://portal. bsa. org/globalpiracy 2010/.

② United States Trade Representative's Office. *2010 National Trade Estimate Report on Foreign Trade Barriers* (*NTE*) (Washington, D. C.: USTR, 2010). http://www. ustr. gov/sites/default/files/uploads/reports/2010/NTE/NTE _ COMPLETE _ WITH _ APPENDnonameack. pdf.

单，如表 5—7 所示。

九个国家被列入重点观察名单，中国是其中之一。智利被列入重点观察名单，因为它尚未充分实施“一个有效的体系来解决市场医药产品应用程序的专利问题，来对规避技术保护措施的行为进行保护，对加密的卫星信号进行保护，并确保制定一些行政司法程序和威慑补救措施来维护版权持有者”①。美国也把以色列列在了重点观察名单上，部分是由于“无法应对发生在互联网上的侵权行为”②。加拿大也被列入名单，部分原因是加拿大 2010 年推行的期待已久的版权立法没有实现，还有部分原因是加拿大没有有效地制止一些假冒和盗版产品通过其领土的运输。③ 巴西、希腊、意大利、马来西亚、墨西哥、挪威、秘鲁、菲律宾、罗马尼亚、西班牙、土耳其和越南都被列入“观察名单”。马来西亚自 2001 年以来一直出现在特别 301 观察名单上，原因是其未能大幅减少盗版光盘的生产和出口，这也引来广泛的关注。④ 越南也在观察名单上，原因是“高水平的版权盗版，日益猖獗的互联网、卫星和有线信号的盗版，以及市场上假冒商品的大量供应”⑤。

表 5—7　美国贸易办公室“特别 301 条款”观察名单⑥

重点观察名单	观察名单
阿根廷	巴西
加拿大	希腊
智利	意大利

① United States Trade Representative's Office（USTR）. *2011 Special 301 Report*, 28. http://www. ustr. gov/webfm_ send/2841.

② USTR. *2011 Special 301 Report*, 30.

③ USTR. *2011 Special 301 Report*, 27.

④ United States Trade Representative's Office. *2010 National Trade Estimate Report on Foreign Trade Barriers*（*NTE*），2010，248. http://www. ustr. gov/sites/default/files/uploads/reports/ 2010/NTE/NTE_ COMPLETE_ WITH_ APPENDnonameack. pdf.

⑤ USTR. *2011 Special 301 Report*, 42.

⑥ USTR. *2011 Special 301 Report*.

续表

重点观察名单	观察名单
中国	马来西亚
印度	墨西哥
印度尼西亚	挪威
以色列	秘鲁
俄罗斯	菲律宾
泰国	罗马尼亚
	西班牙
	土耳其
	越南

第六章
数字、信息通信技术

第一节　信息通信技术在创新生态系统的作用

信息通信技术（ICT），作为推动经济体制中全行业创新和生产力的一种“通用技术”（GPT），在全球创新生态系统中发挥着重要作用。① 例如，信息通信技术（并非生产）的使用带来了美国 1995—2002 年间要素生产率总增长的 2/3 和劳动生产率的几乎全部的增长。② 科勒奇亚和希瑞尔（Colecchia and Schreyer）通过对一些经合组织国家的分析发现，在 20 世纪 80—90 年代间，信息通信技术给经济带来了每年 0.2—0.5 个百分点的增长。③ 在 90 年代的后半期，这种增长上升至每年 0.3—0.9 个百分点。此外，在对 27 个发达国家和 66 个发展中国家所做的一项研究中，克拉克和沃尔斯顿（Clarke and Wallsten）发现，互联网用户数量每增加 1 个百分点，出口就会相应增加 4.3 个百分点。④ 根据最近一份世界银行对 120 个

---

① Elhanan Helpman. *General Purpose Technologies and Economic Growth* (Cambridge, MA: MIT Press, 1998).

② Dale W. Jorgenson, Mun S. Ho, and Kevin J. Stiroh. *Productivity Volume 3: Information Technology and the American Growth Resurgence* (Cambridge, MA: MIT Press, 2005); Atkinson and McKay. *Digital Prosperity*.

③ Alessandra Colecchia and Paul Schreyer. ICT Investment and Economic Growth in the 1990s: Is the United States a Unique Case?: A Comparative Study of Nine OECD Countries. *Review of Economic Dynamics 5*, no. 2 (2002): 408-442.

④ George R. Clarke and Scott J. Wallsten. Has the Internet Increased Trade? Developed and Developing Country Evidence. *Economic Inquiry 44*, no. 3 (2006): 465-484.

国家的分析，宽带业务普及每增加 10 个百分点，经济增长就上升 1.3 个百分点。而且，这个由宽带业务所带来的经济增长非常显著，发展中国家比发达国家增幅更大。① 实际上，信息通信技术是“超级资本”，对工人生产率的影响是非信息通信技术资本的 3—5 倍，并且正在所有发达和发展中国家中驱动着创新和发展。② 因此，基于市场的数字、信息通信技术政策不太注重信息通信技术业的发展，更多地关注于促进信息通信技术在经济各个领域中的广泛应用。也就是说，注重建立一个信息与通信技术为基础的创新生态系统。

信息通信技术对经济发展的贡献有两种观点。第一种是从输出角度来说，作为“输出”的信息通信技术给用户提供了获得更高层次的成就、个人发展和生活品质的机会。在经济层面，信息通信技术也有助于构建一个广泛的知识资本基础，拓宽知识网络。第二种也是比较重要的观点，是从“输入”的角度来说，信息通信技术被看作是“超级资本”，它给生产过程输入强大的动力，因此从公司和国家的层面上提高了生产力。③ 这里涉及许多复杂的过程。例如，动态的反馈循环就是其中之一，通过信息通信技术产生新的应用，这些应用反过来推动新的信息通信技术上的创新，以此类推。另一个过程涉及动态外部效应和网络效应，如随着用户数量的增加，采用信息通信技术或者信息通信技术的应用的激励也随之增加。宽带就是一个最好的例子：每个新增的宽带用户为所有用户增加了宽带的价值。更深层次的一个过程就是信息通信技术在各商业模式中的推广。它随着纵向价值链——诸如客户关系管理、供应链管理和采购系统，在更多诸如手机银行、电子商务、智能电网和智能办公室等通用领域应用。

图 6—1 描述了数字、信息通信技术政策是如何激励以市场为导向的创新。数字政策是与基础建设、产业振兴、市场竞争以及政治和法律环境相

① World Bank. *Information and Communication for Development: Extending Reach and Increasing Impact* (Washington, D. C.: World Bank, 2009).

② Atkinson and McKay. *Digital Prosperity*.

③ Ibid., 409.

关政策中不可或缺的一部分。所有这些政策组合在一起控制着信息通信技术驱动的创新生态系统中的支柱产业：公共设施的投资、应用程序与内容、市场与竞争、政策与法规、政府预算以及信息通信技术的技能和教育等。[①] 这些支柱产业在信息通信技术驱动的创新生态体系内相互作用，具有信息通信技术创新的特征。以下部分对各国和各地区在以信息通信技术驱动的创新生态体系中采用有效的数字政策做出评估，并把这些国家分为四个层次。

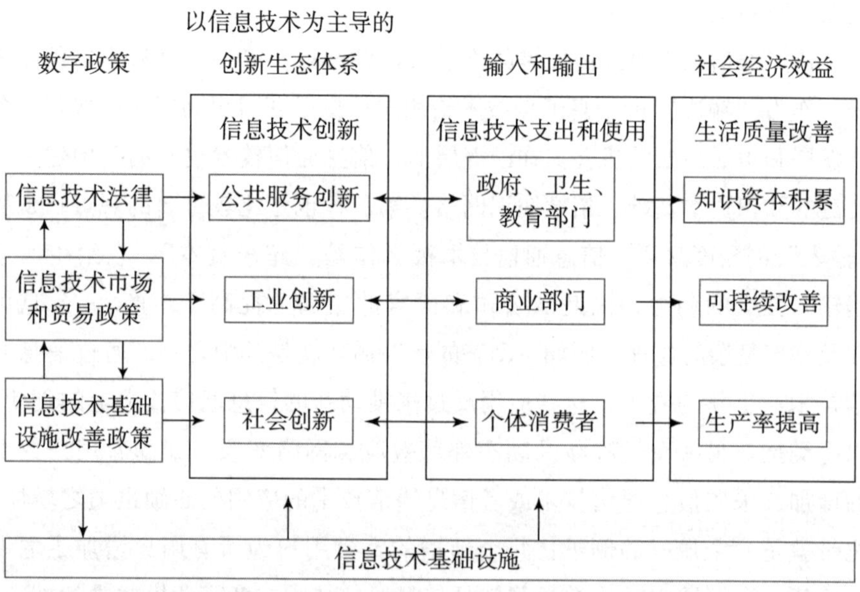

图 6—1　数字政策和以信息技术为主导的国有创新体系

第二节　国家和地区数字、信息通信技术政策全球评价

为了评估各国和各地区的数字政策，需要筛选和重组一些关键措施来适应表 6—1 中所描述的信息通信技术驱动的创新生态结构。这些指标总共

① World Economic Forum. *ICT for Economic Growth*.

分为四大类：信息通信技术基础设施及政策的竞争力、信息通信技术市场竞争的国际开放度、法律环境、信息通信技术的使用。信息通信技术基础设施和政策的竞争力这一因素占一个国家数字政策得分的25%，其中包含着三个关于基础设施使用的次级指标、三个有关基础设施可购性和四个有关信息通信技术政策监管的指标。信息通信技术市场竞争的国际开放度因素占一个国家数字政策得分的40%，其中包含着六个关于信息通信技术的国际开放度和三个关于市场竞争水平的次级指标。与信息通信技术政策相关的一个国家的法律环境质量占该国得分的10%，其中包括诸如信息通信技术相关法律、垃圾邮件立法以及有关透明度、隐私和网络犯罪的政策等次级指标。最后，一个国家数字政策得分的25%是关于公共部门、企业和个人对信息通信技术的使用。在评估各国和各地区的数字政策的得分时，要对30多个次级指标进行评估，加起来占国家总分的17. 5%。

如表6—2所示，评估国家和地区在数字政策上的总体表现，欧洲一些国家如丹麦、芬兰、德国、冰岛、卢森堡、荷兰、挪威、瑞典、瑞士和英国处于领先地位，接下来是亚洲的中国台湾地区、中国香港特别行政区、新加坡、韩国；北美洲的加拿大和美国；大洋洲的新西兰。金砖四国中的巴西、中国和印度居于中低层，而俄罗斯则处在低层靠后位置。

一、信息通信技术基础设施及政策的竞争力

在信息通信技术基础设施中，以市场为导向的数字政策的有效性可从使用、承担能力和政策监管来进行评估。把这三个支柱有机地结合起来，有助于提高信息通信技术基础设施的全球竞争力。

（一）基础设施接入和可购性

基础设施接入通常指的是信息通信技术服务的质量、覆盖范围和普及率。在这一案例中，接入情况衡量宽带的普及率、移动网络覆盖范围和学校的互联网接入率。表6—3显示了每个国家接入指标的实际价值。

表 6—1　数字政策指标

	各部分权重（%）	指标	数据类型	来源	指标权重（%）
信息通信技术基础设施及政策的竞争力	25	基础设施使用			
		宽带普及	每 100 人的使用	国际电信联盟	5.00
		移动网络的覆盖率	人口	世界经济论坛	2.50
		互联网接入学校	权重	世界经济论坛	2.50
		基础设施的承担能力			
		住宅固定线路的价格指数	平均购买力（PPP）美元/月	世界银行	1.67
		移动电话价格指数	平均购买力美元/月	世界银行	1.67
		互联网价格指数	平均购买力美元/月	世界银行	1.67
		信息技术的政策监管			
		国家宽带规划	是/否	经济分析	5.00
		独立监管机构	是/否	世界银行	2.00
		政府对信息技术的优先权	权重	世界经济论坛	2.00
		信息技术对政府未来规划的重要性	权重	世界经济论坛	1.00
信息通信技术市场竞争的国际开放度	40	国际对信息技术的认可度			
		信息技术的关税	百分比	世贸组织	7.50
		世贸组织/信息技术通信协议	是/否	经济分析	7.50
		电信行业国外的参与度和所有权	准许百分比	国际电信联盟	5.00
		长途终端费用	美元	美联邦通讯委员会	5.00
		开放互连协议	多重是/否	国际电信联盟	5.00
		不规范的网络电话	多重是/否	国际电信联盟	5.00
		信息技术市场竞争力水平			
		国际长途市场的竞争	竞争/局部竞争/垄断	世界银行	1.67
		移动电话市场的竞争	竞争/局部竞争/垄断	世界银行	1.67
		固话市场的竞争	公众/混合/个体	世界银行	1.67

续表

	各部分权重（%）	指标	数据类型	来源	指标权重（%）
法律环境	10	法律环境			
		互联网、透明度，隐私和网络犯罪	权重	经济学人智库	3.33
		有关信息技术的法律	权重	世界经济论坛	3.33
		垃圾邮件立法	是/否	国际电信联盟	3.33
信息通信技术使用情况	25	公共部门的使用			
		政府在信息技术促进方面的成效	权重	世界经济论坛	3.00
		信息技术的使用和政府的效率	权重	世界经济论坛	3.00
		在写服务指数	权重	联合国	3.00
		电子参与指数	权重	世界经济论坛	3.00
		公共服务部门支出	GDP 权重	世界信息科技和服务联盟	3.00
		企业使用			
		企业互联网使用的程度	权重	世界经济论坛	1.33
		信息技术对新的服务和产品的影响	权重	世界经济论坛	1.33
		信息技术对新的组织模式的影响	权重	世界经济论坛	1.33
		企业的支出	GDP 权重	世界信息科技和服务联盟	3.00
		个体使用			
		互联网的使用	每 100 人的用户	世界经济论坛	1.00
		移动电话使用	每 100 人的用户	世界经济论坛	1.00
		虚拟社交网络的使用	权重	世界经济论坛	1.00

表 6—2 数字政策的国家和地区排名（按字母先后顺序排列）

高级	中高级	中低级	低级
加拿大	澳大利亚	巴西	阿根廷
中国台湾地区	奥地利	保加利亚	印度尼西亚
丹麦	比利时	智利	墨西哥
芬兰	塞浦路斯	中国	秘鲁
德国	捷克	希腊	菲律宾
中国香港特别行政区	爱沙尼亚	印度	俄罗斯
冰岛	法国	意大利	南非
卢森堡	匈牙利	拉脱维亚	越南
荷兰	爱尔兰	波兰	
新西兰	以色列	罗马尼亚	
挪威	日本	斯洛伐克	
新加坡	立陶宛	斯洛文尼亚	
韩国	马来西亚	泰国	
瑞典	马耳他	土耳其	
瑞士	葡萄牙		
英国	西班牙		
美国			

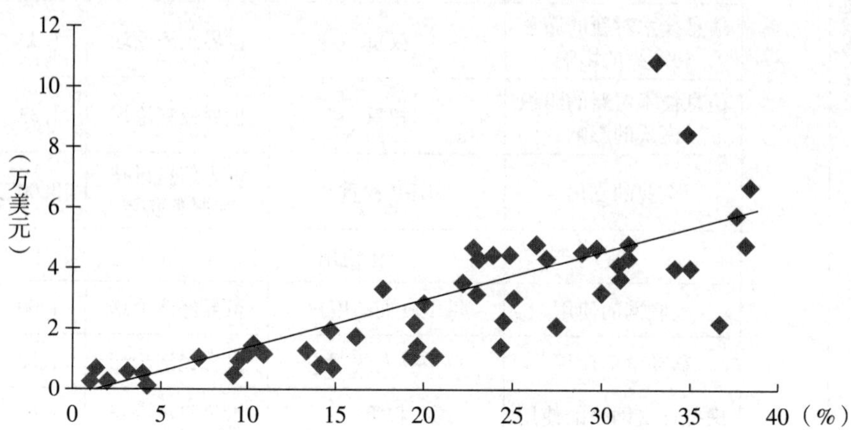

图 6—2 宽带普及率和人均国内生产总值

宽带的普及率看似取决于收入水平，在高收入群体和其他中、低收入群体之间显示出巨大的差异。图 6—2 显示了这一观察报告的经验性证据。然而宽带的普及率并非必须由收入水平起决定作用。例如，韩国的宽带普及率较高，达到了每 100 个居民中有 36.6 个用户，尽管而相对其他高收入国家而言，它的人均 GDP 是低的，只有人均 20757 美元。这表示其拥有有效的宽带政策。相反，爱尔兰、卢森堡和挪威相对其高收入水平，它们的宽带普及率却较低。

其他接入设备的发展为考察信息通信技术的趋势和要求提供了一些补充的观点。根据森德伯格（Sundberg）的说法，到了 2010 年底，手机市场达到了饱和状态，平均每 100 个居民拥有 116 部手机；从 2009—2010 年，手机市场仅微增了 1.6%。

表 6—3　基础设施的接入①

国家和地区	宽带普及率（每 100 个居民用户，%）	国家和地区	移动网络覆盖率（人口，%）	国家和地区	互联网在学校使用（7=最好；1=最差）
瑞士	38.2	保加利亚	100.0	冰岛	6.8
荷兰	38.0	智利	100.0	爱沙尼亚	6.4
丹麦	37.4	中国台湾地区	100.0	瑞典	6.4
韩国	36.6	塞浦路斯	100.0	荷兰	6.2
冰岛	34.7	爱沙尼亚	100.0	新加坡	6.2
挪威	34.6	中国香港特别行政区	100.0	瑞士	6.2
法国	33.9	以色列	100.0	中国台湾地区	6.1
卢森堡	32.8	立陶宛	100.0	丹麦	6.1

① Soumitra Dutta and Irene Mia. *Global Information Technology Report 2010－2011：Transformations 2.0* (Geneva：World Economic Forum，2011). http://www3.weforum.org/docs/WEF_GITR_Report_2011.pdf.

续表

国家和地区	宽带普及率（每 100 个居民用户，%）	国家和地区	移动网络覆盖率（人口，%）	国家和地区	互联网在学校使用（7=最好；1=最差）
瑞典	31.6	马耳他	100.0	芬兰	6.1
比利时	31.5	新加坡	100.0	中国香港特别行政区	6.1
英国	31.4	瑞士	100.0	加拿大	6.0
德国	31.2	土耳其	100.0	韩国	6.0
中国香港特别行政区	30.2	比利时	99.9	挪威	5.9
加拿大	29.8	希腊	99.9	美国	5.9
芬兰	29.1	日本	99.9	奥地利	5.8
马耳他	27.5	卢森堡	99.9	比利时	5.8
日本	26.9	墨西哥	99.9	卢森堡	5.8
美国	26.3	罗马尼亚	99.9	马耳他	5.8
以色列	25.1	韩国	99.9	新西兰	5.8
新西兰	24.9	捷克	99.8	英国	5.8
新加坡	24.7	意大利	99.8	中国	5.7
斯洛文尼亚	24.4	波兰	99.8	捷克	5.7
爱沙尼亚	24.3	斯洛伐克	99.8	斯洛文尼亚	5.7
奥地利	23.9	南非	99.8	葡萄牙	5.6
澳大利亚	23.2	西班牙	99.8	澳大利亚	5.5
西班牙	23.0	英国	99.8	立陶宛	5.5
冰岛	22.8	斯洛文尼亚	99.7	匈牙利	5.4
中国台湾地区	22.7	美国	99.6	拉脱维亚	5.4
意大利	22.1	中国	99.5	以色列	5.2

续表

国家和地区	宽带普及率（每100个居民用户，%）	国家和地区	移动网络覆盖率（人口，%）	国家和地区	互联网在学校使用（7=最好；1=最差）
立陶宛	20.6	芬兰	99.5	塞浦路斯	5.0
希腊	19.8	澳大利亚	99.0	马来西亚	5.0
匈牙利	19.6	奥地利	99.0	斯洛伐克	5.0
葡萄牙	19.4	加拿大	99.0	德国	4.9
拉脱维亚	19.3	法国	99.0	日本	4.9
塞浦路斯	17.6	德国	99.0	法国	4.8
斯洛伐克	16.1	匈牙利	99.0	智利	4.7
保加利亚	14.7	冰岛	99.0	泰国	4.7
捷克	14.7	冰岛	99.0	保加利亚	4.6
罗马尼亚	14.0	菲律宾	99.0	印度尼西亚	4.5
波兰	13.2	葡萄牙	99.0	波兰	4.5
俄罗斯	11.0	瑞典	99.0	越南	4.5
智利	10.5	拉脱维亚	98.8	罗马尼亚	4.4
墨西哥	10.0	荷兰	98.0	西班牙	4.4
土耳其	9.8	新西兰	97.0	土耳其	4.3
阿根廷	9.6	巴西	96.6	冰岛	4.2
中国	9.4	秘鲁	95.6	俄罗斯	4.1
马来西亚	7.3	马来西亚	95.0	秘鲁	3.9
巴西	7.2	俄罗斯	95.0	巴西	3.8
越南	4.1	阿根廷	94.1	印度	3.8
泰国	3.9	印度尼西亚	90.0	希腊	3.7
秘鲁	3.1	印度	83.0	菲律宾	3.7
菲律宾	1.8	越南	70.0	意大利	3.6

续表

国家和地区	宽带普及率（每100个居民用户，%）	国家和地区	移动网络覆盖率（人口，%）	国家和地区	互联网在学校使用（7=最好；1=最差）
南非	1.5	泰国	37.8	墨西哥	3.5
印度	0.9	丹麦	N/A	南非	3.2
印度尼西亚	0.8	挪威	N/A	阿根廷	3.0
所有国家和地区	20.4	所有国家和地区	96.9	所有国家和地区	5.1
亚太经合组织19个国家和地区	16.2	亚太经合组织19个国家和地区	93.5	亚太经合组织19个国家和地区	5.1
欧盟国家	24.2	欧盟国家	99.5	欧盟国家	5.3
经合组织国家	25.6	经合组织国家	99.4	经合组织国家	5.4

注：N/A 表示缺乏相关数据。

与此同时，发展中国家的手机用户的市场份额在不断增长，在2010年底估计达到了全球用户的68%。① 这种高度饱和在表6—3中很明显，表中除了泰国，其他的每个发展中国家都显示其覆盖率达到70%或者更高。

可购性反映信息通信技术服务的成本，它受市场竞争水平、市场的成熟度、用户的接受程度和价格的影响。如表6—4所示，通过评估三个市场，即住宅固定电话、预付费移动电话和固定宽带互联网接入服务，来衡量信息通信技术基础设施的总体可购性。在评估过程中，通过调整购买力排除各种不同价格水平的影响。② 根据森德伯格（Sundberg）的分析，发达国家的居民在信息通信技术服务上的支出为其收入的1.5%，比发展中国家的17.5%相对较少。这就意味着信息通信技术服务在发达国家更负担

① Nancy Sundberg. *Overview of Trends in the ICT Market and in ICT Regulation*. ITU, inTrends in Telecommunication Reform 2010/11-Enabling Tomorrow's Digital World (Geneva: International Telecommunications Union, 2011).

② World Bank. *Information and Communication for Development*, 134.

得起，而在发展中国家比较难以承受。① 收入的影响是显而易见的，但是其他诸如市场竞争等因素的影响也是不容忽视的。在墨西哥，自从2006年起固定宽带服务开始产生竞争，固定宽带的月租费就在2008—2009年期间下降了几乎60%，从40.19美元降到18.47美元，在2009年底，代表平均人均GDP的2%。在同一时期，固定宽带的用户增加了29%，达到了970万户。②

表6—4 基础设施的可购性③

国家和地区	居民固定电话价格指数（平均购买力，美元/每月）	国家和地区	移动服务价格指数（平均购买力，美元/每月）	国家和地区	互联网价格指数（平均购买力，美元/每月）
中国	6.1	中国香港特别行政区	3.7	菲律宾	4.6
越南	8.4	新加坡	5.1	丹麦	6.0
印度	8.9	美国	6.7	新西兰	6.3
韩国	9.6	印度	6.7	法国	11.0
新加坡	9.6	中国	6.9	立陶宛	11.4
印度尼西亚	9.9	丹麦	7.1	中国	12.2
罗马尼亚	10.5	瑞典	7.1	韩国	13.1
中国香港特别行政区	11.9	加拿大	8.4	匈牙利	14.4
阿根廷	13.6	芬兰	8.7	土耳其	15.0
智利	13.6	泰国	9.1	加拿大	15.6

① Sundberg. *Overview of Trends*.

② Ibid.

③ World Bank. *Information and Communications for Development 2009: Extending Reach and Increasing Impact* (Washington, D. C.: World Bank, 2009); International Monetary Fund. *International Financial Statistics* (Exchange Rates; PPP Conversion Factor; accessed November 21, 2011).

续表

国家和地区	居民固定电话价格指数（平均购买力，美元/每月）	国家和地区	移动服务价格指数（平均购买力，美元/每月）	国家和地区	互联网价格指数（平均购买力，美元/每月）
丹麦	14.0	俄罗斯	9.6	泰国	15.6
俄罗斯	15.5	荷兰	10.0	保加利亚	16.2
马来西亚	16.4	挪威	10.0	英国	16.5
以色列	17.3	马来西亚	10.6	瑞典	16.9
泰国	17.6	菲律宾	11.0	希腊	17.1
拉脱维亚	18.4	波兰	11.2	波兰	17.2
土耳其	18.5	新西兰	11.3	拉脱维亚	17.4
瑞典	19.8	以色列	11.8	德国	17.5
瑞士	20.6	意大利	12.0	印度	17.8
意大利	21.2	斯洛文尼亚	12.0	芬兰	17.9
英国	21.7	拉脱维亚	12.9	马来西亚	18.0
芬兰	21.8	立陶宛	13.9	美国	20.0
希腊	21.9	冰岛	14.0	澳大利亚	20.9
加拿大	22.2	印度尼西亚	14.0	意大利	21.2
德国	22.7	比利时	15.0	俄罗斯	21.5
斯洛文尼亚	23.2	罗马尼亚	15.2	挪威	21.9
墨西哥	23.3	阿根廷	15.6	斯洛文尼亚	22.4
法国	23.3	智利	16.6	冰岛	22.7
保加利亚	23.5	匈牙利	16.6	奥地利	23.2
澳大利亚	23.6	土耳其	17.4	新加坡	24.3
挪威	24.0	捷克	18.3	罗马尼亚	24.7

续表

国家和地区	居民固定电话价格指数（平均购买力，美元/每月）	国家和地区	移动服务价格指数（平均购买力，美元/每月）	国家和地区	互联网价格指数（平均购买力，美元/每月）
西班牙	24.2	德国	18.7	荷兰	25.9
奥地利	24.8	法国	18.7	阿根廷	27.2
新西兰	24.8	越南	19.7	以色列	27.7
巴西	24.8	澳大利亚	20.1	日本	28.1
荷兰	25.3	墨西哥	20.1	捷克	28.5
美国	25.5	奥地利	21.4	瑞士	28.6
日本	25.6	瑞士	21.9	墨西哥	28.9
比利时	27.3	西班牙	22.2	西班牙	30.1
立陶宛	27.7	韩国	22.5	比利时	31.0
菲律宾	27.7	南非	23.3	越南	32.5
爱尔兰	30.0	葡萄牙	23.9	中国香港特别行政区	36.1
波兰	30.8	希腊	24.0	智利	37.5
匈牙利	32.5	英国	24.8	巴西	39.4
葡萄牙	32.9	日本	29.1	葡萄牙	39.4
南非	34.9	保加利亚	35.6	印度尼西亚	42.6
捷克	36.5	巴西	35.6	南非	47.3
秘鲁	38.5	秘鲁	47.1	秘鲁	47.5
中国台湾地区	N/A	中国台湾地区	N/A	中国台湾地区	N/A
塞浦路斯	N/A	塞浦路斯	N/A	塞浦路斯	N/A
爱沙尼亚	N/A	爱沙尼亚	N/A	爱沙尼亚	N/A
冰岛	N/A	冰岛	N/A	冰岛	N/A

续表

国家和地区	居民固定电话价格指数（平均购买力，美元/每月）	国家和地区	移动服务价格指数（平均购买力，美元/每月）	国家和地区	互联网价格指数（平均购买力，美元/每月）
卢森堡	N/A	卢森堡	N/A	卢森堡	N/A
马耳他	N/A	马耳他	N/A	马耳他	N/A
斯洛伐克	N/A	斯洛伐克	N/A	斯洛伐克	N/A
所有国家和地区	21.39	所有国家和地区	16.19	所有国家和地区	22.90
亚太经合组织19个国家和地区	18.32	亚太经合组织19个国家和地区	15.08	亚太经合组织19个国家和地区	23.63
欧盟国家	24.27	欧盟国家	16.52	欧盟国家	20.40
经合组织国家	23.42	经合组织国家	16.05	经合组织国家	21.43

注：N/A 表示缺乏相关数据。

（二）政策治理

基础设施政策的引领作用不单是良好的宽带政策的结果，而是由不同公共政策组成的一整套政策协调合作的结果，包括明确地表达国家宽带政策、监管机构的治理、政府的领导力及监督管理的确定性。表6—5显示了各国和各地区信息通信技术的政策治理情况，包括关于国家宽带计划的有效性、独立监管机构和信息通信技术上的政府优先和视野等方面。

在这些政策治理措施中，最重要的是制定并实施国家宽带规划，并同时向信息通信技术的研发、网络升级和通用服务进行必要的投资。许多国家，在不同的范围和政策目标下，已经实施或准备着各自的国家宽带规划。①

---

① OECD. *National Broadband Plans* (technical report, OECD, Paris, 2011). http://dx.doi.org/10.1787/5kg9sr5fmqwd-en.

为了实现这些目标，大多数国家和地区都认识到国家宽带规划和其他相关政策之间必须保持政策的协调性，如普遍服务、竞争与法规、研发及国家信息化规划等。即使拥有较高的宽带接入率，许多国家仍然存在很大的宽带使用缺口，如澳大利亚有25%的缺口，美国有31%的缺口。① 即使在美国，仍然不能达到宽带的普遍接入。美国国家宽带规划局全面综合地处理了这一问题，通过制定具体措施确保普及宽带网络服务。

尽管拥有积极的国家宽带计划，很多国家在未来几年所要面临的挑战仍然很复杂。② 其中最重要的一大挑战就是有关频谱改革。大多数国家实现了手机用户数量和移动宽带服务的可获得性两者的指数增长。正在研发中的高速4G移动宽带网络，如WIMAX、HSPA+和LTE系统，必将有助于达到更高水平的移动宽带服务，同时也有助于智能手机的移动容量和应用程序的交换。③ 有些国家已经或正计划要采取措施为无线宽带腾出更多的频谱。如美国和韩国就采取了一些控制措施，包括改变频谱用途、4GLTE服务的许可等，都将有助于加快移动宽带普及率。

处于排名较低层的国家应该参与讨论论坛，以不断评估和监督尖端创新的监管手段以及领先国家在寻求超越挑战的探索中采用的最佳做法。就这点而言，森德伯格（Sundberg）提出了一种最新的制度和监管趋势，值得所有监管部门和决策者们注意。④ 这种趋势包括建立一个单独的电信/信息通信技术监管机构；在监管体系中设有清晰的争端解决机制；大力改革频谱分配过程，使分配更趋向于以市场为基础。

---

① Katz. *Impact of Broadband on the Economy*.

② Sundberg. *Overview of Trends*.

③ International Telecommunications Union. *Trends in Telecommunication Reform 2010/11-Enabling Tomorrow's Digital World*: *Summary* (executive summary, ITU, Geneva, 2011). http://www.itu.int/dms_pub/itu-d/opb/reg/D-REG-TTR.12-2010-SUM-PDF-E.pdf.

④ Sundberg. *Overview of Trends*.

表6—5 信息通信技术政策管理和规划①

国家和地区	国家宽带规划（Y=1/N=0）	国家和地区	独立监管机构（Y=1/N=0）	国家和地区	政府对信息技术的优先权（7=最好；1=最差）	国家和地区	信息通信技术对政府未来规划的重要性（7是最重要；1是最不重要）
阿根廷	1	阿根廷	1	新加坡	6.4	新加坡	6.2
澳大利亚	1	澳大利亚	1	马耳他	6.3	马耳他	5.6
奥地利	1	奥地利	1	芬兰	6.1	中国台湾地区	5.4
巴西	1	比利时	1	瑞典	6.1	葡萄牙	5.4
比利时	1	巴西	1	中国台湾地区	6.0	瑞典	5.4
加拿大	1	比利时	1	葡萄牙	6.0	中国	5.1
智利	1	加拿大	1	卢森堡	5.9	中国香港特别行政区	5.1
中国	1	智利	1	马来西亚	5.8	卢森堡	5.1
中国台湾地区	1	中国台湾地区	1	爱沙尼亚	5.7	马来西亚	5.1
捷克	1	塞浦路斯	1	新西兰	5.7	澳大利亚	5.0
丹麦	1	捷克	1	中国	5.6	丹麦	5.0
爱沙尼亚	1	丹麦	1	韩国	5.6	爱沙尼亚	5.0

① OECD. *Information and Communications Policy*. (National Broadband Plans of OECD Countries, accessed September 25, 2011). http://www. oecd. org/countrylist/0, 3349, en_ 2649_ 34223_ 38711225_ 1_ 1_ 1_ 1, 00. html; *International Telecommunications Union Statistics Database* (Countries with a Separate Regulator; accessed September 26, 2011). http://www. itu. int/ITU-D/icteye/Indicators/Indicators. aspx; Dutta and Mia. *Global Information Technology Report 2010–2011.*

续表

国家和地区	国家宽带规划（Y=1/N=0）	国家和地区	独立监管机构（Y=1/N=0）	国家和地区	政府对信息技术的优先权（7=最好；1=最差）	国家和地区	信息通信技术对政府未来规划的重要性（7是最重要；1是最不重要）
芬兰	1	爱沙尼亚	1	瑞士	5.6	新西兰	5.0
法国	1	芬兰	1	丹麦	5.5	韩国	5.0
德国	1	法国	1	德国	5.5	芬兰	4.9
希腊	1	德国	1	美国	5.5	冰岛	4.8
中国香港特别行政区	1	希腊	1	越南	5.5	挪威	4.8
匈牙利	1	中国香港特别行政区	1	加拿大	5.4	美国	4.8
冰岛	1	匈牙利	1	中国香港特别行政区	5.4	加拿大	4.7
印度	1	冰岛	1	冰岛	5.4	越南	4.7
爱尔兰	1	印度	1	挪威	5.4	奥地利	4.6
意大利	1	印度尼西亚	1	澳大利亚	5.3	智利	4.6
日本	1	爱尔兰	1	印度	5.3	法国	4.6
立陶宛	1	以色列	1	英国	5.3	德国	4.6
卢森堡	1	意大利	1	奥地利	5.2	印度	4.6
马来西亚	1	日本	1	法国	5.2	日本	4.5
马耳他	1	拉脱维亚	1	日本	5.2	瑞士	4.5
荷兰	1	立陶宛	1	以色列	5.1	英国	4.5
新西兰	1	卢森堡	1	荷兰	5.1	荷兰	4.4
挪威	1	马来西亚	1	智利	5.0	塞浦路斯	4.3

续表

国家和地区	国家宽带规划（Y=1/N=0）	国家和地区	独立监管机构（Y=1/N=0）	国家和地区	政府对信息技术的优先权（7=最好；1=最差）	国家和地区	信息通信技术对政府未来规划的重要性（7是最重要；1是最不重要）
秘鲁	1	马耳他	1	土耳其	4.9	巴西	4.2
菲律宾	1	墨西哥	1	比利时	4.8	印度尼西亚	4.1
波兰	1	荷兰	1	斯洛文尼亚	4.8	爱尔兰	4.1
葡萄牙	1	新西兰	1	塞浦路斯	4.7	以色列	4.1
新加坡	1	挪威	1	印度尼西亚	4.7	斯洛文尼亚	4.0
捷克	1	秘鲁	1	爱尔兰	4.7	泰国	4.0
韩国	1	菲律宾	1	巴西	4.6	比利时	3.9
西班牙	1	波兰	1	捷克	4.6	立陶宛	3.9
瑞典	1	葡萄牙	1	立陶宛	4.5	捷克	3.8
瑞士	1	罗马尼亚	1	俄罗斯	4.5	土耳其	3.8
泰国	1	俄罗斯	1	泰国	4.5	墨西哥	3.7
土耳其	1	新加坡	1	匈牙利	4.3	韩国	3.7
英国	1	斯洛伐克	1	南非	4.2	比利时	3.6
美国	1	斯洛文尼亚	1	西班牙	4.2	匈牙利	3.6
比利时	0	南非	1	希腊	4.1	西班牙	3.6
塞浦路斯	0	韩国	1	秘鲁	4.1	秘鲁	3.5
印度尼西亚	0	西班牙	1	菲律宾	4.1	俄罗斯	3.5
以色列	0	瑞典	1	保加利亚	4.0	希腊	3.4
拉脱维亚	0	瑞士	1	意大利	4.0	意大利	3.4
墨西哥	0	泰国	1	拉脱维亚	4.0	菲律宾	3.4

续表

国家和地区	国家宽带规划（Y=1/N=0）	国家和地区	独立监管机构（Y=1/N=0）	国家和地区	政府对信息技术的优先权（7=最好；1=最差）	国家和地区	信息通信技术对政府未来规划的重要性（7是最重要；1是最不重要）
罗马尼亚	0	土耳其	1	墨西哥	4.0	拉脱维亚	3.3
俄罗斯	0	英国	1	波兰	3.8	罗马尼亚	3.3
斯洛文尼亚	0	美国	1	罗马尼亚	3.7	波兰	3.2
南非	0	中国	0	斯洛伐克	3.6	斯洛伐克	3.2
越南	0	越南	0	阿根廷	3.0	阿根廷	2.6
所有国家和地区	0.8	所有国家和地区	1.0	所有国家和地区	5.0	所有国家和地区	4.3
亚太经合组织19个国家和地区	0.8	亚太经合组织19个国家和地区	0.9	亚太经合组织19个国家和地区	5.2	亚太经合组织19个国家和地区	4.6
欧盟国家	0.8	欧盟国家	1.0	欧盟国家	4.9	欧盟国家	4.2
经合组织国家	0.9	经合组织国家	1.0	经合组织国家	5.1	经合组织国家	4.4

二、信息通信技术市场竞争的国际开放度

市场政策是以市场为基础的国家创新生态体系的核心元素。如果数字内容和信息通信技术服务市场已经融合成为单一的全球市场，那么地方或国家市场需要配备多种资源、庞大的供应商和客户群（不必是当地的）以及在一个价值链内进行合作的全球战略伙伴。从这种意义上讲，在有形和无形壁垒、关税和诸如世界贸易组织的信息科技协议之类的贸易团体等方面，信息通信技术的国际开放性作为一个市场政策工具，正变得越来越重要了。这些市场环境，连同信息通信技术市场结构的规模，决定着经济全

球市场的竞争力。本文衡量并讨论了两个核心的政策指标：信息通信技术的国际开放度和市场竞争水平。

（一）信息技术的国际开放度

基于市场的创新成就与信息通信技术的国际开放度是密不可分的，尤其是在全球信息通信技术及其应用市场更是如此。如果一些核心技术和信息通信技术资源受到国界限制而禁止自由流动，生产体系的投入就无法实现优化，从而使国家创新生态体系的总体表现下降。从本质上讲，信息通信技术也就失去了它的“超级资本”地位。商品的两个范畴——有形的信息通信技术产品和无形的信息通信技术服务以及数字产品（如数字内容和软件）——是要区分开的。在本文中，首先讨论有形的信息通信技术产品的关税，接着讨论所有权、价格、互联监管等形式的无形障碍。

一些国家一直对信息通信技术产品征收高关税。如，尽管中国已经同意签署世界贸易组织的信息通信技术协议（ITA，见表6—6），可仍然对磁带视频录像或复制设备征收30%的关税，对显示器征24.5%的关税。① 马来西亚对不带有电视接收装置的显示器征收25%的税。菲律宾对显示器征收15%的关税，对打印机、复印机、传真机征收40%的关税。越南对视频录像、复制设备等征收27%的最高从价税，对电视摄像机、数码相机、录像机征收14%的从价税，对显示器征收13%的从价税。阿根廷和巴西对各类信息通信技术产品平均征收10%的关税。俄罗斯的平均关税是9%。欧盟对显示器征收14%的关税，对录像设备征收5.4%的关税。② 表6—7是各国和各地区对“一揽子”进口信息通信技术产品的关税征收情况。包括对电子印刷电路板，移动电话，显示器（非电视装置），打印机、复印机和传真机，电视摄像机、数码相机和录像机等产品所征的税。此外，对这五类信息技术产品还征收一种类似于简单的平均信息通信技术关税。中国

---

① World Trade Organization. *Tariff Download Facility* (accessed July 8, 2011). http://tariffdata.wto.org/ReportersAndProducts.aspx.

② World Trade Organization. *Tariff Download Facility* (accessed July 8, 2011). http://tariffdata.wto.org/ReportersAndProducts.aspx.

香港特别行政区、以色列、日本、挪威、新加坡和瑞士等国对这“一揽子”信息技术产品不征收任何关税，而新西兰、澳大利亚和美国征收不到1%的名义关税。

表6—6　信息通信技术协议签署国①

国家和地区	信息通信技术协议签署（签了是1；没签是0）	国家和地区	信息通信技术协议签署（签了是1；没签是0）
澳大利亚	1	新西兰	1
奥地利	1	挪威	1
比利时	1	菲律宾	1
保加利亚	1	波兰	1
加拿大	1	葡萄牙	1
中国	1	罗马尼亚	1
中国台湾地区	1	新加坡	1
塞浦路斯	1	斯洛伐克	1
捷克	1	斯洛文尼亚	1
丹麦	1	韩国	1
爱沙尼亚	1	西班牙	1
芬兰	1	瑞典	1
法国	1	瑞士	1
德国	1	泰国	1
希腊	1	土耳其	1
中国香港特别行政区	1	英国	1
匈牙利	1	美国	1

① World Trade Organization. *Information Technology*: *Schedules of Concessions* (accessed September 26, 2011). http://www.wto.org/english/tratop_e/inftec_e/itscheds_e.htm.

续表

国家和地区	信息通信技术协议签署（签了是1；没签是0）	国家和地区	信息通信技术协议签署（签了是1；没签是0）
冰岛	1	阿根廷	0
印度	1	巴西	0
印度尼西亚	1	智利	0
爱尔兰	1	墨西哥	0
以色列	1	秘鲁	0
意大利	1	俄罗斯	0
日本	1	南非	0
拉脱维亚	1	越南	0
立陶宛	1	所有国家和地区	0.9
卢森堡	1	亚太经合组织19个国家和地区	0.7
马来西亚	1	欧盟国家	1.0
马耳他	1	经合组织国家	0.9
荷兰	1		

表6—7　信息通信技术产品关税①

单位：分

国家和地区	平均值	印刷电路板	移动电话	显示器	打印机、复印机、传真机	电视机、数码相机、录像机
中国香港特别行政区	0.0	0.0	0.0	0.0	0.0	0.0
以色列	0.0	0.0	0.0	0.0	0.0	0.0

① World Trade Organization. *Tariff Analysis Online* (HS Subheading Duties; accessed September 22, 2011). http://tariffanalysis.wto.org/.

续表

国家和地区	平均值	印刷电路板	移动电话	显示器	打印机、复印机、传真机	电视机、数码相机、录像机
日本	0.0	0.0	0.0	0.0	0.0	0.0
挪威	0.0	0.0	0.0	0.0	0.0	0.0
新加坡	0.0	0.0	0.0	0.0	0.0	0.0
瑞士	0.0	0.0	0.0	0.0	0.0	0.0
新西兰	0.3	0.0	0.0	0.0	1.7	0.0
澳大利亚	0.7	0.0	0.0	0.0	0.0	3.3
美国	0.8	0.0	0.0	2.1	0.0	1.7
加拿大	1.0	0.0	0.0	5.0	0.0	0.0
爱尔兰	1.5	0.0	0.0	7.5	0.0	0.0
秘鲁	1.8	0.0	0.0	9.0	0.0	0.0
中国台湾地区	2.4	0.0	0.0	8.8	0.0	3.3
南非	2.5	0.0	0.0	12.5	0.0	0.0
韩国	2.8	0.0	0.0	8.0	1.8	4.0
墨西哥	2.8	0.0	0.0	14.0	0.0	0.0
奥地利	3.9	0.0	0.0	14.0	0.0	5.4
比利时	3.9	0.0	0.0	14.0	0.0	5.4
保加利亚	3.9	0.0	0.0	14.0	0.0	5.4
塞浦路斯	3.9	0.0	0.0	14.0	0.0	5.4
捷克	3.9	0.0	0.0	14.0	0.0	5.4
丹麦	3.9	0.0	0.0	14.0	0.0	5.4

续表

国家和地区	平均值	印刷电路板	移动电话	显示器	打印机、复印机、传真机	电视机、数码相机、录像机
爱沙尼亚	3.9	0.0	0.0	14.0	0.0	5.4
芬兰	3.9	0.0	0.0	14.0	0.0	5.4
法国	3.9	0.0	0.0	14.0	0.0	5.4
德国	3.9	0.0	0.0	14.0	0.0	5.4
希腊	3.9	0.0	0.0	14.0	0.0	5.4
匈牙利	3.9	0.0	0.0	14.0	0.0	5.4
爱尔兰	3.9	0.0	0.0	14.0	0.0	5.4
意大利	3.9	0.0	0.0	14.0	0.0	5.4
拉脱维亚	3.9	0.0	0.0	14.0	0.0	5.4
立陶宛	3.9	0.0	0.0	14.0	0.0	5.4
卢森堡	3.9	0.0	0.0	14.0	0.0	5.4
马耳他	3.9	0.0	0.0	14.0	0.0	5.4
荷兰	3.9	0.0	0.0	14.0	0.0	5.4
波兰	3.9	0.0	0.0	14.0	0.0	5.4
葡萄牙	3.9	0.0	0.0	14.0	0.0	5.4
罗马尼亚	3.9	0.0	0.0	14.0	0.0	5.4
斯洛伐克	3.9	0.0	0.0	14.0	0.0	5.4
斯洛文尼亚	3.9	0.0	0.0	14.0	0.0	5.4
西班牙	3.9	0.0	0.0	14.0	0.0	5.4
瑞典	3.9	0.0	0.0	14.0	0.0	5.4

续表

国家和地区	平均值	印刷电路板	移动电话	显示器	打印机、复印机、传真机	电视机、数码相机、录像机
英国	3.9	0.0	0.0	14.0	0.0	5.4
印度尼西亚	4.2	0.0	0.0	15.0	0.0	6.0
印度	4.3	0.0	0.0	10.0	1.7	10.0
土耳其	4.4	0.0	0.0	14.0	2.8	5.1
马来西亚	5.0	0.0	0.0	25.0	0.0	0.0
泰国	5.7	0.0	0.0	20.0	6.0	2.3
智利	6.0	6.0	6.0	6.0	6.0	6.0
越南	7.1	0.0	6.0	13.0	2.5	14.0
中国	7.2	0.0	0.0	24.5	6.0	5.7
俄罗斯	9.0	15.0	10.0	10.0	5.0	5.0
阿根廷	10.1	10.0	10.7	20.0	4.0	5.7
巴西	10.4	10.0	10.7	20.0	5.5	5.7
菲律宾	11.5	0.0	0.0	15.0	40.0	2.3
所有国家和地区	3.8	0.8	0.8	11.6	1.5	4.1
亚太经合组织 19 个国家和地区	3.6	1.1	1.2	9.2	3.6	2.8
欧盟国家	3.9	0.0	0.0	14.0	0.0	5.4
经合组织国家	3.0	0.2	0.2	10.3	0.4	3.9

对高新技术产品征收如此高额的关税只会损害这些国家的利益，使其他行业遭受损失。例如，印度对进口信息通信技术产品每征收 1 美元的关

税，由于溢出效应就会相应地造成 1.3 美元的经济损失。① 正像考希克（Kaushik）和辛格（Singh）在他们的有关信息技术在印度采用的研究中发现："高额的关税并没有创造具有竞争力的国内（硬件）工业，反而通过保持高价限制了（印度用户对信息通信技术的）使用。"② 阿根廷为了发展国内电脑组装业，在对组装电脑（不是电脑零部件）征收关税时，也遭遇了类似的经历。实际上其结果是创造了一个效率低下的计算机行业，其中接近 1/3 在阿根廷销售的电脑都是在小作坊手工组装的。这样的政策只会抬高阿根廷电脑技术的价格，损害其经济的所有行业。因此，对信息通信技术实施高关税是特别有害的，它使那些被迫提高信息技术产品和服务成本的国家受到了损失，由此造成企业（个人）更少投资信息通信技术，降低了生产力。这些国家的经济代价可能会过高。例如，曼（Mann）发现美国 20 世纪 90 年代，与原本仅仅基于其国内生产和国内科技进步相比，信息通信技术硬件的全球化导致信息通信技术价格下降了约 10%—30%。如果没有信息技术硬件的全球化，美国的 GDP 在 1995—2000 年期间本该多增长 2500 亿美元。③

关于信息技术的无形障碍，本报告采取四项措施。第一项是关于电信行业准入条件，可以通过限制外国参与或者所有权来衡量。第二项和第三项是关于两国间的互联双边协议。高额的远程终端收费，如同信息技术产品市场的高额的关税一样，在国际结算市场里起着相同的作用。同时，可以通过管控互联协议以驱动互联的开放。当协议和价格本身被公开，并具备互联邀约文件（RIP）时，就达到了最大的开放度。如表 6—8，当所有三个条件都满足时，数值就为 3，而数字越低则表明条件只是部分或根本没有满足。

---

① P. D. Kaushik and Nirvikar Singh. Information Technology and Broad-Based Development: Preliminary Lessons from North India. *World Development 32*, no. 4 (2004): 591-607.

② Ibid.

③ Catherine L. Mann. *Globalization of IT Services and White Collar Jobs: The Next Waveof Productivity Growth* (technical report, Peterson Institute for International Economics, Washington, D. C., December 2003). http://www.piie.com/publications/pb/pb03-11.pdf.

表 6—8　电信市场的市场准入政策①

国家和地区	国外电信部门参与（%）	国家和地区	长途通信收费（美元）	国家和地区	开放的互联协议（多个是/否）	国家和地区	无监管的网络电话（VOIP）（多个是/否）
阿根廷	100	加拿大	0.01	巴西	3	奥地利	5
澳大利亚	100	中国香港特别行政区	0.01	加拿大	3	比利时	5
奥地利	100	新加坡	0.01	捷克	3	巴西	5
比利时	100	美国	0.01	丹麦	3	保加利亚	5
巴西	100	阿根廷	0.02	德国	3	加拿大	5
智利	100	中国	0.02	爱尔兰	3	智利	5
塞浦路斯	100	印度	0.02	日本	3	塞浦路斯	5
捷克	100	秘鲁	0.02	立陶宛	3	捷克	5
丹麦	100	泰国	0.02	马来西亚	3	丹麦	5
爱沙尼亚	100	澳大利亚	0.03	挪威	3	爱沙尼亚	5
芬兰	100	塞浦路斯	0.03	秘鲁	3	芬兰	5

① World Bank. *World Trade Indicators 2009/10*（ITU Foreign Participation/Ownership in Telecom Sector; accessed September 29, 2011）. http://web. worldbank. org/WBSITE/EXTERNAL/TOPICS/TRADE/0, contentMDK: 22421950 ~ pagePK: 148956 ~ piPK: 216618 ~ theSitePK: 239071, 00. html; *International Telecommunications Union Statistics Database*（IP Telephony; Interconnection Agreements and Prices/Reference Interconnection Offers; accessed September 26, 2011）. http://www. itu. int/ITU-D/icteye/Indicators/Indicators. aspx; United States Federal Communication Commission. *International Traffic Data*（2009 Annual Section 43. 61 International Traffic Data for All U. S. Points: All Settlement Arrangements; accessed September 21, 2011）. http://transition. fcc. gov/ib/sand/mniab/traffic/files09/pdfs/TAB-A14. pdf.

续表

国家和地区	国外电信部门参与（%）	国家和地区	长途通信收费（美元）	国家和地区	开放的互联协议（多个是/否）	国家和地区	无监管的网络电话（VOIP）（多个是/否）
法国	100	丹麦	0.03	波兰	3	法国	5
德国	100	希腊	0.03	罗马尼亚	3	德国	5
希腊	100	卢森堡	0.03	新加坡	3	希腊	5
匈牙利	100	马来西亚	0.03	斯洛伐克	3	匈牙利	5
爱尔兰	100	荷兰	0.03	瑞士	3	爱尔兰	5
爱尔兰	100	波兰	0.03	泰国	3	爱尔兰	5
意大利	100	葡萄牙	0.03	英国	3	意大利	5
日本	100	罗马尼亚	0.03	美国	3	立陶宛	5
拉脱维亚	100	瑞典	0.03	阿根廷	2	卢森堡	5
立陶宛	100	土耳其	0.03	奥地利	2	马耳他	5
卢森堡	100	英国	0.03	比利时	2	荷兰	5
马耳他	100	法国	0.04	保加利亚	2	波兰	5
新西兰	100	德国	0.04	智利	2	葡萄牙	5
挪威	100	爱尔兰	0.04	中国	2	罗马尼亚	5
秘鲁	100	爱尔兰	0.04	塞浦路斯	2	新加坡	5
葡萄牙	100	意大利	0.04	爱沙尼亚	2	斯洛文尼亚	5
罗马尼亚	100	墨西哥	0.04	芬兰	2	韩国	5
新加坡	100	俄罗斯	0.04	法国	2	西班牙	5
斯洛伐克	100	韩国	0.04	希腊	2	瑞士	5
斯洛文尼亚	100	比利时	0.05	匈牙利	2	美国	5

续表

国家和地区	国外电信部门参与(%)	国家和地区	长途通信收费(美元)	国家和地区	开放的互联协议(多个是/否)	国家和地区	无监管的网络电话(VOIP)(多个是/否)
西班牙	100	中国台湾地区	0.05	印度	2	阿根廷	4
瑞典	100	芬兰	0.05	爱尔兰	2	印度	4
瑞士	100	匈牙利	0.05	意大利	2	日本	4
土耳其	100	印度尼西亚	0.05	拉脱维亚	2	斯洛伐克	4
南非	85.0	以色列	0.05	卢森堡	2	土耳其	4
加拿大	84.6	越南	0.05	马耳他	2	英国	4
以色列	72.3	巴西	0.06	荷兰	2	拉脱维亚	3
印度	63.3	智利	0.06	葡萄牙	2	马来西亚	3
韩国	61.8	新西兰	0.06	斯洛文尼亚	2	新西兰	3
中国	49.2	西班牙	0.06	南非	2	挪威	3
墨西哥	49.0	日本	0.07	韩国	2	瑞典	3
菲律宾	40.0	挪威	0.07	西班牙	2	澳大利亚	2
马来西亚	30.0	斯洛伐克	0.07	瑞典	2	墨西哥	2
保加利亚	N/A	南非	0.07	土耳其	2	中国	1
中国台湾地区	N/A	奥地利	0.09	越南	2	以色列	1
中国香港特别行政区	N/A	捷克	0.09	澳大利亚	1	越南	1
印度尼西亚	N/A	瑞士	0.09	印度尼西亚	1	印度尼西亚	0
荷兰	N/A	拉脱维亚	0.10	以色列	1	秘鲁	0

续表

国家和地区	国外电信部门参与（%）	国家和地区	长途通信收费（美元）	国家和地区	开放的互联协议（多个是/否）	国家和地区	无监管的网络电话（VOIP）（多个是/否）
波兰	N/A	马耳他	0.10	菲律宾	1	南非	0
俄罗斯	N/A	菲律宾	0.12	墨西哥	0	泰国	0
泰国	N/A	爱沙尼亚	0.19	中国台湾地区	N/A	中国台湾地区	N/A
英国	N/A	保加利亚	0.20	中国香港特别行政区	N/A	中国香港特别行政区	N/A
美国	N/A	斯洛文尼亚	0.20	新西兰	N/A	菲律宾	N/A
越南	N/A	立陶宛	0.37	俄罗斯	N/A	俄罗斯	N/A
所有国家和地区	91.71	所有国家和地区	0.06	所有国家和地区	2.3	所有国家和地区	3.9
亚太经合组织19个国家和地区	76.21	亚太经合组织19个国家和地区	0.04	亚太经合组织19个国家和地区	2.1	亚太经合组织19个国家和地区	2.7
欧盟国家	100.0	欧盟国家	0.08	欧盟国家	2.3	欧盟国家	4.8
经合组织国家	95.59	经合组织国家	0.05	经合组织国家	2.2	经合组织国家	4.4

注：N/A 表示缺乏相关数据。

最后一项措施，无监管的网络电话（VoIP），详细说明了网络电话所允许的服务范围。由于网络电话事实上是一项全球性服务，范围更大同时开放度更高。关于是否允许使用网络电话，五种服务类型（电脑对电脑、电脑对电话、电话对电话、个人网络的网络电话、宽带音频）都接受了调查。网络电话允许的范围越大，衡量无监管的网络电话业务的指标也就越大。如表6—8所示，根据现有数据，各国和各地区（除了加拿大、中国、印度、以色列、马来西亚、墨西哥、菲律宾、南非和韩国）的电信行业在对外国参与或者所有权方面是完全开放的。

（二）信息通信技术市场的竞争水平

电信改革最常见的类型包括国有电信供应商私有化和开放市场。如表6—9所示，除了泰国，在所有被分析的国家里，其主要固定电话运营商已至少部分或完全私有化了。关于开放市场，几乎所有被分析的国家和地区业已在国际长途通信、移动电话、互联网服务方面拥有完全或部分竞争性市场。互联网服务在此分析表内并不作为一项指标，因为所有被分析的国家和地区都拥有完全竞争市场。唯一的例外是波兰，它保留了一个单一的国际长途电话服务供应商。简而言之，市场的自由化是促进竞争的一个直接的政策工具，它反过来有助于提高信息通信技术服务的可购性和普及率。但是，也需要关注市场竞争水平，其与信息通信技术可购性的市场结构直接相关，是信息通信技术服务具备良好可购性的一个必要条件。换句话说，仅凭市场竞争是不能保证信息通信技术服务的可购性。

表6—9 市场竞争力水平①

国家和地区	国际长途通信市场	国家和地区	移动电话市场	国家和地区	主要固定电话用户
阿根廷	C	阿根廷	C	阿根廷	PV
澳大利亚	C	澳大利亚	C	巴西	PV
奥地利	C	巴西	C	加拿大	PV
比利时	C	加拿大	C	智利	PV
巴西	C	智利	C	捷克	PV
加拿大	C	芬兰	C	丹麦	PV

① World Bank. *Information and Communications for Development 2009*.

续表

国家和地区	国际长途通信市场	国家和地区	移动电话市场	国家和地区	主要固定电话用户
智利	C	法国	C	匈牙利	PV
捷克	C	德国	C	爱尔兰	PV
丹麦	C	印度	C	意大利	PV
爱沙尼亚	C	印度尼西亚	C	日本	PV
芬兰	C	爱尔兰	C	立陶宛	PV
法国	C	以色列	C	墨西哥	PV
德国	C	意大利	C	荷兰	PV
希腊	C	日本	C	新西兰	PV
匈牙利	C	拉脱维亚	C	秘鲁	PV
印度	C	马来西亚	C	菲律宾	PV
爱尔兰	C	墨西哥	C	葡萄牙	PV
以色列	C	荷兰	C	韩国	PV
意大利	C	新西兰	C	西班牙	PV
日本	C	挪威	C	英国	PV
拉脱维亚	C	秘鲁	C	美国	PV
立陶宛	C	菲律宾	C	澳大利亚	MX
马来西亚	C	波兰	C	奥地利	MX
墨西哥	C	葡萄牙	C	比利时	MX
荷兰	C	罗马尼亚	C	保加利亚	MX
新西兰	C	俄罗斯	C	中国	MX
挪威	C	新加坡	C	爱沙尼亚	MX
秘鲁	C	斯洛伐克	C	芬兰	MX

续表

国家和地区	国际长途通信市场	国家和地区	移动电话市场	国家和地区	主要固定电话用户
菲律宾	C	斯洛文尼亚	C	法国	MX
葡萄牙	C	韩国	C	德国	MX
罗马尼亚	C	西班牙	C	希腊	MX
新加坡	C	瑞典	C	印度	MX
斯洛伐克	C	瑞士	C	印度尼西亚	MX
斯洛文尼亚	C	泰国	C	以色列	MX
南非	C	英国	C	拉脱维亚	MX
韩国	C	美国	C	马来西亚	MX
西班牙	C	越南	C	挪威	MX
瑞典	C	奥地利	PC	波兰	MX
瑞士	C	比利时	PC	罗马尼亚	MX
泰国	C	保加利亚	PC	俄罗斯	MX
土耳其	C	中国	PC	新加坡	MX
英国	C	捷克	PC	斯洛伐克	MX
美国	C	丹麦	PC	斯洛文尼亚	MX
越南	C	爱沙尼亚	PC	南非	MX
保加利亚	PC	希腊	PC	瑞典	MX
中国	PC	匈牙利	PC	瑞士	MX
印度尼西亚	PC	立陶宛	PC	土耳其	MX
俄罗斯	PC	南非	PC	越南	MX
波兰	M	土耳其	PC	泰国	PB
中国台湾地区	N/A	中国台湾地区	N/A	中国台湾地区	N/A
塞浦路斯	N/A	塞浦路斯	N /A	塞浦路斯	N /A

续表

国家和地区	国际长途通信市场	国家和地区	移动电话市场	国家和地区	主要固定电话用户
中国香港特别行政区	N/A	中国香港特别行政区	N/A	中国香港特别行政区	N/A
爱尔兰	N/A	爱尔兰	N /A	爱尔兰	N /A
卢森堡	N/A	卢森堡	N /A	卢森堡	N /A
马耳他	N/A	马耳他	N /A	马耳他	N /A

注：C：竞争；PC：局部竞争；M：垄断；PB：公众；MX：混合；PV：私人；N/A：缺乏相关数据。

关于电信改革对技术采用的影响，霍华德（Howard）和马扎合利（Mazaheri）发现，当私有化和实施独立的电信监管制度相结合时，就形成了最具建设性的、鼓励技术采用的政策。① 全球化的信息通信技术市场带来的影响是显而易见的。市场自由化和市场开放的政策，将促进信息通信技术在全球市场的竞争，同时也将提高市场的效率，通过战略联盟或国际商家之间的兼并和收购，促进创新技术在全球范围内传播。这将有助于提高各种跨越国界的信息通信技术服务的可购性。

三、法律环境

信息通信技术的法律环境，会对国家的信息通信技术的使用产生重要影响。如表 6—10 所示，三项次级措施被考虑在内：经济学人的法律环境（知识产权立法的全面性、透明度和执行力，数据隐私，反垃圾邮件和网络犯罪的法律）②、世界经济论坛关于信息通信技术相关法律体系的有效性

---

① Philip N. Howard and Nimah Mazaheri. Telecommunications Reform, Internet Use and Mobile Phone Adoption in the Developing World. *World Development 37*, no. 7 (2009): 1159-1169.

② *Economist Intelligence United, Resilience amid Turmoil: Benchmarking IT Industry Competitiveness 2009* (London: EIU, 2009), 23. http://graphics. eiu. com/marketing/pdf/Bench- marking%20IT%202009. pdf.

和效率的措施①以及垃圾邮件立法的存在。马库斯（Marcus）等阐述了落实这些政策的重要性：了解寻求保护个人隐私的任务是极其复杂的。隐私保护经常是以逐个的方式发展，不必是一个考虑周详的保护隐私和增强信任计划的一部分。某个特定的经济体制中的协议必须从整体的角度去理解。法律协议往往与自我监管和共同监管计划以复杂的方式相互作用着。个人权利可能由政府数据保护机构或相当部门、由个人或行业自我监管和共同监管协议来强制执行。隐私和信任协议的有效性只有基于特定的经济、社会和文化条件，每个经济体制达到最佳状况的前提下才能得以显现。②

表 6—10　有关信息通信技术的法律环境③

国家和地区	知识产权，隐私，网络犯罪（100=最好；1=最差）	国家和地区	有关信息通信技术的法律（7=最佳；1=最差）	国家和地区	垃圾信息立法（Y=1；N=0）
美国	92.0	新加坡	5.9	阿根廷	1
澳大利亚	90.5	瑞典	5.9	澳大利亚	1
比利时	88.5	爱沙尼亚	5.8	比利时	1

① Soumitra Dutta and Irene Mia (eds.). *The Global Information Technology Report 2010-2011: Transformations 2.0* (Geneva: World Economic Forum, 2011), 31. http://www3.weforum.org/docs/WEF_GITR_Report_2011.pdf.

② J. Scott Marcus et al.. *Comparison of Privacy and Trust Policies in the Area of Electronic Communications* (Bad Honnef, Germany: wik-Consult, 2007). http://ec.europa.eu/information_society/policy/ecomm/doc/library/ext_studies/privacy_trust_policies/final_report_20_07_07_pdf.pdf.

③ Economist Intelligence Unit. *Resilience amid Turmoil: Benchmarking IT Industry Competitiveness 2009* (London: Economist Intelligence Unit, 2009); Dutta and Mia. *Global Information Technology Report 2010-2011*; *International Telecommunications Union Statistics Database* (Countering Spam Legislation and Responsible Countering Spam Authority; accessed September 26, 2011). http://www.itu.int/ITU-D/icteye/Indicators/Indicators.aspx.

续表

国家和地区	知识产权，隐私，网络犯罪（100=最好；1=最差）	国家和地区	有关信息通信技术的法律（7=最佳；1=最差）	国家和地区	垃圾信息立法（Y=1；N=0）
瑞士	88.5	丹麦	5.7	巴西	1
丹麦	87.0	挪威	5.6	保加利亚	1
荷兰	87.0	澳大利亚	5.5	智利	1
奥地利	85.0	奥地利	5.5	中国	1
芬兰	85.0	加拿大	5.5	塞浦路斯	1
德国	85.0	芬兰	5.5	捷克	1
挪威	85.0	中国香港特别行政区	5.5	丹麦	1
英国	85.0	爱尔兰	5.5	德国	1
法国	83.5	新西兰	5.5	希腊	1
加拿大	82.0	荷兰	5.4	匈牙利	1
爱尔兰	81.5	葡萄牙	5.4	爱尔兰	1
新加坡	81.5	瑞士	5.4	爱尔兰	1
瑞典	81.5	英国	5.4	意大利	1
中国香港特别行政区	80.0	美国	5.4	日本	1
新西兰	80.0	中国台湾地区	5.3	拉脱维亚	1
日本	79.0	德国	5.3	立陶宛	1
中国台湾地区	73.5	卢森堡	5.3	马耳他	1
意大利	73.0	法国	5.2	荷兰	1
斯洛文尼亚	73.0	马耳他	5.2	秘鲁	1

续表

国家和地区	知识产权，隐私，网络犯罪（100=最好；1=最差）	国家和地区	有关信息通信技术的法律（7=最佳；1=最差）	国家和地区	垃圾信息立法（Y=1；N=0）
以色列	72.0	马来西亚	5.1	波兰	1
葡萄牙	71.0	斯洛文尼亚	5.1	葡萄牙	1
西班牙	71.0	韩国	5.1	罗马尼亚	1
爱沙尼亚	69.5	智利	5.0	新加坡	1
斯洛伐克	69.5	比利时	4.9	斯洛伐克	1
智利	69.0	日本	4.8	韩国	1
捷克	67.5	南非	4.8	西班牙	1
希腊	67.5	爱尔兰	4.7	瑞典	1
匈牙利	67.5	捷克	4.6	瑞士	1
立陶宛	67.5	印度	4.6	土耳其	1
韩国	67.0	巴西	4.5	英国	1
波兰	66.5	塞浦路斯	4.5	美国	1
拉脱维亚	65.5	以色列	4.5	加拿大	0
南非	63.5	立陶宛	4.5	芬兰	0
阿根廷	63.0	西班牙	4.5	法国	0
土耳其	61.0	中国	4.4	印度	0
中国	59.5	保加利亚	4.3	印度尼西亚	0
墨西哥	58.0	土耳其	4.3	墨西哥	0
保加利亚	56.0	匈牙利	4.1	南非	0
罗马尼亚	56.0	意大利	4.0	越南	0

续表

国家和地区	知识产权，隐私，网络犯罪（100=最好；1=最差）	国家和地区	有关信息通信技术的法律（7=最佳；1=最差）	国家和地区	垃圾信息立法（Y=1；N=0）
马来西亚	54.0	越南	4.0	奥地利	N/A
菲律宾	50.5	印度尼西亚	3.9	中国台湾地区	N/A
巴西	49.5	墨西哥	3.9	爱沙尼亚	N/A
秘鲁	48.5	斯洛伐克	3.9	中国香港特别行政区	N/A
印度	48.0	泰国	3.9	以色列	N/A
印度尼西亚	47.0	拉脱维亚	3.8	卢森堡	N/A
越南	47.0	秘鲁	3.8	马来西亚	N/A
泰国	43.5	波兰	3.8	新西兰	N/A
俄罗斯	42.0	希腊	3.6	挪威	N/A
塞浦路斯	N/A	菲律宾	3.6	菲律宾	N/A
爱尔兰	N/A	罗马尼亚	3.5	俄罗斯	N/A
卢森堡	N/A	俄罗斯	3.5	斯洛文尼亚	N/A
马耳他	N/A	阿根廷	3.1	泰国	N/A
所有国家和地区	69.9	所有国家和地区	4.8	所有国家和地区	0.8
亚太经合组织19个国家和地区	65.5	亚太经合组织19个国家和地区	4.7	亚太经合组织19个国家和地区	0.7
欧盟国家	74.6	欧盟国家	4.8	欧盟国家	0.9
经合组织国家	77.2	经合组织国家	5.0	经合组织国家	0.9

注：N/A 表示缺乏相关数据。

四、信息通信技术的使用

正如图 6—1 中所概述，信息通信技术的使用是一项评估数字政策成效的具体措施。在这项措施中表现优异的国家和地区，相比其他国家和地区将有更强的创新能力和更高的竞争地位。的确，通过使用该技术，数字政策为国家经济及其本国和本地区乃至全世界的公民的福祉做出了贡献。因此，技术的使用是评价一个国家和地区数字政策成效的最直接与最有力的措施之一。关于采用和支出，针对技术使用的三个需求部门做了调查：公共部门、企业和个人。

（一）公共部门的使用

公共部门使用的措施反映了关于政府在信息通信技术成功推广、信息通信技术的使用、政府的网上服务以及电子参与（提供网上政府服务）等方面调查数据。此外，还有一个量化措施来衡量政府在信息通信技术的支出占 GDP 的比重。表 6—11 总结了调查的结果，它显示新加坡前两项措施执行得最好，而韩国在在线服务指数和电子参与指数两方面都表现出色。表 6—12 中，就信息通信技术的政府开支而言，美国优于所有国家和地区。这反映了政府服务和与公共服务有关的信息通信技术投资的预算规模。

表 6—11　公共部门信息通信技术的使用①

国家和地区	政府部门推广信息通信技术的成就（7 = 最好；1=最差）	国家和地区	信息通信技术应用与政府效率（7 = 最好；1 = 最差）	国家和地区	在线服务指数（1 = 最好；0= 最差）	国家和地区	电子参与指数（1 = 最好；0= 最差）
新加坡	6.2	新加坡	6.2	韩国	1.000	韩国	1.00
马耳他	5.9	瑞典	6.0	美国	0.937	澳大利亚	0.91

① Dutta and Mia. *Global Information Technology Report 2010 - 2011*; United Nations Department of Economic and Social Affairs. *United Nations E-Government Survey 2010*.

续表

国家和地区	政府部门推广信息通信技术的成就（7=最好；1=最差）	国家和地区	信息通信技术应用与政府效率（7=最好；1=最差）	国家和地区	在线服务指数（1=最好；0=最差）	国家和地区	电子参与指数（1=最好；0=最差）
中国台湾地区	5.8	中国台湾地区	5.7	加拿大	0.883	西班牙	0.83
瑞典	5.6	爱沙尼亚	5.7	英国	0.775	新西兰	0.77
丹麦	5.5	葡萄牙	5.7	澳大利亚	0.765	英国	0.77
卢森堡	5.5	韩国	5.7	西班牙	0.765	日本	0.76
葡萄牙	5.5	奥地利	5.6	挪威	0.737	美国	0.76
爱沙尼亚	5.4	中国香港特别行政区	5.6	新加坡	0.686	加拿大	0.73
爱尔兰	5.4	马耳他	5.6	法国	0.683	爱沙尼亚	0.69
中国	5.3	智利	5.5	荷兰	0.679	新加坡	0.69
马来西亚	5.3	爱尔兰	5.4	丹麦	0.673	马来西亚	0.66
韩国	5.3	马来西亚	5.4	日本	0.673	丹麦	0.64
芬兰	5.2	加拿大	5.3	新西兰	0.639	德国	0.61
中国香港特别行政区	5.2	芬兰	5.3	马来西亚	0.631	法国	0.60
印度	5.2	挪威	5.3	比利时	0.625	荷兰	0.60
挪威	5.2	瑞士	5.3	智利	0.610	比利时	0.59
美国	5.2	丹麦	5.2	以色列	0.584	立陶宛	0.53
加拿大	5.0	法国	5.2	德国	0.549	斯洛文尼亚	0.51
澳大利亚	4.9	卢森堡	5.2	瑞典	0.527	奥地利	0.50

续表

国家和地区	政府部门推广信息通信技术的成就（7=最好；1=最差）	国家和地区	信息通信技术应用与政府效率（7=最好；1=最差）	国家和地区	在线服务指数（1=最好；0=最差）	国家和地区	电子参与指数（1=最好；0=最差）
瑞士	4.9	新西兰	5.2	匈牙利	0.505	挪威	0.50
塞浦路斯	4.8	美国	5.1	爱沙尼亚	0.502	塞浦路斯	0.49
法国	4.8	澳大利亚	5.0	爱尔兰	0.498	瑞典	0.49
德国	4.8	中国	5.0	立陶宛	0.482	爱尔兰	0.44
奥地利	4.7	荷兰	5.0	芬兰	0.479	芬兰	0.41
荷兰	4.7	巴西	4.9	奥地利	0.476	以色列	0.41
斯洛文尼亚	4.7	德国	4.9	马耳他	0.470	中国	0.37
以色列	4.6	以色列	4.8	捷克	0.454	墨西哥	0.37
泰国	4.6	立陶宛	4.8	瑞士	0.444	智利	0.34
英国	4.6	土耳其	4.8	墨西哥	0.441	马耳他	0.34
智利	4.5	印度	4.7	拉脱维亚	0.416	匈牙利	0.31
日本	4.5	爱尔兰	4.7	罗马尼亚	0.416	保加利亚	0.30
越南	4.5	斯洛文尼亚	4.7	阿根廷	0.413	巴西	0.29
比利时	4.4	英国	4.7	保加利亚	0.410	拉脱维亚	0.27
巴西	4.4	塞浦路斯	4.6	秘鲁	0.410	葡萄牙	0.27
新西兰	4.4	越南	4.6	斯洛文尼亚	0.400	希腊	0.26
印度尼西亚	4.3	泰国	4.5	爱尔兰	0.397	波兰	0.24
爱尔兰	4.3	捷克	4.4	菲律宾	0.394	意大利	0.21
立陶宛	4.3	西班牙	4.4	波兰	0.387	土耳其	0.21

续表

国家和地区	政府部门推广信息通信技术的成就（7 = 最好；1=最差）	国家和地区	信息通信技术应用与政府效率（7 = 最好；1 = 最差）	国家和地区	在线服务指数（1 = 最好；0= 最差）	国家和地区	电子参与指数（1 = 最好；0= 最差）
希腊	4.1	比利时	4.3	葡萄牙	0.387	阿根廷	0.2
罗马尼亚	4.1	日本	4.3	卢森堡	0.381	印度	0.20
捷克	4.0	秘鲁	4.3	塞浦路斯	0.371	瑞士	0.20
土耳其	4.0	印度尼西亚	4.2	巴西	0.368	菲律宾	0.19
南非	3.9	墨西哥	4.2	中国	0.368	罗马尼亚	0.19
拉脱维亚	3.8	意大利	4.1	印度	0.368	南非	0.19
墨西哥	3.8	南非	4.1	希腊	0.356	卢森堡	0.17
菲律宾	3.8	保加利亚	4.0	斯洛伐克	0.346	秘鲁	0.17
俄罗斯	3.8	希腊	4.0	土耳其	0.346	捷克	0.13
西班牙	3.8	匈牙利	4.0	泰国	0.333	印度尼西亚	0.13
保加利亚	3.7	拉脱维亚	3.7	俄罗斯	0.330	俄罗斯	0.13
意大利	3.7	俄罗斯	3.7	南非	0.308	泰国	0.09
秘鲁	3.7	菲律宾	3.6	越南	0.305	越南	0.09
匈牙利	3.6	斯洛伐克	3.5	意大利	0.289	斯洛伐克	0.07
斯洛伐克	3.4	波兰	3.4	印度尼西亚	0.244	爱尔兰	0.04
波兰	3.2	罗马尼亚	3.3	中国台湾地区	N/A	中国台湾地区	N/A
阿根廷	2.9	阿根廷	3.2	中国香港特别行政区	N/A	中国香港特别行政区	N/A

续表

国家和地区	政府部门推广信息通信技术的成就（7＝最好；1＝最差）	国家和地区	信息通信技术应用与政府效率（7＝最好；1＝最差）	国家和地区	在线服务指数（1＝最好；0＝最差）	国家和地区	电子参与指数（1＝最好；0＝最差）
所有国家和地区	4.6	所有国家和地区	4.8	所有国家和地区	0.508	所有国家和地区	0.41
亚太经合组织19个国家和地区	4.7	亚太经合组织19个国家和地区	4.9	亚太经合组织19个国家和地区	0.568	亚太经合组织19个国家和地区	0.48
欧盟国家	4.5	欧盟国家	4.7	欧盟国家	0.493	欧盟国家	0.42
经合组织国家	4.6	经合组织国家	4.9	经合组织国家	0.564	经合组织国家	0.48

注：N/A 表示缺乏相关数据。

表 6—12　公共部门信息通信技术支出占 GDP 的份额①

国家和地区	公共部门信息通信技术支出（占 GDP 百分比）	国家和地区	公共部门信息通信技术支出（占 GDP 百分比）
美国	1.05	澳大利亚	0.29
马来西亚	0.95	西班牙	0.28
瑞士	0.76	波兰	0.28
中国台湾地区	0.71	阿根廷	0.27
匈牙利	0.69	印度	0.27
加拿大	0.67	挪威	0.27
南非	0.54	俄罗斯	0.26
荷兰	0.54	意大利	0.26

① World Information Technology and Services Alliance. *Digital Planet 2010* (Vienna, VA: WITSA, 2010).

续表

国家和地区	公共部门信息通信技术支出（占 GDP 百分比）	国家和地区	公共部门信息通信技术支出（占 GDP 百分比）
瑞典	0. 52	罗马尼亚	0. 24
中国香港特别行政区	0. 50	爱尔兰	0. 23
巴西	0. 50	保加利亚	0. 23
英国	0. 50	斯洛文尼亚	0. 22
芬兰	0. 45	智利	0. 21
韩国	0. 45	秘鲁	0. 20
法国	0. 43	印度尼西亚	0. 19
以色列	0. 42	越南	0. 17
斯洛伐克	0. 42	土耳其	0. 16
葡萄牙	0. 37	墨西哥	0. 14
捷克	0. 36	塞浦路斯	N/A
日本	0. 36	爱沙尼亚	N/A
丹麦	0. 36	爱尔兰	N/A
比利时	0. 34	拉脱维亚	N/A
新加坡	0. 32	立陶宛	N/A
中国	0. 32	卢森堡	N/A
菲律宾	0. 32	马耳他	N/A
德国	0. 32	所有国家和地区	0. 39
泰国	0. 31	亚太经合组织 19 个国家和地区	0. 41
奥地利	0. 31	欧盟国家	0. 36
希腊	0. 29	经合组织国家	0. 39
新西兰	0. 29		

注：N/A 表示缺乏相关数据。

信息通信技术在政府的使用与国家电子政务推动是密切相关的。许多领先国家把信息通信技术视为一种有用的工具，它可以使公共机构从一种基于常规的、管理和控制型的、内在注重管理的组织向一种知识为基础的、网络化的、学习型的组织转化，这种组织极其注重服务。韩国政府的电子采购（KONEPS）、网上报关服务（UNI-PASS）、国内税收服务、电子人事管理是创新的电子政务服务很好的例子。① 这种转变不仅要求前端交易和服务交付客户发生变化，而且在政府所有机构中，后端和核心业务流程的整合和重建也要发生变化。② 根据 2010 年联合国电子政务调查显示，韩国、美国、加拿大、英国、荷兰、挪威、丹麦、澳大利亚、西班牙、法国、新加坡、瑞典、新西兰、德国、比利时、日本、瑞士、芬兰、爱沙尼亚是跻身世界前 20 名的电子政务发达国家。③

（二）企业使用

企业部门的使用情况反映了企业中互联网在企业层面的使用和信息技术驱动的创新情况。互联网的使用包括互联网接入、宽带的使用、网站的使用和互联网电子商务。同样，信息通信技术驱动的创新，包括开发新的服务和产品，建立新的操作流程和组织变革。用表 6—13 中的指标来衡量，其中，值得注意的是，瑞典在所有三项措施中得分最高。表 6—14 显示企业部门的开支占 GDP 的比重。匈牙利、中国香港特别行政区、捷克、马来西亚、南非、韩国、新加坡处于领先地位，它们把 GDP 的 5%用于企业信息通信技术的支出。

① National Information Society Agency. *Informatization White Paper*, 24.

② Nagy K. Hanna et al.. *National E-Government Institutions: Functions, Models and Trends*, in World Bank, Information and Communication for Development, 84.

③ United Nations Department of Economic and Social Affairs. *United Nations E-Government Survey 2010* (New York: United Nations, 2010). http://unpan1.un.org/intradoc/groups/public/documents/un/unpan038851.pdf.

表 6—13　企业部门信息通信技术的使用①

国家和地区	商业互联网使用程度（7=最高；1=最低）	国家和地区	信息通信技术对新的服务和产品影响（7=最大；1=最小）	国家和地区	信息通信技术对新组织模式影响（7=最大；1=最小）
瑞典	6.6	瑞典	6.3	瑞典	6.0
爱沙尼亚	6.3	中国台湾地区	6.0	美国	5.6
爱尔兰	6.3	韩国	5.9	加拿大	5.5
立陶宛	6.3	法国	5.8	中国台湾地区	5.5
韩国	6.3	挪威	5.8	挪威	5.5
加拿大	6.2	新加坡	5.8	新加坡	5.5
英国	6.2	英国	5.8	英国	5.5
美国	6.2	加拿大	5.7	芬兰	5.4
中国台湾地区	6.1	德国	5.7	以色列	5.4
以色列	6.1	爱尔兰	5.7	爱尔兰	5.3
丹麦	6.0	瑞士	5.7	马来西亚	5.3
中国香港特别行政区	6.0	美国	5.7	荷兰	5.3
日本	6.0	爱沙尼亚	5.6	爱沙尼亚	5.2
荷兰	6.0	荷兰	5.5	法国	5.2
新西兰	6.0	奥地利	5.4	德国	5.2
挪威	6.0	芬兰	5.4	中国香港特别行政区	5.2

① Dutta and Mia. *Global Information Technology Report 2010-2011*.

续表

国家和地区	商业互联网使用程度（7=最高；1=最低）	国家和地区	信息通信技术对新的服务和产品影响（7=最大；1=最小）	国家和地区	信息通信技术对新组织模式影响（7=最大；1=最小）
新加坡	6.0	中国香港特别行政区	5.4	瑞士	5.2
瑞士	6.0	以色列	5.4	澳大利亚	5.1
澳大利亚	5.9	马来西亚	5.4	韩国	5.1
芬兰	5.9	葡萄牙	5.4	丹麦	5.0
法国	5.9	巴西	5.3	马耳他	5.0
奥地利	5.8	智利	5.3	比利时	4.9
捷克	5.8	日本	5.3	巴西	4.9
德国	5.8	马耳他	5.3	立陶宛	4.9
比利时	5.7	澳大利亚	5.2	葡萄牙	4.9
巴西	5.7	立陶宛	5.2	智利	4.8
马耳他	5.7	中国	5.1	新西兰	4.8
爱尔兰	5.6	丹麦	5.1	奥地利	4.7
卢森堡	5.6	印度	5.1	中国	4.7
葡萄牙	5.6	卢森堡	5.1	印度	4.7
智利	5.5	新西兰	5.1	爱尔兰	4.7
马来西亚	5.5	比利时	5.0	卢森堡	4.7
保加利亚	5.4	爱尔兰	5.0	日本	4.6
拉脱维亚	5.4	西班牙	4.9	西班牙	4.5
斯洛伐克	5.4	越南	4.9	泰国	4.5
斯洛文尼亚	5.4	秘鲁	4.8	印度尼西亚	4.4
越南	5.3	泰国	4.8	秘鲁	4.4

续表

国家和地区	商业互联网使用程度（7=最高；1=最低）	国家和地区	信息通信技术对新的服务和产品影响（7=最大；1=最小）	国家和地区	信息通信技术对新组织模式影响（7=最大；1=最小）
塞浦路斯	5.2	土耳其	4.8	南非	4.3
波兰	5.2	塞浦路斯	4.7	土耳其	4.2
中国	5.1	捷克	4.7	阿根廷	4.1
印度	5.1	印度尼西亚	4.6	保加利亚	4.1
南非	5.1	斯洛文尼亚	4.6	捷克	4.1
泰国	5.1	南非	4.6	墨西哥	4.1
土耳其	5.1	墨西哥	4.5	斯洛文尼亚	4.1
印度尼西亚	5.0	阿根廷	4.3	塞浦路斯	4.0
匈牙利	4.9	保加利亚	4.3	菲律宾	4.0
罗马尼亚	4.9	匈牙利	4.3	波兰	3.9
西班牙	4.9	菲律宾	4.3	越南	3.9
意大利	4.8	意大利	4.2	意大利	3.8
俄罗斯	4.8	波兰	4.2	拉脱维亚	3.8
墨西哥	4.7	罗马尼亚	4.2	俄罗斯	3.8
阿根廷	4.6	斯洛伐克	4.2	匈牙利	3.7
秘鲁	4.5	希腊	4.1	斯洛伐克	3.7
菲律宾	4.5	拉脱维亚	4.1	罗马尼亚	3.6
希腊	4.4	俄罗斯	4.0	希腊	3.3
所有国家和地区	5.6	所有国家和地区	5.1	所有国家和地区	4.7
亚太经合组织19个国家和地区	5.5	亚太经合组织19个国家和地区	5.1	亚太经合组织19个国家和地区	4.8

续表

国家和地区	商业互联网使用程度（7=最高；1=最低）	国家和地区	信息通信技术对新的服务和产品影响（7=最大；1=最小）	国家和地区	信息通信技术对新组织模式影响（7=最大；1=最小）
欧盟国家	5.6	欧盟国家	5.0	欧盟国家	4.6
经合组织国家	5.7	经合组织国家	5.2	经合组织国家	4.8

表 6—14　企业部门信息通信技术支出占 GDP 的份额①

国家和地区	商业部门信息通信技术支出（占 GDP 百分比）	国家和地区	商业部门信息通信技术支出（占 GDP 百分比）
匈牙利	6.4	泰国	2.8
中国香港特别行政区	5.8	巴西	2.8
捷克	5.4	意大利	2.7
马来西亚	5.3	西班牙	2.7
南非	5.2	智利	2.7
韩国	5.1	以色列	2.6
新加坡	5.0	斯洛文尼亚	2.6
英国	4.9	挪威	2.6
斯洛伐克	4.9	菲律宾	2.5
中国	4.8	印度	2.4
芬兰	4.8	罗马尼亚	2.4
美国	4.5	阿根廷	2.3

① World Information Technology and Services Alliance. *Digital Planet 2010*.

续表

国家和地区	商业部门信息通信技术支出（占 GDP 百分比）	国家和地区	商业部门信息通信技术支出（占 GDP 百分比）
瑞士	4.4	墨西哥	2.2
瑞典	4.3	俄罗斯	2.2
加拿大	4.1	希腊	2.1
日本	3.8	土耳其	1.7
荷兰	3.8	秘鲁	1.7
奥地利	3.5	印度尼西亚	1.4
德国	3.5	塞浦路斯	N/A
新西兰	3.4	爱沙尼亚	N/A
波兰	3.3	爱尔兰	N/A
葡萄牙	3.3	拉脱维亚	N/A
法国	3.2	立陶宛	N/A
爱尔兰	3.2	卢森堡	N /A
澳大利亚	3.1	马耳他	N /A
越南	3.1	所有国家和地区	3.5
比利时	3.1	亚太经合组织 19 个国家和地区	3.5
中国台湾地区	3.1	欧盟国家	3.6
丹麦	3.1	经合组织国家	3.6
保加利亚	2.9		

注：N/A 表示缺乏相关数据。

企业信息通信技术的使用在发达国家已经取得很大进展。例如，根据澳大利亚统计局 2011 年 6 月公布的数据，澳大利亚企业在 2009—2010 年，接到价值 1430 亿美元的网上订单，比上一年增长了 15%。① 几乎所有（94%）澳大利亚的大型企业都拥有网站，以宽带为主导性的（97%）互联网接入方法，行业之间的差异很小。据报道，2009—2010 年，有关信息通信技术驱动的创新和开发，以及新的或显著改善的商品、服务、流程与方法的引进，占澳大利亚全部企业的 44%。批发贸易最具创新力，据报道，几乎该行业内 60%的企业都有某种形式的创新。②

（三）个人使用

个人使用的措施包括每 100 名居民中的互联网用户、移动电话用户、虚拟社交网络（SNS）的使用。前两个是硬性数据，而 SNS 的使用是调查数据。如表 6—15 所示，个人使用在发达国家中相对较高。欧盟和经合组织国家（OECD）的个人使用处于平均水平之上，而亚太经合组织（APEC）19 个国家和地区与金砖四国（BRIC）的使用低于平均水平。

表 6—15　个人信息通信技术的使用③

国家和地区	每 100 个居民互联网用户	国家和地区	每 100 个居民移动电话用户	国家和地区	虚拟社交网络使用率（7 = 最高; 1=最低）
爱尔兰	93.5	爱沙尼亚	203.0	爱尔兰	6.8
挪威	92.1	中国香港特别行政区	179.4	瑞典	6.5
瑞典	90.8	俄罗斯	163.6	英国	6.4
荷兰	89.6	立陶宛	151.0	丹麦	6.3

---

① Australian Bureau of Statistics. *Australian Businesses Take $ 143 Billion Worth of Internet Orders*, news release, June 23, 2011. http://www. abs. gov. au/ausstats/abs@. nsf/Latest products/8166. 0Media% 20Release12009-10? opendocument&tabname = Summary &prodno = 8166. 0&issue = 2009-10&num = &view = .

② Ibid.

③ Dutta and Mia. *Global Information Technology Report 2010–2011*.

续表

国家和地区	每 100 个居民互联网用户	国家和地区	每 100 个居民移动电话用户	国家和地区	虚拟社交网络使用率（7＝最高；1=最低）
卢森堡	87.3	葡萄牙	148.8	挪威	6.3
丹麦	86.8	卢森堡	148.1	加拿大	6.2
英国	83.6	意大利	147.0	芬兰	6.2
芬兰	82.5	新加坡	145.2	瑞士	6.2
韩国	81.5	芬兰	144.6	澳大利亚	6.1
瑞士	81.3	保加利亚	140.2	奥地利	6.1
加拿大	80.3	捷克	137.5	中国香港特别行政区	6.1
新西兰	79.7	奥地利	136.7	卢森堡	6.1
德国	79.3	英国	130.6	荷兰	6.1
日本	78.0	阿根廷	130.3	美国	6.1
美国	78.0	德国	127.8	新西兰	6.0
比利时	76.2	荷兰	127.7	新加坡	6.0
斯洛伐克	75.2	瑞典	125.9	中国台湾地区	5.9
澳大利亚	74.3	以色列	125.8	德国	5.9
奥地利	73.5	丹麦	125.0	比利时	5.8
爱沙尼亚	72.5	瑞士	122.3	智利	5.8
法国	71.6	塞浦路斯	122.0	马来西亚	5.8
中国台湾地区	69.9	罗马尼亚	119.4	马耳他	5.8
中国香港特别行政区	69.4	希腊	119.1	爱沙尼亚	5.7
新加坡	68.3	匈牙利	118.0	法国	5.7

续表

国家和地区	每100个居民互联网用户	国家和地区	每100个居民移动电话用户	国家和地区	虚拟社交网络使用率（7=最高；1=最低）
爱尔兰	67.4	波兰	117.7	印度尼西亚	5.7
拉脱维亚	66.8	比利时	117.5	以色列	5.7
捷克	64.4	中国台湾地区	116.7	葡萄牙	5.7
斯洛文尼亚	64.3	澳大利亚	113.8	斯洛伐克	5.6
以色列	63.1	西班牙	113.8	韩国	5.6
西班牙	62.6	越南	111.5	爱尔兰	5.5
匈牙利	61.8	挪威	111.4	立陶宛	5.5
立陶宛	59.8	新西兰	110.2	菲律宾	5.5
波兰	59.0	马来西亚	109.7	保加利亚	5.4
马耳他	58.9	爱尔兰	107.9	捷克	5.4
马来西亚	55.9	拉脱维亚	105.4	意大利	5.4
塞浦路斯	49.8	爱尔兰	105.3	巴西	5.3
意大利	48.8	斯洛文尼亚	104.0	西班牙	5.3
葡萄牙	48.3	马耳他	103.3	阿根廷	5.2
保加利亚	45.0	斯洛伐克	101.7	日本	5.2
希腊	44.5	韩国	100.7	拉脱维亚	5.2
智利	41.3	菲律宾	100.3	罗马尼亚	5.2
巴西	39.2	泰国	97.3	斯洛文尼亚	5.2
罗马尼亚	36.6	智利	96.9	中国	5.0
土耳其	36.4	法国	95.5	塞浦路斯	5.0
阿根廷	34.0	南非	92.7	希腊	5.0

续表

国家和地区	每100个居民互联网用户	国家和地区	每100个居民移动电话用户	国家和地区	虚拟社交网络使用率（7=最高；1=最低）
秘鲁	31.4	日本	91.5	秘鲁	5.0
俄罗斯	29.0	美国	90.8	泰国	5.0
中国	28.9	巴西	89.8	土耳其	5.0
墨西哥	28.3	秘鲁	84.7	印度	4.8
越南	26.6	土耳其	83.9	墨西哥	4.8
泰国	25.8	墨西哥	76.2	南非	4.8
菲律宾	9.0	加拿大	70.9	匈牙利	4.6
南非	8.8	印度尼西亚	69.2	越南	4.6
印度尼西亚	8.7	中国	55.5	俄罗斯	4.4
印度	5.1	印度	43.8	波兰	4.2
所有国家和地区	58.6	所有国家和地区	115.1	所有国家和地区	5.6
亚太经合组织19个国家和地区	50.8	亚太经合组织19个国家和地区	104.4	亚太经合组织19个国家和地区	5.5
欧盟国家	66.9	欧盟国家	127.4	欧盟国家	5.6
经合组织国家	70.5	经合组织国家	117.6	经合组织国家	5.7

关于个人信息通信技术的使用，在过去五年，虚拟社交网络已经引起了来自业界和政府的极大关注。虽然虚拟社交网络服务在发达国家和发展中国家同样得到广泛应用，然而其对社会和经济的影响尚未被完全了解。直到最近，如经合组织及欧盟之类的政策机构才开始研

究虚拟社交网络服务的使用和影响。[①] 人们主要关心的是应该优先考虑对用户权利的保护和滥用的监管。但是，考虑到随着虚拟社交网络不断发展，它正开拓着新的机遇，因此在开放和规范其服务之间如何保持平衡，仍然是许多国家的决策者们在未来几年内将要面临的一个挑战。

① Romina Cachia. *Social Computing: Study on the Use and Impact of Online Social Networking* (Brussels: European Communities, 2008). http://ftp. jrc. es/EURdoc/JRC48650.pdf.

第七章
政府采购

第一节　政府采购为什么能够推动创新

政府可以调整采购政策，使之成为创新的强大驱动力，正因如此，采购政策是国家创新战略的一个重要组成部分。明智的创新政策能够刺激个体创新和创新的解决方案。① 这些政策明确了政府要部分地通过最早的用户或者“最早的采纳者”来验证这些技术，并促进新型市场的开发，以此刺激创新技术、创新产品和创新服务的需求。大量的研究证明了需求在刺激创新中的作用，其中一个有1000多家公司参与的研究发现，创新源于新的需要和需求。② 政府在推动需求方面可以发挥其重要合法的作用。例如，一项研究发现，在1984—1998年，芬兰成功的创新项目中，48%都是由政府采购或政府调控所驱动的。③ 由罗斯维尔（Rothwell）所做的一项研究发现，从更长远看，国家的采购政策刺激了更多领域的创新，并且大大超过了研发补贴所涉及的领域；采购政策这样做无须考虑任何“本地采购”的

---

① FORA. *New Nature of Innovation* (Copenhagen: OECD, 2009), 81. http://www.newnatureofinnovation. org/full_ report. pdf.

② Jakob Edler and Luke Georghiou. Public Procurement and Innovation—Resurrecting the Demand Side. *Research Policy 36* (7), (2007). http://dimetic. dime-eu. org/dimetic_files/Edler- Georghiou2007. pdf.

③ C. Palmberg. The sources of innovations—looking beyond technological opportunities. *Economics of Innovation and New Technology 13* (2004): 183-197. http://www. tandfonline. com/doi/abs/10. 1080/1043859041000 1628143.

要求。①

从全球来看，新的利益体现在需求方创新方式的价值里，更确切地说，是在利用公共需求作为驱动创新上。② 许多国家的政府已经开始利用这一财权来推动创新，可以说是在一定程度上通过在授予公共部门合同时赋予创新一个明确的指标来实现。各国和各地区采取的第一步就是首先要承认这样做确实需要一些明确的政策和战略来激励创新。例如日本经济贸易工业部开发了一套综合采购流程，目的是要在部门内横向地拓展技术采购，这一流程促进了 3G 网络的迅速普及。③ 2006 年，瑞典政府委托瑞典创新局负责研发和创新，委托瑞典国家委员会“调研公共采购如何推动发展创新和创新的更新”④。澳大利亚政府已经确认它“会激励私营部门（机构）的创新，使之有更高要求、更敏锐的方法”⑤。澳大利亚鼓励所有机构通过评估一些建议提案的独特性来选择创新理念作为其单独的标准。

有些国家已经设计了一些刺激技术平台发展的采购政策，而这些平台对于私营部门来说是难以自主开发的。例如，为了促进开发近距离无线通信技术和由此技术带动的移动支付系统以及用手机做电子钱包等技术，新加坡电信开发总局成立了一个集银行、移动网络运营商和运输公司在内的圆桌群，目的就是要开展一个全国性的近距离无线通信技术商务的引进推广计划。意识到开发一个完全互操作的近距离无线通信技术环境会产生比非互动环境大 8 倍的市场规模，新加坡资讯局创立了一个国有的、可信的

---

① R. Rothwell. Technology based small firms and regional innovation potential：the role of public procurement. *Journal of Public Policy 4*, no. 4（1984）：307-332.

② Edler and Georghiou. *Public Procurement and Innovation—Resurrecting the Demand Side*, 950.

③ Vinnova. Public Procurement as a Driver for Innovation and Change. *Vinnova Policy*, 3（2007）, 26. http://www. vinnova. se/upload/EPiStorePDF/vp-07-03. pdf.

④ VINNOVA. *Public Procurement as a Driver for Innovation and Change - Report on Government Commission to Nutek and VINNOVA*（Stockholm：VINNOVA, 2007）. http://www. vinnova. se/upload/EPiStorePDF/vp-07-03. pdf.

⑤ Australian Ministry of Innovation, Industry, Science, and Research. *Powering Ideas：An Innovation Agenda for the 21st Century*. 2009. http://www. innovation. gov. au/ Innovation/Policy/Documents/PoweringIdeas. pdf.

第三方，来确保在近距离无线通信技术环境中，所有的移动通信运营商和服务提供商之间的完全互操作性。英国也认识到政府必须积极参与，支持和帮助促进移动支付功能。英国交通部发现使用像近距离无线通信技术（NFC）这样的非接触票务技术可以每年为英国节省 20 亿英镑，其 2009 智能和集成票务策略就设想了一个覆盖全英国公共交通的智能票务基础设施。①

重要的是要认识到战略公共采购政策无须等同于一个产业政策，而去挑选关键技术或产业中的赢家或选择国家一流企业。公共采购战略应识别确定一些关键的、广泛应用的、已经成熟的新兴技术，而明确一些类似于赞成哪个公司或甚至是选择哪种解决方案的具体规范很可能会适得其反。另外，虽然政府将创新作为政府采购流程的明确目标，可是现在既有合法的方法，也有通过给予国内一些公司不公平的优惠来扭曲全球贸易的非法的方式。② 最重要的是，当我们在思考政府采购合同授予制度的时候，也要把创新好好思考一下，所考虑的标准——要和所有政府合同一样——应该公开透明并且公平持续地适用于国内外企业。另外，企业用于提交投标的知识产权或技术不应该纳入政府评价时考虑的因素，因为这样的话要冒锁定低劣落后技术的风险。

然而，很多政府采购政策长期以来青睐国内的生产商，这实际上就阻止了外国竞争对手，使它们不能成功竞标公共采购合同。③ 从经济上来说，这都是很有害的。首先，企业和老百姓因为接收低劣的技术、产品或服务遭受损失，还要为这一特权支付更多费用。而且，由于没有选择更好的投标，许多国家错过了学习和技术改进的机会，这些现象都往往会在采购市

---

① Stephen Ezell. Explaining International Leadership in Contactless Mobile Payments. *Information Technology and Innovation Foundation*, November 2009, 6. http://www.itif.org/files/2009-Mobile-Payments.pdf.

② Stephen J. Ezell and Robert D. Atkinson. The Good, The Bad, and the Ugly (and the Self-Destructive) of Innovation Policy: A Policymaker's Guide to Crafting Effective Innovation Policy. *Information Technology and Innovation Foundation*, October 2010, 81. http://www.itif.org/files/2010-good-bad-ugly.pdf.

③ Ezell and Atkinson. *The Good, Bad, and Ugly of Innovation Policy.*

场内蔓延。① 其次，这些做法也破坏了全球自由贸易的原则，违反世界贸易组织政府采购协议中的各个国家的法律义务，即禁止在成员国之间限制政府采购。但是无论是不是政府采购协议的成员国家，国民待遇是世界贸易体系依赖的最基本承诺，在政府采购中不能给予外国竞争者享受国民待遇的国家，既阻碍了这一事业，也损害了贸易自由化的实现。因此，政府采购政策在刺激创新中起着合法的作用，当务之急是这些政策不能总是用于给国内一些竞争对手不公正的优惠，从而扭曲破坏自由贸易。

第二节 国家和地区政府采购政策全球评价

如表 7—1 所示，根据各国和各地区加入世界贸易组织政府采购协议，本章节评估各国和各地区采用上述政府采购原则的情况、国有企业所占采购的比例、各国和各地区在透明国际清廉指数的得分以及采购先进技术产品的有效性等。还评估了全球贸易预警编目数据库中，本地采购和其他公共采购政策的扭曲贸易实现的数量和程度（虽然不是作为一个得分测量）。各国和各地区在这些政府采购指标的得分占总分数的 10%。

表 7—1 政府采购政策指标

指标	数据类型	来源	比重(%)
参与世贸组织政府采购协议	签约国/观察员国/非成员国	世贸组织	40
政府（国营）企业和投资指数	评级	菲沙研究所	20
清廉指数	评级	透明国际组织	20
政府采购的先进技术产品	评级	世界经济论坛	20

在这些评估中，大多数的国家处于前两个等级，都是采用政府透明的、非歧视性、公开竞争和基于绩效的采购政策。欧洲国家中，只有罗马

① Jakob Edler and Luke Georghiou. *Public Procurement and Innovation—Resurrecting the Demand Side*, 961.

尼亚仍不在这两个等级内。大多数发展中国家都处在后两个等级，包括金砖四国——巴西、俄罗斯、印度和中国，如表 7—2 所示。

表 7—2　国家和地区政府采购排名（按字母顺序排列）

高级	中高级	中低级	低级
奥地利	澳大利亚	拉脱维亚	阿根廷
比利时	保加利亚	罗马尼亚	巴西
加拿大	智利	土耳其	中国
中国台湾地区	捷克		印度
塞浦路斯	希腊		印度尼西亚
丹麦	匈牙利		马来西亚
爱沙尼亚	爱尔兰		墨西哥
芬兰	以色列		秘鲁
法国	意大利		菲律宾
德国	立陶宛		俄罗斯
中国香港特别行政区	马耳他		南非
冰岛	新西兰		泰国
日本	波兰		越南
卢森堡	斯洛伐克		
荷兰	西班牙		
挪威	韩国		
葡萄牙			
斯洛文尼亚			
新加坡			
瑞典			
瑞士			
英国			
美国			

一、参与世贸组织政府采购协议

世贸组织政府采购协议禁止成员国之间政府采购的限制，说明按照国民待遇和非歧视原则，其他签约国公司会受到和国内企业一样的优惠待遇。在参与分析的国家和地区中，大多数都是政府采购协议的签约国，如表 7—3 所示。阿根廷、澳大利亚、智利、中国、印度、新西兰和土耳其是《政府采购协议》的观察国，这意味着它们参与会议的讨论，遵循世贸组织委员会政府采购的程序，但是它们没有义务履行与协议相关的承诺。澳大利亚是世界上唯一的非政府采购协议签约国的工业化国家①。中国在 2001 年作为加入了世贸组织的一部分，承诺加入《政府采购协议》，现在仍然处在加入该协议的谈判过程中。2011 年 1 月，中国在世贸组织政府采购委员会 2011 年度的最后一次会议之前，同意向该委员会提交一份修订提议。②

表 7—3　世贸组织政府采购协定成员国③

地位	国家和地区	地位	国家和地区
签约国	奥地利	签约国	罗马尼亚
	比利时		斯洛伐克
	保加利亚		斯洛文尼亚
	加拿大		新加坡
	中国台湾地区		韩国
	塞浦路斯		西班牙
	捷克		瑞典
	丹麦		瑞士
	爱沙尼亚		美国
	芬兰		英国

① United States Trade Representative's Office. *2011 National Trade Estimate Report on Foreign Trade Barriers* (*NTE*). http://www. ustr. gov/webfm_ send/2751.

② The White House. *U. S. —China Joint Statement*, January 19, 2011. http://www. whitehouse. gov/the-press-office/2011/01/19/uschina-joint-statement.

③ World Trade Organization. *Parties and Observers to the GPA*. http://www. wto. org/english/tratop_ e/gproc_ e/memobs_ e. htm.

续表

地位	国家和地区	地位	国家和地区
签约国	法国	观察国	阿根廷
	德国		澳大利亚
	希腊		智利
	中国香港特别行政区		中国
	匈牙利		印度
	冰岛		新西兰
	爱尔兰		土耳其
	以色列	非成员国	巴西
	意大利		印度尼西亚
	日本		马来西亚
	拉脱维亚		墨西哥
	立陶宛		秘鲁
	卢森堡		菲律宾
	马耳他		俄罗斯
	荷兰		南非
	挪威		泰国
	波兰		越南
	葡萄牙		

但是，政府采购协议成员国家和地区可以在开放政府采购政策的自由度方面更进一步。这是因为那些加入《政府采购协议》的国家，提供了一个列表，列出了哪些政府机构或哪种类型的采购受制于《政府采购协议》的要求，这就把其他政府采购活动排除在政府采购协议的范围之外。例如，加拿大联邦政府采购项目取决于加拿大政府采购协议的承诺，但省级采购活动不受此限制。加拿大省市级的各种采购制度实施国内优惠，如价

格优惠和国内含量要求，这样有利于境内生产或销售的产品或服务。[①] 同样，日本的政府采购协议范围也包括所有中央政府实体、所有47个县和12个指定城市，它已经从政府采购协议的承诺中排除了很多低层的地方政府（如城市和村庄），估计市场价值多达740亿美元。[②] 另外，中国加入《政府采购协议》的预期将取决于受制于该协议政府采购活动的范围。过去中国一直认为其国有企业购买的商品和服务应被视为豁免了世界贸易组织/关税暨贸易总协定和世界贸易组织/服务业贸易总协定的国民待遇义务。[③]

二、公共采购政策的贸易限制

经济政策研究中心的全球贸易预警（GTA）数据库列举了大量的公共采购政策的贸易扭曲实例，而这些采购政策已在世界各国和各地区实施了，[④] 这不利于外国的商业利益。但是，这些做法在发达国家和地区与发展中国家和地区都普遍存在，其中澳大利亚、巴西、中国台湾地区、法国、印度、印度尼西亚、日本、马来西亚、西班牙、土耳其、美国和越南也在一些政府采购合同中排除或损害国外的竞争对手。这表明许多国家和地区还是有提升实施公正的政府采购实践的空间。而且，有些国家和地区要比其他国家提升的余地更大。

例如，2009年3月生效的《俄罗斯政府采购法》的修订版，在"国家和市政需要的商品和服务交付订单上"，给了某些国有生产商一些优

① European Commission Market Access Database. *Canada*: *Public procurement*. http://madb. europa. eu/madb_ barriers/barriers_ details. htm? barrier_ id=970273& version=4.

② European Commission Market Access Database. *Japan*: *Government procurement*: *restricted access*. http://madb. europa. eu/madb_ barriers/barriers_ details. htm? barrier_ id=095262 &version=2.

③ Alan Wm. Wolff. *Testimony Before the U. S. China Economic and Security Review Commission*, 22.

④ Global Trade Alert, Statistics. *Measure Type*: *Public procurement or Local content requirement*. http://www. globaltradealert. org/site-statistics.

惠待遇。[①] 2010 年，俄罗斯引入了 100 亿卢布（合 3.58 亿美元）补贴俄罗斯联邦各州购买国内生产商的汽车。[②] 巴西在 2011 年实施了“大巴西计划”，此计划制定了一个在制造产品或服务的竞标过程中高达 25%的优惠差幅。根据全球贸易预警的报告，“这个优惠差幅意味着巴西的产品要比其他国家的产品贵 25%，而且在政府采购其他国家的产品上，巴西产品还享有优先权。”[③] 巴西还有一个歧视性的措施，2009 年，巴西禁止公共采购标称功率小于 1500 千瓦的风力涡轮机（风电机组），这就负面影响了其贸易伙伴，如丹麦、德国、日本和西班牙。[④] 但无论是日本还是西班牙在政府采购上都没有受到影响。西班牙“国家动态经济和就业基金”适用范围不明，而且也掩盖了政府向外国公司投标招标程序，因此“就很有可能歧视外国商业利益”。[⑤] 美国也没能幸免当地成分要求的压力。[⑥] 2010 年综合拨款法案为美国铁路公司提供了明确的当地成分要求，指出：“如果公司有从美国以外的任何地方提供的服务合同，这个法案中为全国铁路客运公司提供的资金将立即失效。”[⑦]

---

① Global Trade Alert. *Russia*: *Preferences to domestic producers in amendments to Government Procurement Law*, January 18, 2010. http://www.globaltradealert.org/measure/russia-preferences-domestic-producers-ammendments-government-procurementlaw.

② Global Trade Alert. *Russia*: *Government Procurement preferences to domestic car producers*, May 23, 2010. http://www.globaltradealert.org/measure/russia-government-procurement-preferences-domestic-car-producers.

③ Global Trade Alert. *Brazil*: *Implementation of Government Procurement Preferences under "Bigger Brazil Plan*," September.

④ Global Trade Alert.. *Brazil*: *Public Procurement Ban and Tariff Increase on Imported Wind Turbines*, August 6, 2009. http://www.globaltradealert.org/measure/brazil-public-procurement-ban-and-tariff-increase-imported-wind-turbines.

⑤ Global Trade Alert. *Spain*: *State Fund for a Dynamic Economy and Employment*, August 20, 2009. http://www.globaltradealert.org/measure/spain-state-fund-dynamic-economy-and-employment.

⑥ Global Trade Alert. *Japan*: "*Buy Local*" *at the provincial level*, January 18, 2010. http://www.globaltradealert.org/measure/japanbuy-local-provincial-level.

⑦ Global Trade Alert. *United States of America*: *Buy American provisions for Amtrak*, December 15, 2009. http://www.globaltradealert.org/measure/united-states-america-buy-american-provisions-amtrak.

几个东南亚国家也采用了优惠的政府采购实践活动。在印度尼西亚，要求潜在的承包商采购至少35%的国内商品。① 同样地，马来西亚的官方政策也是利用政府采购来支持国家公共政策目标，例如实现从国外到国内产业的技术转让、减少外汇的外流、给本地第三产业提供便利和促进马来西亚的出口能力等。② 越南政府也先后采用了明确的优惠开源软件的政策，努力减少购买外国软件。③ 中国也在省和国家级的层面引用了“购买国货”政策。中国是通过构架一个包罗万象的自主创新战略，特别是使用政府采购政策，以此来推进国内企业和行业的创新能力。在某种程度上中国还通过要求在许多政府采购合同中约定的使用自主研发的知识产权和技术，以此来支持国内知识产权。④ 2011年，一份美中联合声明宣布“中国的创新政策与提供政府采购优惠不挂钩”。⑤ 尽管这是一个积极的迈进，但是声明的条款并不适用于中国国有企业的采购和国家发展改革委员会（NDRC）的特许权项目，其中包括收购大型风电场风力涡轮机，也不适用于中国中长期科技发展规划中的16个重点优先项目。⑥

三、促进贸易的公共采购政策

比较以上各国和各地区情况，对促进各国和各地区贸易的公共采购政策进行了分析。俄罗斯，虽然常常在其他的采购领域有些非法现象，它实际上建立了一个单独的综合网站，用来公布州和市政机构的政府采购招标

---

① Global Trade Alert. *Indonesia: Local content requirement for energy service contractors*, March 24, 2010. http://www. globaltradealert. org/measure/indonesia-local-content-requirement- energy-service-contractors.

② USTR. *2011 National Trade Estimate Report on Foreign Trade Barriers*, 243.

③ USTR. *2011 National Trade Estimate Report on Foreign Trade Barriers*, 379.

④ Ministry of Finance. *Implementing Government Procurement Policies That Encourage Indigenous Innovation*, June 13, 2006.

⑤ The White House. *U. S. China Joint Statement*, January 19, 2011. http://www. whitehouse. gov/the-press-office/2011/01/19/uschina-joint-statement.

⑥ Alan Wm. Wolff. *Testimony Before the U. S. China Economic and Security Review Commission*, 19.

（和拍卖）。① 申请和招标流程都电子化，所有文件可在网上下载。国外生产商也能参与网站的政府采购投标。同样，菲律宾也已经通过统一采购制度和指定的竞争性招标，实施了一套更清晰连贯的政府采购体系，并明确了要遵循的采购方法和采购阶段，包括采购官员和采购委员会的作用、职责、义务和任命方式。②

虽然韩国政府在 2003—2007 年在电子采购系统投资了 10 亿美元，但要从整个政府中，改变政府人员结构和省时措施的能力上讲，电子政务节省估计要远远超过其成本。韩国政府官员估计电子政务已经从更有效的政府采购、贸易和建筑上，产生了价值 160 亿美元的间接经济效益。总的来说，韩国政府估计，自 2003 年投资电子政务以来，韩国政府每投资 1 美元就节省了 17 美元。实际上，有研究发现，包括中国香港特别行政区、意大利、新加坡、韩国、瑞典、英国和美国在内的执行电子采购体系的国家和地区，以降低交易成本、减少书面文书工作、迅即的订购程序、更多的供应商选择，以及更多的投标人等形式，实现节约成本 13%。③ 这是非常重要的，因为公共采购研究发现政府采购合同中投标人数的增加会大幅降低国家所支付的价格。④ 鉴于其规模，即使采购效率有轻微的改进也会大大提高经济效益。例如，一份对 39 个发展中国家所做的研究报告中，有 21 个国家报道采购效率仅增加 10%都会产生相当于它们每年接受国外援助价

① Global Trade Alert. *Russian Federation: Introduction of the single website for the Government procurement auctions*, March 22, 2011. http://www. globaltradealert. org/measure/russian-federation-introduction-single-website-government-procurement-auctions.

② David S. Jones. Public Procurement in Southeast Asia: Challenge and Reform. *Journal of Public Procurement*, 7, Issue 1 (2007): 5. http://www. ippa. ws/IPPC2/JOPP7_1/Article _ 1_ JONES. pdf.

③ Bedri K. O. Tas and Ahu Genis-Gruber. *E-Procurement Savings and the Competition Effect: Analysis of Cultural Differences Through a Unified Model* (working paper No: 08-15, November 2008). http://ikt. web. etu. edu. tr/RePEc/pdf/0815. pdf.

④ Simon J. Evenett. *Government Procurement Policies and International Trade: Economic Considerations*. http://www. evenett. com/publicpolicy/presentations/WTIProcurement 07. ppt.

值的50%。①

四、国有企业活动的程度

采购政策一个重要的组成部分就是各国和各地区在多大程度上利用民营企业而不是国有企业（SOE）来生产商品和服务。正如菲沙研究所指出的："政府企业遵守的规则不同于那些私人企业所遵循的规则。它们不依赖于消费者给它们创造收入，也不依赖于投资者创造资本。它们经常在受保护的市场里经营。因此，随着政府企业生产较大份额的产量，其经济自由度就降低了。"② 国有企业常常享有其他优势，这些优势包括通过大幅约束竞争（国外和国内）来垄断市场准入；政府补贴，包括优先获得免费或折价的土地、资金以及劳动力等；以及豁免一定的法律和法规。也就是说，那些国有企业在其经济活动中所占份额比例大的国家，私营企业的市场经济活动被大大扭曲了。为了衡量这个，菲沙研究所根据国营企业和政府投资所得的数量、构成和产值，使用国营企业和投资指数来作为总投资的一个份额。国家和地区排名从10到0，那些很少有国有企业并且政府投资一般不超过总投资15%的国家得分为10；那些国有企业占据经济主导地位，而且政府投资超过总投资50%的国家得分为0。③ 表7—4显示的是各国和各地区国有企业活动程度的得分。

表7—4 经济自由度指数的全球政府企业和投资评级④

国家和地区	政府企业和投资评级（10=最优；0=最差）	政府投资在经济总投资中所占比重（%）
澳大利亚	10	11.2

① Evenett. *Government Procurement Policies and International Trade: Economic Considerations.*

② Gwartney, Hall, and Lawson. *Economic Freedom of the World Index 2010 Annual Report*, 3.

③ Gwartney, Hall, and Lawson. *Economic Freedom of the World Index 2010 Annual Report*, 219.

④ Gwartney, Hall, and Lawson. *Economic Freedom of the World Index 2010 Annual Report*, (data collected from individual economy profiles throughout the report).

续表

国家和地区	政府企业和投资评级（10=最优；0=最差）	政府投资在经济总投资中所占比重（%）
奥地利	10	4.9
比利时	10	7.3
保加利亚	10	14.2
加拿大	10	14.7
智利	10	10.4
塞浦路斯	10	3.1
丹麦	10	8.8
爱沙尼亚	10	N/A
芬兰	10	11.6
法国	10	14.9
德国	10	7.9
希腊	10	14.2
中国香港特别行政区	10	N/A
匈牙利	10	13.8
意大利	10	10.7
日本	10	13.3
拉脱维亚	10	4.6
挪威	10	14.6
葡萄牙	10	10.5
俄罗斯	10	14.6
斯洛伐克	10	7.9
斯洛文尼亚	10	N/A
西班牙	10	13.3
瑞士	10	8.9

续表

国家和地区	政府企业和投资评级（10=最优；0=最差）	政府投资在经济总投资中所占比重（%）
英国	10	13.5
巴西	8	N/A
冰岛	8	18.4
卢森堡	8	16.7
荷兰	8	17.0
新西兰	8	16.9
秘鲁	8	16.6
南非	8	17.0
瑞典	8	16.9
土耳其	8	19.4
美国	8	18.9
中国台湾地区	7	23.0
捷克	7	20.7
印度尼西亚	7	N/A
爱尔兰	7	23.4
墨西哥	7	24.9
菲律宾	7	22.5
波兰	7	20.8
新加坡	7	N/A
泰国	7	24.1
阿根廷	6	N/A
马耳他	6	N/A
印度	4	N/A
以色列	4	N/A

续表

国家和地区	政府企业和投资评级（10=最优；0=最差）	政府投资在经济总投资中所占比重（%）
拉脱维亚	4	N/A
南非	4	32. 0
越南	4	N/A
马来西亚	2	46. 5
中国	0	53. 2
罗马尼亚	0	N/A
全部国家和地区	8. 0	16. 6
亚太经合组织 19 个国家和地区	7. 4	21. 9
欧盟国家	8. 7	12. 6
经合组织国家	9. 0	14. 3

注：N/A 表示缺乏相关数据。

按照这一标准，如表 7—4 所示，8 个国家得分低于 6 分。印度得分是 4 分，反映了一个事实，即国有企业在 2006—2007 年，创造了印度国内生产总值的 13. 5%。① 据经合组织统计，4 分的以色列在 2007 年，国有企业资产总额“达 375 亿美元，受雇于它们的员工超过 50511 名”，主要集中在公用事业和制造业。② 2009 年，拉脱维亚的国有企业拥有 102 亿美元资产和雇员人数超过 5. 2 万人，也同样为 4 分。③ 2004 年南非也是 4 分，南

① OECD. *State Owned Enterprises in India: Reviewing the Evidence* (technical report, OECD, Paris, January 2009), 10. http://www. oecd. org/dataoecd/14/28/42095406. pdf.

② OECD. *Corporate Governance in Israel 2011* (Paris: OECD, 2011), 35. http://dx. doi. org/10. 1787/9789264097698-en.

③ Cabinet of Ministers of the Republic of Latvia. *Annual Review: Latvian State-Owned Assets 2009* (Riga: Cabinet Ministers of the Republic of Latvia, 2009). http://www. mk. gov. lv/ files/2009_ Latvia_ Annual_ Review_ 20100921. pdf.

非有众多国有企业，这些企业雇佣了 13.6 万人①。越南也是 4 分，反映了在许多行业，包括制造业的众多国有企业，政府投资占越南总投资的 30%—40%。而马来西亚得分是 2，反映了国有企业更多，政府投资也更多，它的政府投资占马来西亚总投资的 40%—50%。② 虽然罗马尼亚从 1990 年以来，很多企业都私有化了，但国有企业仍然在它的经济中发挥着很大的作用。政府在 35 家商业公司中仍持有多数股权，在 376 家公司中持有少数股权。③ 中国的得分表明国有企业仍然占国内生产总值的 40%，甚至更多。④ 例如，2010 年 10 月，国家的就业率是 57%，国务院国有资产监督管理委员会指出，中国国有公司的资产总值已从 2003 年中期的国内生产总值的 60%上升到 2010 年中期的 62%。⑤ 那些国有企业占 GDP 比例大的国家会错失私营企业因相互竞争而产生的经济效益，这样一来，随着时间的推移，就会导致生产力增长停滞不前。

五、透明度和问责制

透明度和问责制是有效管理必不可少的。腐败——滥用委托之权来获取个人利益（以权谋私）——会给国家带来惊人的财政和社会成本，这个成本会增加 15%—25%——在某些情况下，会多达 40%—50%——也会给

① National Planning Commission, Republic of South Africa. *State-Owned Enterprises: Challenge and Opportunity*, accessed October 10, 2011. http://www. npconline. co. za/pebble. asp? relid = 78.

② Gwartney, Hall, and Lawson. *Economic Freedom of the World Index 2010 Annual Report*, 219.

③ OECD. *State-Owned Enterprises and the Principle of Competitive Neutrality* (Paris: OECD, 2010). http://www. oecd. org/dataoecd/43/52/46734249. pdf.

④ U. S. Department of State. *Background Note: China—Industry*. http://www. state. gov/r/pa/ei/bgn/18902. htm.

⑤ Zhou Xin and Simon Rabinovitch. *China Inc. Gets New Chairman as State-Owned Firms' Clout Grows*, Reuters, September 6, 2010. http://uk. reuters. com/article/2010/09/06/ business-us-china-economy-state-idUKTRE68514720100906; *China state giants outstrip private firms*, Channel News Asia, August 30, 2010. http://www. channelnewsasia. com/stories/afp_ asiapacific_ business/view/1077996/1/. html.

公共采购带来巨大的财政和社会成本①。腐败剥夺了公民享有高性价比的产品和服务的权利，而促使社会支出更多的钱去买劣质的产品和服务。腐败，通过把一些不安全和不确定因素引入到经济关系里，破坏了经济的自由。② 透明国际组织根据私营领域清廉感知情况评测了 178 个国家和地区。2010 年 CPI（消费物价指数）表明，在这 178 个国家和地区里有近 3/4 的国家得分都在 5 分以下，范围从 10 分（非常清廉）到 0 分（非常腐败）。要求调查的问题涉及贿赂政府官员、政府采购中收受回扣、挪用公款等，以及深入调查公共部门反腐工作的威力和效果等问题。③

丹麦、新西兰和新加坡在 2010 年清廉指数榜中，作为在公共和私营领域里最清廉的国度，以 9.3 的得分领先于世界各国和地区。④ 在所有分析的国家和地区中，如表 7—5 所示，芬兰和瑞典以并列 9.2 的得分跻身前五。阿根廷、印度尼西亚、越南、菲律宾、俄罗斯都表现不佳，得分都低于 3 分。

表 7—5 透明国际清廉指数⑤

国家和地区	全球清廉指数 (10=最优；0=最差)	国家和地区	全球清廉指数 (10=最优；0=最差)
丹麦	9.3	韩国	5.4
新西兰	9.3	波兰	5.3
新加坡	9.3	立陶宛	5.0
芬兰	9.2	匈牙利	4.7
瑞典	9.2	捷克	4.6

① Transparency International. *APEC Procurement Transparency Standards in Mexico*, 7. http://www.cipe.org/publications/papers/pdf/TI-Report-Mexico.pdf.

② Terry Miller and Kim Holmes. *2011 Index of Economic Freedom*, *The Heritage Foundation*, 2011, 456. http://www.heritage.org/Index/pdf/2011/Index2011_Full.pdf.

③ Transparency International. *Corruption Perceptions Index 2010*. 2010, 4. http://www.transparency.org/policy_research/surveys_indices/cpi/2010/in_detail#1.

④ Transparency International. *Corruption Perceptions Index 2010*, 1.

⑤ Transparency International. *Corruption Perceptions Index 2010*. 8-10.

续表

国家和地区	全球清廉指数（10=最优；0=最差）	国家和地区	全球清廉指数（10=最优；0=最差）
加拿大	8.9	南非	4.5
荷兰	8.8	马来西亚	4.4
澳大利亚	8.7	土耳其	4.4
瑞士	8.7	拉脱维亚	4.3
挪威	8.6	斯洛伐克	4.3
冰岛	8.5	意大利	3.9
卢森堡	8.5	巴西	3.7
中国香港特别行政区	8.4	罗马尼亚	3.7
爱尔兰	8.0	保加利亚	3.6
奥地利	7.9	中国	3.5
德国	7.9	希腊	3.5
日本	7.8	秘鲁	3.5
英国	7.6	泰国	3.5
智利	7.2	印度	3.3
比利时	7.1	墨西哥	3.1
美国	7.1	阿根廷	2.9
法国	6.8	印度尼西亚	2.8
爱沙尼亚	6.5	越南	2.7
斯洛文尼亚	6.4	菲律宾	2.4
塞浦路斯	6.3	俄罗斯	2.1
以色列	6.1	全部国家和地区	5.9
西班牙	6.1	亚太经合组织19个国家和地区	5.6
葡萄牙	6.0	欧盟国家	6.3

续表

国家和地区	全球清廉指数（10=最优；0=最差）	国家和地区	全球清廉指数（10=最优；0=最差）
中国台湾地区	5.8	经合组织国家	6.9
马耳他	5.6		

六、政府采购先进技术产品

实际上，政府应该是先进技术的最早接受者和使用者，而不应仅仅依赖于行业来发挥引领作用。通过在采购中技术的引导，政府在刺激市场和验证一些理念上会发挥巨大的作用。例如，政府机构可以通过制定远程网络政策和创建远程办公的最佳实践，寻求一些绿色环保 ICT 项目。政府可以在促进采用数字签名上，为电子政务的应用起到一个引领的作用。① 政府可以为自己的车队购买尖端前沿的汽车（如混合动力车），带头采用节能、绿色建筑实践。正如美国总务管理局公共建筑专员鲍勃·佩克所说："我们是如此强大，我们去打拼，我们将成为建筑行业的创新试验场。"② 在衡量政府采购先进技术产品方面，中国台湾地区、芬兰、卢森堡、马来西亚、新加坡和美国得分最高，如表 7—6 所示。排名最后的是阿根廷、菲律宾和斯洛伐克，说明这些国家和地区的政府采购政策应该更有效地促进技术创新。

① Daniel Castro and Robert D. Atkinson. Ten Ideas for Policymakers to Drive Digital Progress. *IEEE Internet Computing*, Vol. 13, no. 2, March/April 2009. http://www.itif.org/files/IC-TenIdeas.pdf; Daniel D. Castro and Robert D. Atkinson. The Next Wave of E-Government. *StateTech Magazine*, 2010. http://statetechmag.com/events/updates/the-next-waveof-e-government.html.

② Michael Grunwald. How the Stimulus is Changing America. *Time*, August 26, 2010. http://www.time.com/time/nation/article/0,8599,2013683,00.html.

表 7—6　政府采购先进科技产品①

国家和地区	政府采购先进科技产品（7=最优；1=最差）	国家和地区	政府采购先进科技产品（7=最优；1=最差）
新加坡	5.4	法国	4.0
卢森堡	4.9	巴西	3.9
中国台湾地区	4.7	英国	3.8
芬兰	4.7	波兰	3.7
马来西亚	4.7	斯洛文尼亚	3.7
美国	4.7	泰国	3.7
丹麦	4.6	土耳其	3.7
中国	4.5	爱尔兰	3.6
瑞典	4.5	新西兰	3.6
以色列	4.4	印度	3.5
马耳他	4.4	俄罗斯	3.5
葡萄牙	4.4	保加利亚	3.4
瑞士	4.4	西班牙	3.4
越南	4.4	墨西哥	3.3
加拿大	4.3	秘鲁	3.3
中国香港特别行政区	4.3	希腊	3.2
冰岛	4.3	匈牙利	3.2
荷兰	4.3	立陶宛	3.2
塞浦路斯	4.2	罗马尼亚	3.2
捷克	4.2	南非	3.2
德国	4.2	拉脱维亚	3.1

① Schwab et al.. *Global Competitiveness Report*, 492.

续表

国家和地区	政府采购先进科技产品（7=最优；1=最差）	国家和地区	政府采购先进科技产品（7=最优；1=最差）
印度尼西亚	4.2	意大利	3.0
挪威	4.2	阿根廷	2.7
澳大利亚	4.1	菲律宾	2.7
奥地利	4.1	斯洛伐克	2.7
智利	4.1	全部国家和地区	3.9
爱沙尼亚	4.1	亚太经合组织 19 个国家和地区	4.1
日本	4.1	欧盟国家	3.8
韩国	4.1	经合组织国家	4.0
比利时	4.0		

第八章
高技术移民

第一节　为什么高技术移民是重要的

面对当今日益全球化的知识经济，要确保拥有一个巨大的、高技术的人才库，这对国家创新生态系统和经济增长是至关重要的。实际上，人才已成为“世界上最抢手的商品”。移民，通过引入新的理念和所需的技能，在推动国家知识储备和创造潜能上发挥着巨大的作用。这种“人才环流”可以使得各国和各地区深入开发更广泛的知识和技能，而这些都是本国和本地区所没有的，其结果是为本国和本地区，乃至全世界带来更多的创新和繁荣。

一些国家，如美国，已经在吸引高技术外国人才方面获得了很多的利益，特别是许多高技术移民创造了公司和就业的机会。例如，至少有七项研究报告调查研究了移民在美国开办新的公司中所发挥的作用。研究得出以下结论：移民在这个过程中起着关键的作用，在过去的20年，在美国的高科技产业中，移民创建的新公司比例由15%上升到26%。[①] 美国的一些州是更大的受益者。1995—2005年，美国加利福尼亚州和新泽西州所建的

① David Hart, Sultan Aces, and Spencer Tracy, Jr.. *High-tech Immigrant Entrepreneurship in the United States* (technical report, Small Business Administration, Washington, D.C., July 2009). http://www.sba.gov/advo/research/rs349tot.pdf. See page 35 of the report for a table comparing studies of the foreign-born share of high-tech entrepreneurship in the United States.

近40%的工程和技术公司都是由外来移民建立的。① 然而，也有一些人认为国外高技术工人压低了国内工人的工资。根据2010年的一项研究，持H—1B签证进入美国的外国劳工平均比国内工人多赚6.8%，基本上消除了H—1B签证持有人在高技术公司引起了向下竞争的传说。② 另外，一项由戴维斯（Davis）做的研究发现移民对影响美国经济的失业率或收入分配没有明显的影响。③

鉴于高技术移民在为社会带来技术、人才、知识以及推动新公司的开发，并由此促进就业和经济发展等方面发挥了巨大的作用，那些不太接受高技术移民的国家就有些吃亏。阿罗拉（Arora）、布兰施泰特（Branstetter）和德芙（Dev）发现，软件创新的崛起对日本和美国的信息通信技术（ICT）产业就有不同的影响，导致了日本信息通信技术的衰退，却带动了美国硅谷的兴起。④ 他们还表明随着ICT创新越来越趋于软件密集型，而日本的公司又无法克服本国劳动力资源限制来获得必要的软件工程技能，因此美国的信息通信技术公司在定位上要优于日本。阿罗拉、布兰施泰特和德芙提出造成这一现象的原因之一是："日本相对严格的移民法和长久以来单一民族的社会妨碍了大规模引进国外技术工人，造成了壁垒，使得国外的专业知识和技术很难引入日本。"他们指出美国能够开发利用日益充足的（而且是越来越多外来的）软件工程师也许可以说明为什么美国公司能够战胜对手；他们认为如果日本的体制改革无法向高技术移民敞开日

① Antony Davies. *Costs and Benefits of High Skilled Immigration* (presentation, Foreigners Welcome? The Economics of High Skilled Immigration, Rayburn House Office Building, Washington, D. C., March 31, 2009), 12. http://mercatus. org/events/foreigners-welcome- economics-high-skilled-immigration.

② Robert D. Atkinson. *H-1B Visa Workers: Lower-Wage Substitute, or Higher-Wage Complement* (technical report, ITIF, Washington, D. C., June 2010). http://www. itif. org/files/2010-H1B-Visa. pdf.

③ Ibid, 2-3.

④ Hashish Arora, Lee Branstetter, and Mate Drev. *Going Soft: How the Rise of Software Based Innovation Led to the Decline of Japan's IT Industry and the Rise of Silicon Valley* (working paper, National Bureau of Economic Research, Cambridge, MA, July 2010), 1. http://www. nber. org/papers/w16156.

本劳动力市场，那么日本企业，即使从长远来看，也会处于一个不利的地位。① 事实上，正如《经济学家》一篇《人民保护主义》的文章所指出的，一谈到人才和竞争力的博弈，那些企图极力保护本国和本地区工人就业高于一切的政策最终会被证明是鼠目寸光。②

开放的高技术工人移民政策可以填补所需的人才资源缺口，扩大人才需求，使得知识双向流动。③ 另外，由于人们意识到他们要以个人的技能来确保优质就业，所以各国开放的移民政策能够在国内经济中创造高技术岗位需求。这样一来，政府应该欢迎各国和各地区之间正当的竞争，以吸引高技术人才的国际流动，特别是科学、技术、工程和数学（STEM）领域的人才。④ 实际上，许多国家已经实施了一些明确的战略来吸引全球的高技术流动人才，特别是在 STEM 领域。⑤ 正如帕帕德美特里欧（Papademetriou）所说“各国和各地区移民政策背后的关键原理是一直明确利用

---

① Hashish Arora, Lee Branstetter, and Mate Drev. *Going Soft: How the Rise of Software Based Innovation Led to the Decline of Japan's IT Industry and the Rise of Silicon Valley* (working paper, National Bureau of Economic Research, Cambridge, MA, July 2010), 1. http://www.nber.org/papers/w16156.

② People protectionism. *Economist*, July 1, 2009. http://www.economist.com/node/13938782.

③ David Hart. *Global Flows of Talent: Benchmarking the United States* (technical report, ITIF, Washington, D. C., November 17, 2006). http://www.itif.org/files/Hart-GlobalFlowsofTalent.pdf.

④ While it is likely that skilled STEM talent can make a greater contribution to global innovation if they are located in more technologically advanced nations, competition between countries for human service skills—such as teachers and nurses— very well could harm lower-income nations sending their skilled human service workers to richer nations like the United States. For countries like the United States to recruit teachers and nurses from developing nations simply reduces the number of these key skilled workers in these nations where they could make highly valuable contributions.

⑤ Surrender Gera and Tahitian Songsakul. Benchmarking Canada's Performance in the Global Competition for Mobile Talent. *Canadian Public Policy* 33, no. 1 (2007): 63-84. http://economics.ca/cgi/jab? journal=cpp&view=v33n1/CPPv33n1p063. pdf.

迁移来作为经济增长和竞争力重要手段”①。

对于这里所分析的各国和各地区，乃至全球来说，妥善地管理和扩大全球科学、技术、工程和数学领域的人才流动可以而且应该说是一个双赢的做法。一个迅速扩张并传播广泛的全球人才库将在更加开放和相互依存的环境中发展繁荣。

第二节 国家和地区高技术移民政策全球评价

在吸引高技术外国移民方面，报告使用了三项关键指标来评估各国和各地区移民政策的有效性。这三项指标如表 8—1 所示：高技术移民占总人口的比例；高技术移民的筛选比率；高技术移民筛选比率与低技术移民筛选比率的比值。各国和各地区在高技术移民政策的得分占总分的 7.5%。

表 8—1 高技术移民政策指标

指标	数据类型	来源	指标权重
高技术移民的选择率	移民人口的百分比	弗雷德里克·多克尔等	25%
高技术移民选择率与低技术移民选择率的比例	移民人口比例的百分比	弗雷德里克·多克尔等	25%
高技术移民占总人口的比例	总人口的百分比	联合国、弗雷德里克·多克尔等	50%

表 8—2 显示了各国和各地区基于高技术移民政策的排名。只有加拿大、中国台湾地区、中国香港特别行政区、以色列和新加坡是排名前几位的国家和地区，它们的移民政策都成功地吸引了高比例的国外出生的高技术人才。紧跟其后的是澳大利亚、日本、拉脱维亚、马来西亚、新西兰、菲律宾、南非和美国。其他国家都在较低层次中。

---

① Demetrios G. Papademetriou. *Talent*, *Competitiveness and Migration*: *Selected Book Highlights and Policy Takeaways*, (presentation, October 28, 2009), 2. http://secure.migrationpolicy.org/images/2009.10.28%20Papademetriou.pdf.

表 8—2　高技术移民政策国家和地区排名（按字母顺序）

高级	中高级	中低级	低级
加拿大	澳大利亚	阿根廷	保加利亚
中国台湾地区	日本	奥地利	捷克
中国香港特别行政区	拉脱维亚	比利时	芬兰
以色列	马来西亚	巴西	希腊
新加坡	新西兰	智利	意大利
	菲律宾	中国	立陶宛
	南非	塞浦路斯	马耳他
	美国	丹麦	墨西哥
		爱沙尼亚	葡萄牙
		法国	罗马尼亚
		德国	斯洛伐克
		匈牙利	斯洛文尼亚
		冰岛	西班牙
		爱尔兰	土耳其
		印度	
		印度尼西亚	
		卢森堡	
		荷兰	
		挪威	
		秘鲁	
		波兰	
		俄罗斯	
		韩国	
		瑞典	
		瑞士	
		泰国	
		英国	

续表

高级	中高级	中低级	低级
		越南	

想要吸引和选择高技术移民的国家和地区通常使用计点积分制或雇主提名选择制（虽然有些国家和地区两个都不使用）。使用雇主提名的国家，如美国，欧洲国家有挪威、西班牙、瑞典等，在遵守国家法规的前提下，允许雇主直接挑选他们需要的工人。① 相比之下，很多国家实施了计点积分制体系，即申请移民的人由于一些特性获得积分，如文化程度、工作经历和语言能力等。② 还有些国家，如新西兰，优先考虑那些预期会有发展的职业申请者。加拿大是20世纪60年代第一个引用计点积分制移民系统的国家。③ 在本研究报告所分析的许多国家和地区中，包括澳大利亚、丹麦、加拿大、中国香港特别行政区、韩国、马来西亚、新西兰、新加坡和英国都在使用计点积分制移民系统，并以此来寻求争取更大的高技术移民的选择范围，来补充本国和本地区劳动力。④

计点积分制或雇主提名选择制都有利有弊。计点积分制的主要优势就是它能够使政府在选择过程中制定明确透明的标准。同时又保持其灵活

① Demetrios Papademetriou and Madeleine Sumption. *Rethinking Points Systems and Employer-Selected Immigration*（Washington, D. C.: Migration Policy Institute, 2011）, 1. http://www. migrationpolicy. org/pubs/rethinkingpointssystem. pdf.

② Hart. *Global Flows of Talent*.

③ Papademetriou and Sumption. *Rethinking Points Systems*, 2.

④ Australian Government Department of Immigration and Citizenship. *Visas, Immigration and Refugees*. http://www. immi. gov. au/skilled/general-skilled-migration/points-test. htm; Citizenship and Immigration Canada. *Skilled workers and professionals: Selfassessmenttest*. http://www. cic. gc. ca/english/immigrate/skilled/assess/index. asp; Immigration Department of The Government of the Hong Kong Special Administrative Region. *Public Services: General Points Test*. http://www. immd. gov. hk/ehtml/QMAS_ 8. htm; QADKAM. *Malaysian Immigration Opens*. http://www. qadkam. com/pr. htm; Immigration New Zealand. *The Skilled Migrant Category Points Indicator*. http://www. immigration. govt. nz/pointsindicator/; Korea. net. *Gov't launches point system for F-2 residence status*, April 7, 2010. http://www. korea. net/news. do? mode=detail&guid=45539.

性，以便能够轻松地调整本系统来适应满足不断发展的经济和广阔的劳动力市场需求，从而“适应性成为最成功的计点积分制系统的标志”。① 但是，计点积分制选择公式最大的缺点是移民没有工作就业机会就来了，无法确保以他们的技能水平很容易地找到工作。实际上，一些加拿大和澳大利亚的调查指出在计点积分制选择的外国工人中存在大量不充分就业和失业。这就证实了人们的担心，即计点积分制选择系统，由于雇主没有真正了解工人拥有的技能，而他们又急需这些技能，就有可能导致“人才浪费”。②

而雇主提名选择系统则相反，它允许雇主直接从巨大的全球人才库中寻找能够满足其特定需求的工人。雇主提名担保是个强烈的信号：劳动力市场看重移民的技能和证书。但是雇主提名也有其缺点，尤其是把工人和特定的雇主绑定在一起，工人就很难起来反抗剥削的雇主，也很难通过变换工作来应对变化的劳工需求。③ 也有一种担心：如果工人们没有了工作，那么这种暂时的雇主提名也许会演变成非法移民。

意识到两种系统都不是无瑕疵的，以澳大利亚为首的一些国家已经开始走向一个更为混合的高技术移民系统，这个系统精选了以上两种方法。这种混合系统优先考虑雇主的需求，但仍然使用积分测试或其他标准来区分不同的申请者。④。这样的系统会给有就业机会的申请人加分；最大限度地利用“从暂时到永居”的途径；为雇主选定的移民提供便捷的签证；根据工人的就业记录来决定是否可以获得永久居留权。⑤ 无论使用哪种方法，好的选择系统都有明确透明的规则，以确保最终结果都在预料之中。

无论什么方法，很多国家和地区的移民系统都能够在引入高学历的外籍工人方面达到一个高的选择率。那么选择率就被定义为高技术移民在移民人口总数中的比例。杜克尔（Docquier）等人在国际移民问题上提供了

---

① Papademetriou and Sumption. *Rethinking Points Systems*, 3.

② Ibid., 4.

③ Ibid.

④ Ibid., 5.

⑤ Papademetriou and Sumption. *Rethinking Points Systems*, 5.

一组详细的数据。① 如表 8—3 所示，2000 年，中国台湾地区的高技术移民选择率最高，为 78%。其次是菲律宾、日本、南非、中国香港特别行政区、印度、加拿大。② 土耳其的高技术移民选择率最低，是 8. 8%。选择率低于 20%的还有葡萄牙、墨西哥、保加利亚和意大利。

表 8—3　高技术移民筛选比率③

国家和地区	高技术移民选择率（%）	国家和地区	高技术移民选择率（%）
中国台湾地区	78. 0	越南	40. 0
菲律宾	67. 1	德国	39. 5
日本	63. 8	波兰	39. 5
南非	62. 6	匈牙利	39. 1
中国香港特别行政区	61. 9	比利时	39. 0
印度	60. 5	法国	38. 6
加拿大	60. 1	冰岛	38. 6
马来西亚	59. 2	塞浦路斯	37. 2
以色列	57. 6	奥地利	34. 9
新加坡	57. 1	捷克	33. 1
美国	55. 4	罗马尼亚	31. 3
澳大利亚	54. 6	爱尔兰	30. 7
韩国	54. 1	立陶宛	29. 1
拉脱维亚	51. 2	卢森堡	28. 1
俄罗斯	51. 1	芬兰	27. 4

① However, the latest available data is from 2000, because data is based on decennial censuses, and data from the 2010 censuses undertaken in many economies is not yet available.

② Frédéric Docquier et al.. *International Migration Data Sets*: *Data Set 1990 - 2000* (Rel. 1. 1). http://perso. uclouvain. be/frederic. docquier/oxlight. htm.

③ Docquier et al.. *International Migration Data Sets*: *Data Set 1990-2000* (Rel. 1. 1).

续表

国家和地区	高技术移民选择率（%）	国家和地区	高技术移民选择率（%）
阿根廷	48.2	斯洛文尼亚	26.1
英国	48.2	马耳他	23.6
中国	48.0	希腊	22.3
智利	47.4	西班牙	21.6
秘鲁	46.9	斯洛伐克	20.0
印度尼西亚	46.3	意大利	17.3
瑞典	46.2	保加利亚	16.4
新西兰	45.9	墨西哥	14.4
泰国	44.6	葡萄牙	12.0
巴西	43.4	土耳其	8.8
瑞士	43.3	所有国家和地区	41.3
荷兰	41.4	亚太经合组织19个国家和地区	52.4
丹麦	40.8	欧盟国家	32.4
挪威	40.2	经合组织国家	37.4
爱沙尼亚	40.1		

表8—4显示了2000年各国和各地区高技术移民和低技术移民的选择比率。中国台湾地区获得了最高比率，紧随其后的是加拿大、日本、南非和菲律宾。在这项研究中，许多国家和地区低技术移民的选择率要高于高技术移民，这些国家有保加利亚、捷克、芬兰、爱尔兰、意大利 、希腊、立陶宛、卢森堡、马耳他、墨西哥、葡萄牙、罗马尼亚、斯洛伐克、斯洛文尼亚、西班牙和土耳其。

低技术申请选择率的降低和那些对低、中等技术人才有较高的选择率国家和地区有可能会在争夺高技术人才上失去竞争。例如，土耳其的高技术移民的选择率最低（8.8%），而低技术移民的选择率却最高（79.1%）。同样，高技术选择率最高的中国台湾地区（78.0%），其低技术移民选择率最低（7.0%）。然而，尽管本数据可以提供一些有用的见解，但它只能为各国和各地区移民政策的有效性起到一点点推进作用。如日本的移民政策在选择高技术移民方面的确很成功，但总体来说它接纳外国出生的移民相对较少，而且也没有采取开放的态度引入高技术移民。

表 8—4　高技术移民选择率与低技术移民选择率的比率①

国家和地区	比率（%）	国家和地区	比率（%）
中国台湾地区	11.1	越南	1.4
加拿大	7.7	爱沙尼亚	1.3
日本	6.3	荷兰	1.3
南非	5.8	波兰	1.3
菲律宾	5.2	法国	1.2
新西兰	4.2	匈牙利	1.2
以色列	3.9	奥地利	1.1
澳大利亚	3.6	比利时	1.1
中国香港特别行政区	3.6	塞浦路斯	1.0
马来西亚	3.4	罗马尼亚	0.9
秘鲁	3.3	捷克	0.8
新加坡	3.1	芬兰	0.8
阿根廷	3.0	爱尔兰	0.8
韩国	3.0	立陶宛	0.7
智利	2.8	卢森堡	0.6
印度	2.8	斯洛文尼亚	0.6

① Docquier et al.. *International Migration Data Sets*: *Data Set 1990-2000* (Rel. 1. 1).

续表

国家和地区	比率（%）	国家和地区	比率（%）
英国	2.8	马耳他	0.5
美国	2.4	斯洛伐克	0.5
拉脱维亚	2.3	希腊	0.4
瑞典	2.3	西班牙	0.4
俄罗斯	2.0	保加利亚	0.3
巴西	1.9	意大利	0.3
丹麦	1.7	墨西哥	0.3
德国	1.7	葡萄牙	0.2
冰岛	1.7	土耳其	0.1
中国	1.6	所有国家和地区	2.2
印度尼西亚	1.6	亚太经合组织 19个国家和地区	3.6
挪威	1.6	欧盟国家	1.0
瑞士	1.5	经合组织国家	1.8
泰国	1.5		

务必要搞清楚高技术移民的人均百分比，表8—5显示了各国和各地区高技术移民占总人口的比例。中国香港特别行政区、以色列和新加坡是到目前为止高技术移民比例最高的国家和地区。澳大利亚、加拿大、新西兰和瑞士也靠前，这些国家由于对高技术人才引进持一个开放的态度，所以从中受益匪浅。越南、秘鲁、印度尼西亚和中国是高技术移民比例最低的国度。它们也许会错过给社会带来新理念、新知识、人才，甚至技术的动态的人才流动。

表 8—5 高技术移民占总人口的百分比①

国家和地区	百分比（%）	国家和地区	百分比（%）
中国香港特别行政区	24.02	捷克	1.46
以色列	23.27	匈牙利	1.45
新加坡	23.24	中国台湾地区	1.33
加拿大	12.80	意大利	1.28
澳大利亚	11.96	立陶宛	1.16
新西兰	10.28	芬兰	1.15
瑞士	10.05	日本	1.08
卢森堡	9.89	葡萄牙	1.03
拉脱维亚	7.68	智利	0.90
美国	7.48	马耳他	0.90
塞浦路斯	6.51	波兰	0.87
瑞典	6.51	泰国	0.76
爱尔兰	6.02	韩国	0.60
爱沙尼亚	5.45	斯洛伐克	0.48
奥地利	5.44	菲律宾	0.34
德国	5.17	印度	0.24
英国	5.01	保加利亚	0.23
马来西亚	4.97	罗马尼亚	0.19
俄罗斯	4.45	巴西	0.17

① Data on Immigrants as a Share of Population from：United Nations，Department of Economic and Social Affairs. *PopulationDivision*，*Trends in International Migrant Stock*：*The 2008 Revision*. http://esa. un. org/migration/（accessed September 19，2011）；Data on High-Skill Immigrants as a Share of Immigrants from：Docquier et al.. *International Migration Data Sets*：*Data Set 1990-2000*（Rel. 1. 1）. http://perso. uclouvain. be/frederic. docquier/oxlight. htm.

续表

国家和地区	百分比（%）	国家和地区	百分比（%）
冰岛	4.36	土耳其	0.17
荷兰	4.35	墨西哥	0.10
法国	4.13	中国	0.05
挪威	4.02	印度尼西亚	0.05
丹麦	3.59	秘鲁	0.05
比利时	3.55	越南	0.04
西班牙	3.05	所有国家和地区	4.4
南非	2.32	亚太经合组织 19个国家和地区	5.5
希腊	2.25	欧盟国家	3.4
斯洛文尼亚	2.11	经合组织国家	4.7
阿根廷	1.74		

第九章
结　论

为最大限度地促进创新，各国应重点部署实施贸易、科学与研发、信息通信技术、知识产权、国内市场竞争、政府采购和高技术移民等领域的创新政策。需要注意的是，提升创新能力的同时不应扰乱全球贸易。要做到这一点，国家创新政策必须透明、无歧视，以市场规律为基础，并以全球标准和人才、资本、信息、产品、服务和技术的自由流动为原则。

随着创新政策和贸易政策的日益交融，以开放市场准入和接受外国直接投资为特征的贸易开放已经成为国家创新能力的一个坚实支柱。自由贸易惠及所有的国家，它可以让各国和各地区专注于开发本国和本地区具有相对优势或有竞争优势的产品或服务。这也说明各国和各地区不应面面俱到，不应该涉足所有的技术。相反，贸易能使各国和各地区从事它们所擅长的，其余的都通过贸易进行交换。自由贸易的一个重要组成部分就是各国和各地区对外国直接投资的双向开放程度。研究表明外国直接投资很大程度上有助于区域创新能力和经济增长，这些都是通过技术转让和管理技能来实现。贸易政策的另外一个重要部分就是各国和各地区要使用有助于促进创新和竞争的一套自愿的、以市场为导向的全球统一标准，创建全球的产品和服务市场。贸易政策排名靠前的主要是欧盟和经合组织国家，这些国家自第二次世界大战以来就一直致力于贸易自由化的进程，并在消除关税和非关税贸易壁垒，以及开放外国直接投资方面均取得了最大的进步。

科学和研发政策——包括那些关于研发税收激励、政府研发支出和大学对知识产权的所有权等——可以提高国家的创新潜能，同时增强各国和各地区从科技型创新中获益的能力。针对广泛的战略技术和产业发展的不同阶段，各国和各地区应该利用科学和研发工具的不同组合，协调它们与国家创新基金会的关系，有效利用政策之间固有的协同作用。然而，有关科学和研发政策，如参与研发税收激励或接收研发资金等的政策，不应该歧视在本国和本地区运作的一些外国公司。这样做的国家（歧视在本国和本地区经营外国企业）限制了自己分享各种能够提高全球创新体系的理念、知识和技能的能力，也就无法从中获益。西欧大多数国家和北美、亚洲“四小龙”、“金砖四国”占据了科学和研发政策的前两列。也就是说，很多东亚国家，如印度尼西亚、马来西亚、菲律宾、泰国和越南的科学和研发政策都不发达。

拥有一个充满活力、健康规范的国内市场仍然是繁荣的关键，这样的市场允许现有企业和新创企业在一个公平的环境中竞争发展。的确，创新和生产率增长最强劲的推动力之一就是竞争激烈的市场。这其中包括消除监管限制、现任保护、跨境贸易限制以及阻碍竞争的劳动力市场限制。以透明和非歧视的监管体系为特色的国家和地区都提供正当的法律程序，并为所有的利益相关者提供有效的参与机会。在国内市场竞争和创业精神评价榜上，8 个发达国家和地区——澳大利亚、加拿大、丹麦、中国香港特别行政区、新加坡、瑞士、英国和美国的排名靠前，领先其他所有国家和地区。阿根廷、巴西、希腊、意大利、印度尼西亚、印度、墨西哥、秘鲁、菲律宾、罗马尼亚和俄罗斯是榜上排名靠后的国家。

认可知识产权是确保全球贸易和外国直接投资蓬勃发展的一个重要元素。对知识产权的有效保护和执行可以鼓励创新者投资研究、开发和技术的市场化，同时又促进其推广传播。而薄弱或者不力的知识产权保护会减少外国直接投资和技术转让的数量。如果没有得力的知识产权保护，全球整体创新水平就会下降，这对各国和各地区都是不利的。另外，无论一个国家的发展水平如何，知识产权改革都会带来积极的经济效果。知识产权政策排名靠前的国家往往是发达国家，如澳大利亚、荷兰和英国。拉美国家——阿根廷、巴西和秘鲁，还有印尼、菲律宾、泰国和越南，是排名靠后的国家。

信息通信技术（ICT）是全球经济中最强的生产力和创新推动者之一。

有效的数字化政策首先关注的是能够带动整个经济发展的ICT的应用，而不是其生产。先进国家认识到，促进它们经济增长的最大机会在于提高国内行业的生产力，特别是通过信息通信技术的应用。在数字化政策方面，丹麦、冰岛、荷兰、挪威、瑞典、瑞士和英国是领先的，紧随其后的有亚洲的中国台湾地区、中国香港特别行政区、新加坡和韩国，以及北美的加拿大和美国。阿根廷、印度尼西亚、墨西哥、秘鲁、菲律宾、俄罗斯、南非和越南落后垫底。

政府采购在多数国家的经济中均占有相当大的份额，鉴于此，确保政府采购的公平开放已成为实现全球贸易自由化的一个重要方面。市场导向型贸易的一个核心原则是，政府采购应该基于供应商为政府提供的最佳价值，而不是按供应商的国别来区别对待。这并不意味着政府不应该把自己的采购政策定位于成为创新的强大驱动力这一目标上。事实上，政府采购政策是国家创新战略的重要并且合法的组成要素。但是，各国的政府采购政策应该是透明的、非歧视性的、可公开竞争的，并基于绩效的。特别是，国家应避免采用一些措施，如以发展地点，或拥有知识产权，或国内企业需有知识产权执照等，作为申请政府采购资格的基本条件。政府采购政策榜上排名在前两个等级的绝大多数国家采取的政策都是透明的、非歧视性的、公开竞争的和有绩效的。

人才已经成为世界上最受欢迎的“商品”（抢手货）。因此，拥有一个高技术人才库对国家福祉至关重要。高技术移民在为社会引入技能、人才和知识方面发挥了独特的作用，其同样有助于新公司的发展，进而在就业和经济增长方面作出贡献。因此，移民政策在引入新观点和所需要的技能，进而扩大国家知识库容量，以及提升创新能力方面扮演着关键角色。在移民政策排行榜靠前的国家和地区只有加拿大、中国台湾地区、中国香港特别行政区、以色列和新加坡。它们的移民政策有效地吸引了大量高技术的外籍人才。紧跟其后的是澳大利亚、日本、拉脱维亚、马来西亚、新西兰、菲律宾、南非和美国。排在后两个等级的既有发达国家，也有发展中国家。

这七个政策领域，为我们勾勒出一个识别确定高效创新政策的框架，这些创新政策既可以推动国内经济增长，同时又确保全球创新生态系统能让全球所有国家持续受益。在这些领域排名靠前的国家将长期处于有利地位，经济强劲增长，人民生活稳步提高。排名靠后的国家——或者由于欠发达的政策，或者由于该国政策扭曲了全球创新系统——需要反思它们的做法。它们需要对创新政策投入更多的资源和精力，最大化地开发国家创新潜力，促进全球共同繁荣。

借鉴篇　2012 年全球创新政策指数报告述评

第十章
中国创新政策：国际比较及参考借鉴

全球化与区域化相得益彰，创新链与政策链相辅相成。当前中国已进入创新驱动发展、经济转型升级的发展阶段，科技创新也到了增强全球创新竞争优势、建设国际化创新型国家的关键时期，中国特色科技创新政策体系建设也将面临模式切换转变、系统升级换代的重要理论和实践课题。这将既需要科技政策工作者立足本国之情，求真务实，建言献策，也将需要科技政策工作者借助“它山之石”，比较借鉴，扬长补短。解读《全球创新政策指数报告（2012）》（简称 GIPI 报告），我们认为全球创新政策指数报告对全球 55 个国家和地区特别是中国创新政策的评价结果，对于我们理顺科技创新中政府与市场的辩证关系，发挥人在科技创新创业创造中的核心作用，融入全球创新生态系统并实现在全球创新价值链中位次上移等中国创新政策议题，具有积极参考价值。我们重点评析了全球创新政策指数报告的指标体系，7 个核心政策领域中国的国际比较情况，并提出了中国创新政策发展若干意见建议。我们相信全球创新政策指数报告对于我们理性审视、系统评价、调整优化中国创新政策体系，实现创新链与政策链的良性互动发展，能够发挥借鉴作用。

第一节　全球创新政策指数方法解析

评价方法决定评价结果，评价指标及计算方法是否科学合理，直接影响评价结果是否真实可靠。全球创新政策指数构建了一套多层次、结构化的评价指标体系，力求作出基于创新政策能力的统一全面准确的国别评估排名，其评价方法具有科学性、开创性和借鉴性。

一、全球创新政策指数指标的构成及权重

全球创新政策指数包括：7 个一级指标（核心政策领域），22 个二级指标（细分领域），84 个三级指标（子指标）。不同核心政策领域、细分领域及子指标分别赋予了不同的权重（见表 10—1）。

表 10—1　指标构成及权重

<table>
<tr><th>核心政策领域及其权重</th><th>细分领域及其权重</th><th>子指标及其权重</th></tr>
<tr><td rowspan="18">贸易与外国直接投资，17.5%</td><td rowspan="10">开放的市场准入，65%</td><td>简单平均关税率（所有产品），5%</td></tr>
<tr><td>简单平均关税率（成品），2.5%</td></tr>
<tr><td>高技术产品关税率，2.5%</td></tr>
<tr><td>关税复杂性，2.5%</td></tr>
<tr><td>免税进口份额，2.5%</td></tr>
<tr><td>非关税措施指数，7.5%</td></tr>
<tr><td>非关税壁垒，7.5%</td></tr>
<tr><td>服务贸易总协定协定的限制性指数，5%</td></tr>
<tr><td>汇率操纵，20%</td></tr>
<tr><td>参与区域自由贸易协定，10%</td></tr>
<tr><td rowspan="4">贸易便利化，15%</td><td>海关服务指数，3.75%</td></tr>
<tr><td>进口商品所需时间，3.75%</td></tr>
<tr><td>进口商品所需文件数，3.75%</td></tr>
<tr><td>进出口非正常支付，3.75%</td></tr>
<tr><td rowspan="4">对外直接投资的开放性，20%</td><td>外资股权限制，8%</td></tr>
<tr><td>筛选和审批要求，4%</td></tr>
<tr><td>关键人员限制，4%</td></tr>
<tr><td>运营限制，4%</td></tr>
<tr><td rowspan="5">科学与研发，17.5%</td><td>研发税收激励，20%</td><td>研发税收激励，20%</td></tr>
<tr><td rowspan="4">政府研发支出，80%</td><td>政府非国防支出，30%</td></tr>
<tr><td>政府国防支出，20%</td></tr>
<tr><td>高等教育研发绩效，20%</td></tr>
<tr><td>产业集群发展，10%</td></tr>
</table>

续表

<table>
<tr><th>核心政策领域及其权重</th><th>细分领域及其权重</th><th>子指标及其权重</th></tr>
<tr><td rowspan="21">国内市场竞争，15%</td><td rowspan="15">企业监管环境，60%</td><td>创业程序，3.33%</td></tr>
<tr><td>创业时间，3.33%</td></tr>
<tr><td>创业成本，3.33%</td></tr>
<tr><td>购买/租赁的程序，2.5%</td></tr>
<tr><td>购买/租赁资产的时间，2.5%</td></tr>
<tr><td>执行合同的程序，3.33%</td></tr>
<tr><td>执行合同的时间，3.33%</td></tr>
<tr><td>执行合同的成本，3.33%</td></tr>
<tr><td>刚性就业，15%</td></tr>
<tr><td>报酬对生产力的影响，5%</td></tr>
<tr><td>关闭企业时的回收率，3.33%</td></tr>
<tr><td>关闭企业的时间，3.33%</td></tr>
<tr><td>关闭企业的成本，3.33%</td></tr>
<tr><td>不正常的付款和贿赂，2.5%</td></tr>
<tr><td>监管和行政行为的透明度，2.5%</td></tr>
<tr><td rowspan="4">企业竞争环境，25%</td><td>地方竞争强度，10%</td></tr>
<tr><td>市场支配地位的程度，5%</td></tr>
<tr><td>挑战法律的效率，5%</td></tr>
<tr><td>竞争壁垒，5%</td></tr>
<tr><td rowspan="2">创业环境，15%</td><td>新公司的数量，10%</td></tr>
<tr><td>新公司的行政负担，5%</td></tr>
<tr><td rowspan="6">知识产权，15%</td><td rowspan="2">知识产权保护，40%</td><td>2005 帕克指数，25%</td></tr>
<tr><td>知识产权保护评级，15%</td></tr>
<tr><td rowspan="2">知识产权执法，30%</td><td>法律和政治环境，15%</td></tr>
<tr><td>法律体系整体，15%</td></tr>
<tr><td rowspan="2">知识产权侵权，30%</td><td>软件侵权率，15%</td></tr>
<tr><td>美国特别 301 观察名单，15%</td></tr>
</table>

续表

核心政策领域及其权重	细分领域及其权重	子指标及其权重
数字化与信息通信技术，17.5%	信息通信技术基础设施和政策的竞争性，25%	宽带普及率，5%
		移动网络覆盖率，2.5%
		互联网接入学校，2.5%
		住宅固定线路的价格指数，1.67%
		移动电话价格指数，1.67%
		互联网价格指数，1.67%
		国家宽带规划，5%
		独立监管机构，2%
		政府对信息技术的优先权，2%
		信息技术对政府未来规划的重要性，1%
	信息通信技术的国际开放和市场竞争，40%	信息技术的关税，7.5%
		世贸组织/信息技术协议，7.5%
		电信行业国外的参与度和所有权，5%
		长途终端费用，5%
		开放互联协议，5%
		不规范的网络电话，5%
		国际长途市场的竞争，1.67%
		移动电话市场的竞争，1.67%
		固定电话市场的竞争，1.67%
	法律环境，10%	透明度、隐私和网络犯罪，3.33%
		信息通信技术相关法律，3.33%
		垃圾邮件立法，3.33%
	信息技术应用，25%	政府在信息技术促进方面的成效，3%
		信息技术的使用和政府的效率，3%
		在线服务指标，3%
		电子参与指数，3%
		公共服务部门支出，3%
		企业互联网使用的程度，1.33%

续表

核心政策领域及其权重	细分领域及其权重	子指标及其权重
数字化与信息通信技术，17.5%	信息技术应用，25%	信息技术对新产品（服务）的影响，1.33%
		信息技术对新组织模式的影响，1.33%
		企业的支出，1.33%
		个人互联网应用，1%
		个人移动电话应用，1%
		个人虚拟网络应用，1%
政府采购，10%	参与世贸组织政府采购协议，40%	
	政府（国营）企业和投资指数，20%	
	清廉指数，20%	
	政府采购的先进技术产品，20%	
高技术移民，7.5%	高技术移民的选择率，25%	
	高技术移民与低技术移民选择率的比例，25%	
	高技术移民占总人口的比例，50%	

二、全球创新政策指数的优点

（一）全球创新政策指数是首个关于全球创新政策的指数

科学评价是科学管理的重要手段。目前，世界上诸多研究机构已经发布了多个关于创新的指数报告，如康奈尔大学、欧洲工商管理学院（INSEAD）和联合国专门机构世界知识产权组织（WIPO）共同发布的全球创新指数（GII）、欧盟发布的全球综合创新指数（GSII）等。这些创新指数一般为综合指数，关注创新的方方面面，虽然在全球创新政策方面也略有涉及，但政策专题研究不够深入。随着全球创新优势竞争的日益激烈，创新政策的重要性正在不断凸显。有效的创新政策不仅能促进本国经济的发展，而且有利于世界各国共同可持续发展。全球创新政策指数报告是首个关于全球创新政策的指数，该指数的发布深化了全球创新政策的相关研究，有利于构建一个有效的评价框架来识别创新政策的部署情况，从而调整、改善和优化创新政策对创新活动的作用过程。

（二）全球创新政策指数报告更强调全球创新生态系统的重要性

一个稳定有序的全球创新生态系统对全球创新的共同发展至关重要。全球创新政策指数报告在指标设计上更加关注如何评价各国在全球创新生态系统中的作用和影响，着重阐述了什么样的政策才是各国用于提升自身创新能力所该采取的最有效的政策，并介绍了各国应该如何向其他国家学习部署最好的政策。例如，在贸易与外国直接投资、国内市场竞争与创业、政府采购、高技术移民等领域，全球创新政策指数报告都设置了有针对性的指标，来评价该领域哪些政策有利或有损于全球创新生态系统的稳定。

（三）全球创新政策指数更加关注创新政策的综合性和广泛性

以往相关研究的重点主要集中在与创新直接相关的创新政策上，如科学研发政策、知识产权政策等，对其他方面的创新政策关注相对不足。创新是一项相当复杂的活动，有效的创新政策仅仅依靠公正的科学政策和高新技术产品开发政策是不够的，它必须同时着眼于提高所有经济部门的整体生产率。如果各国政府无法有效制定并协调广泛的、综合的创新扶持政策，那么它们将不可能实现可持续的高创新率。全球创新政策指数在设计上选择了贸易和外国直接投资、科学与研发、国内市场竞争与创业、知识产权、数字信息通信技术、政府采购和高技术移民等 7 个核心政策领域作为一级指标，基本覆盖了创新链的各个环节，体现了在评价指标设计上的全面性、科学性和先进性。

（四）全球创新政策指数在评价样本的选择上更加合理

全球创新政策指数评价对象共计选择了 55 个国家和地区。在样本的选择上，首先，考虑了地域差别的影响，55 个国家和地区涵盖了各地区主要经济组织和经济体，包括经合组织的所有成员国、欧盟的所有成员国、亚太经合组织中的 19 个成员国和地区以及阿根廷、巴西、印度和南非等发展中国家。其次，考虑了收入差别的影响，55 个国家和地区中，36 个是高收入国家和地区，15 个是中高收入国家和地区，4 个是中低收入国家和地区。全球创新政策指数在评价样本的选择上相对合理，评价样本具有很强的代表性。

（五）全球创新政策指数使用了透明、结构化、可复制的计算方法

全球创新政策指数计算方法如下：第一，根据世界银行、世贸组织以及其他研究机构提供的公开数据计算出各子指标的初始数据。第二，由于各子指标的量纲不同，需要将初始数据标准化。第三，根据各领域和各子指标的权重，按加权平均的方法，计算出各国每个领域得分和综合得分。第四，在得分最大值和最小值之间，采用四分位法把各国所得分值等分为四个部分，按照高低顺序，各个国家的创新政策能力被分成高级、中高级、中低级、低级四个等级，同一等级内按字母顺序排列。第五，根据各国创新政策能力得分，得出各国的综合等级和每个领域的等级。全球创新政策指数使用的计算方法理论框架相对合理，具有透明、结构化、可复制的特点，保证了评价结果的相对稳定。

三、全球创新政策指数的不足

（一）指标权重设计的局限

从总体上看，全球创新政策指数各个指标的权重设计相对合理，但对权重设计的依据缺乏有效的论证。一般来说，研究者们往往采用德尔菲法或是因子分析等数理统计方法来确定指标的权重，但全球创新政策指数报告中并没有明确说明指标权重的设计依据。这将会使评价结果的可靠性和科学性受到一定的影响。

（二）统计数据处理的局限

全球创新政策指数在对部分定性数据的定量化处理方面存在一定的主观性。另外，由于在数据获取方面存在一些限制，全球创新政策指数在对全球创新政策的评价中，采用了一些非官方数据，也缺少了低收入国家的相关数据。全球创新政策指数在数据方面的缺失可能会使评价结果的可靠性和科学性受到一定的影响。

（三）原则标准框架的局限

由于各国所处的创新境况差异明显，创新政策内容效果复杂多样，政策评价科学模型及其应用在全球均不成熟，全球创新政策指数的评价模型及其原则标准框架也仍处于探索研究阶段，尚未得到系统论证，因此其评价结果也需辩证对待，理性分析，科学借鉴。

第二节　中国贸易和外国直接投资政策国际比较

国际贸易是世界各国参与国际分工，融入全球大市场的重要手段，外国直接投资则有利于输入资金和技术促进输入国的经济增长。贸易和外国直接投资通过分工效应、竞争效应和技术转移与溢出效应刺激各国创新活动的发展，其中一个自由而稳定的贸易投资环境对各国创新能力的提升至关重要。随着经济全球化趋势的不断加强，各国纷纷制定和实施了具有建设性的贸易投资政策。全球创新政策指数报告从开放的市场准入、贸易便利化和外国直接投资等方面对全球55个国家和地区的贸易投资政策进行了评价，其中关于中国贸易和外国直接投资政策的评价结果，对于新形势下优化和发展中国贸易投资政策等，具有借鉴价值。

一、领域排名

评价结果显示，中国在贸易和外国直接投资政策领域的综合排名相对落后，为“低级”。中国排名是四个等级中的最低一级，显示中国在贸易和外国直接投资领域与其他国家存在较大的差距。

在对55个国家各单项指标评价中，中国排名情况如表10—2所示。为了便于分析，我们把排名情况分为三个等级：第一等级（优势指标）为1—18位，第二等级（均势指标）为19—36位，第三等级（劣势指标）为37—55位。以下各小节采用相同的分类方法。中国排名在第一等级的有关税复杂性、非关税壁垒等2个指标，均值为9；在第二等级的有进口货物所需文件数、海关服务指数和服务贸易总协定的限制性指数等3个指标，均值为29.7；在第三等级的有参与区域自由贸易协定、进出口非正常支付、非关税措施指数、筛选和审批要求、运营限制、进口货物所需时间(天)、外资股权限制、关键人员限制、简单平均关税率（所有产品）、简单平均关税率（成品）、免税进口份额以及高技术产品关税率等12个指标，均值为45.7。从评价结果中可以看出，中国各单项指标排名在三个等级中的分布极不平均，第一、第二等级的指标较少，多数指标位于第三等级。第三等级的各指标均值相对较大，排名相对靠后的指标也较多。排名靠后的指标基本集中于两个方面：一个是市场准入方面，中国多种关税的税率均较高，其他部分非关税准入条件也较高，这对外国产品参与本地市场竞争不利；另一个是外国直接投资限制方面，在中国外国直接投资受到较为严格的限制，这有可能会降低外国直接投资者的积极性，不利于中国对外资的利用和开发。

表 10—2　贸易和外国直接投资各单项指标评价中国排名情况

第一等级	指标	关税复杂性	非关税壁垒	
	排名	8	10	
第二等级	指标	进口货物所需文件数（件）	海关服务指数	服务贸易总协定的限制性指数
	排名	21	32	36
第三等级	指标	参与区域贸易协定	进出口非正常支付	非关税措施指数
	排名	38	38	41
	指标	筛选和审批要求	运营限制	进口货物所需时间（天）
	排名	43	43	47
	指标	外资股权限制	关键人员限制	免税进口份额
	排名	48	49	50
	指标	简单平均关税率（成品）	简单平均关税率（所有产品）	高技术产品关税率
	排名	50	50	51

二、指标分析

高技术产品关税率。报告中的高技术产品主要是指锂离子电池和蓄电池。澳大利亚、爱沙尼亚等 12 个国家对锂离子电池和蓄电池不征收任何关税，所有国家和地区的平均值为 5.6%。中国的关税率达到 14%，是所有国家平均值的 2.5 倍，排名在 51 位，相对落后。

简单平均关税率（所有产品）。中国香港特别行政区、新加坡、瑞士的简单平均关税税率是 0，美国为 2.9%，韩国、泰国、阿根廷、印度、巴西都征收极高关税，都在 10%以上，巴西的关税更高达 13.4%。中国达到 8.0%，是所有国家平均值（3.7%）的 2.2 倍，排名在 50 位。

简单平均关税率（成品）。中国香港特别行政区、新加坡、瑞士对制成品几乎实行 0 关税，紧随其后的是挪威（0.3%）和土耳其（1.2%）。

美国对制成品简单平均关税为3.0%。印度、泰国、阿根廷、巴西对制成品征收的关税水平最高，均超过了10%。中国对制成品简单平均关税为8.0%，是所有国家平均值（3.5%）的2.3倍，排名在50位。

免税进口份额。中国香港特别行政区和新加坡几乎对所有商品免税，其免税进口份额度达到100%。中国的免税进口份额度较小，仅为46%，远低于所有国家的平均值（65.6%）。中国在此项指标的排名为50位，相对靠后。

关键人员限制。在对待外国直接投资方面，多数国家对外籍人员的限制较松，约有30多个国家对外籍人员基本无限制。但在中国，对外籍人员的限制较为严格。中国此项指标的得分为0.048分，远高出所有国家的平均值（0.005分）。

外资股权限制。中国对外资股权的限制也相对严格。此项指标表现最好的几个国家如卢森堡、荷兰等国家得分为0.003分，中国得分为0.226分，差距相当大。中国在此项排名为48位，得分是所有国家平均值（0.077分）的2.9倍。

运营限制、筛选和审批要求。除上述两项之外，中国对外国直接投资的运营和审批方面也相对严格。中国此两项指标排名均为43位，相对落后，两项得分（0.069分、0.135分）分别为所有国家均值（0.019分、0.021分）的3.6倍和6.4倍。

进口货物所需时间（天）。新加坡进口货物只需要3天时间，领先于所有国家，美国需要5天时间。而中国进口货物则需要24天，远高于所有国家的平均值（14天）。中国在此项排名也相对靠后，为47位。

参与区域贸易协定。欧盟国家参加的区域贸易协定最多，达到29个。中国参加的贸易协定相对较少，为9个，低于所有国家的平均值（18.9个）。

服务贸易总协定的限制性指数。中国在此项上得分为36.2分，低于所有国际平均分（40.6分），表明中国在服务贸易总协定划分的155个服务项目上开放程度较低。

非关税措施指数、非关税壁垒。这两个指标分别使用了不同的评价方法对非关税壁垒措施情况进行评价。中国的表现存在着差异，在前者中中国排名为41位，而在后者中排名为10位，这可能是二者使用的方法不同所致。

关税复杂性。中国的关税复杂性较低，这一指标排名为第8位，领先于多数国家。但中国的关税率（包括简单平均关税率、高技术产品关税率）很高，因此需要引起重视。

三、借鉴启示

（一）适度放宽国际贸易市场准入，扩大对外开放程度

评价结果显示，中国国际贸易市场准入门槛过高是导致中国贸易与外国直接投资政策评价排名落后的一个主要原因。中国的关税率（包括简单平均关税率、高技术产品关税率）高于全球多数国家，各项指标得分均为所有国家平均分的2—3倍。高额关税虽然暂时保护了本国企业，但从长远来看将会扭曲创新，打击全球市场的创新产品和服务，使得最高效的创新型企业处于不利的经济地位，最后也会危及本国企业。除了高额关税，中国的非关税壁垒也相对较高。与非关税壁垒相关的指标包括参与区域贸易协定、服务贸易总协定的限制性指数以及非关税措施指数，中国这三项指标均得分都较低。当然，该报告的部分结论和观点只是美国两家基金会的研究成果，可能存在偏颇和不足，需要加以理性看待。例如，该报告把中国认定为参与汇率操纵的国家，认为中国存在汇率操纵行为，这在一定程度上反映了国外学术界、产业界对我国相关政策的误解。

从总体上看，中国国际贸易市场准入门槛过高，这不利于自由贸易的发展。贸易全球化是经济全球化的重要组成部分，而一个稳定的自由贸易环境则是促进全球创新、推动经济全球化向前发展的重要基础。要适应经济全球化新形势，适度放宽国际贸易市场准入，扩大对外开放程度。门槛降低的幅度和开放的程度要依据中国现实的国情，根据不同行业、不同领域、不同发展阶段的具体情况，制定和实施相应的政策措施。

（二）适度放松外国直接投资限制，优化外国直接投资结构

评价结果显示，中国对外国直接投资限制过严是导致中国贸易与外国直接投资政策评价排名落后的另一个主要原因。在投资准入方面，中国对外国直接投资的运营和审批方面十分严格，在很多情况下要求外国直接投资必须与中国国内企业进行合资，而且往往包含要外商转让技术的要求。在股权方面，中国对外资的限制也相对严格，在某些特定行业和领域规定了投资股权上限，部分行业甚至不允许外资进入。在关键人员限制方面，多数国家和地区对外籍人员的限制较松，约有30多个国家和地区对外籍人员基本无限制，但在中国，对外籍人员的限制较为严格，在是否允许外籍人员入境或就业、就业时间、董事会人员国籍和居住权等方面都做了严格的规定。中国此项指标的得分为0.048分，远高出所有国家的平均值(0.005分)。

合理的利用外国直接投资，有利于获得先进的技术和管理模式，也有利于增强区域创新能力和促进经济增长。对外国直接投资限制过严，则可能会打击外商投资的积极性，不利于我国对外国直接投资的吸引和利用。我们需要适度放松投资限制，放宽投资准入，以鼓励外商投资，创造一个稳定的投资环境。另外，我们还需要重点关注以下两个方面：一方面是优化引进外国直接投资结构。近年来，各地方政府积极引进外国直接投资，对各地经济发展起到了较大的促进作用，但同时也存在着一些问题。部分地方政府片面地追求引进外国直接投资的数量，忽视了对投资结构的把握，造成一些行业或区域产能过剩，部分重要战略性资源流失等严重问题。因此，在适度放松投资限制的同时，要积极优化外国直接投资结构，对于一些急需发展并且有严重资金缺口的产业要创造条件吸引和鼓励外资进入，对于一些产能过剩的产业要进行进一步的限制，在涉及国家安全的产业上要谨慎稳妥、保持警惕。另一个方面是促进“引进来”和“走出去”更好结合。对一个开放性的国家来说，既应该开放其边境来接受外国直接投资，也应该允许国内企业到海外去投资。外国直接投资的双向开放性也是自由贸易的一个重要组成部分。目前国内部分有实力的企业已经到

国外投资，并已取得不错的成绩。作为国家相关部门需要提供有针对性的政策和服务，以鼓励和帮助更多企业“走出去”，进一步提高中国经济的国际影响力。

（三）深化贸易投资管理体制改革，加快自由贸易区建设

正如全球创新政策指数报告所指出的，全球正从一种封闭的、线性创新模式向一种开放的、立体的创新模式转变，这需要合作伙伴网络之间更紧密地协调，创造一个自由贸易和自由投资的环境，这个环境使得供应商、竞争对手和客户之间相对自由的互动比以往任何时候都更重要。中国在贸易投资领域的国际评价方面排名相对落后，其深层次原因是我国贸易投资体制发展相对滞后，与发达国家仍存在较大差距。应进一步理解全球贸易投资规则的核心内容，把握全球贸易投资规则的重构趋势，正视我国贸易投资体制滞后的危害，深化市场准入、贸易便利化、外国直接投资等贸易投资管理体制改革，为国内外各贸易投资主体提供一个稳定、透明、自由、公平的贸易和投资环境，促进区域经济的协同增长和全球创新生态系统的稳定。

实施自由贸易区战略，是中国应对经济全球化、贸易全球化、创新全球化，以扩大对外开放促改革、促发展、促创新的战略举措。① 应该进一步加快自由贸易区建设，深入推进当前已经实施的自由贸易区建设，争取同更多国家开展自由贸易区建设的联合可行性研究工作。坚持世界贸易体制规则，坚持双边、多边、区域次区域开放合作，扩大同各国各地区利益汇合点，以周边为基础加快实施自由贸易区战略。加快环境保护、投资保护、政府采购、电子商务等新议题谈判，形成面向全球的高标准自由贸易区网络。

---

① 参考崔卫杰、韩燕：《2010 年中国自由贸易区发展报告》，中国商务出版社 2011 年版。

第三节　中国科学与研发政策国际比较

科学与研发政策是国家经济活力的关键决定因素，政府科学研发政策的重要性，在于解决由科学研发活动的溢出导致其私人收益低于社会收益的市场体制失灵问题,① 通过采取必要的激励措施驱动更多的科学与研发活动，达到经济领域理想的创新程度。全球创新政策指数报告中使用国家研发税收激励、国防和非国防政府研发支出、高等教育研发绩效、产业集群的发展活动等五项指标，对各国科学研发的政策投入、激励手段及政策绩效等进行了较为全面的比较和评价，从外部视角审视中国科研政策的力度和效果，其评价结果和结论为我国进一步完善科学与研发政策提供了有价值的参考。

一、领域排名

评价结果显示，中国的科学研发政策情况综合排名相对靠前，位列“中高级”（详见第三章表 3—2）。在对 55 个国家和地区各单项指标评价中，中国排名情况如表 10—3 所示。中国相关指标排名分布在第一等级和第三等级中，在第一等级的有研发税收激励、政府国防研发支出和产业集群发展等 3 个指标，分别位于第 14 位、第 9 位和第 6 位；在第三等级的有政府非国防研发支出、高等教育绩效等 2 个指标，分别位于第 42 位和第 43 位。从评价结果中可以看出，中国各单项指标排名在三个等级中的分布不均，评价结果好的指标排名较为靠前，而评价结果不好的指标排名都较靠后。这说明中国的科学研发政策实施较好的方面已和国际先进水平比肩，但绩效不佳的方面又恰恰处于国际落后位置，有待改进。

① 郑绪涛：《公共研发政策对私人 R&D 活动的作用》，《中国科技论坛》2009 年第 3 期。

表 10—3　科学与研发各单项指标评价中国排名情况

第一等级	指标	研发税收激励	政府国防研发支出	产业集群发展
	排名	14	9	16
第二等级	指标			
	排名			
第三等级	指标	政府非国防研发支出	高等教育研发绩效	
	排名	42	43	

二、指标分析

第一，研发税收激励。国家的研发税收激励是首要的评价指标，绝大多数国家的研发税收激励都是通过向存在研发行为的各行业公司提供奖励来实现的，但是政策激励效果有所差别，澳大利亚、法国和西班牙的税收激励限度最大，私人研发显著增长，其中法国的指标评价得分最高为 0.425 分，澳大利亚大企业 40%、中小企业 45%的研发税收抵免力度最大。目前中国的《企业研究开发费用税前扣除管理办法》，规定企业为开发新技术、新产品、新工艺发生的研究开发费用，未形成无形资产计入当期损益的，按照研究开发费用的 50%加计扣除，采用 2011 年估值计算中国研发税收激励评价得分是 0.16 分，超过此项指标均值 0.111 分，居第 14 位。

第二，政府国防研发投入。政府解决科学研发活动在市场体制内失灵的途径之一，就是政府自身投入科学研发活动，补充基础领域的研发投入不足问题。政府研发投入包括两个分指标：国防研发投入和非国防研发投入。俄罗斯、英国和美国处于政府国防研发支出的领先位置，三个国家国防研发支出占 GDP 的比重都高于 20%，美国的国防研发支出占 GDP 比重最大，为 44%。中国的国防研发支出占 GDP 的比重相对数很小，为 0.05%，但在这一方面也处于较为领先的位置，超过此项指标评价均值 0.03%，排名第 9 位。包括丹麦、土耳其、瑞士等在内的 24 个国家和地区的政府国防研发支出占 GDP 比重为 0。

第三，政府非国防研发投入。在报告中，非国防研发支出相对于国防研发支出被赋予较高的权重，因为非国防研发投入更能驱动创新增长。政府非国防研发支出排名靠前的是爱尔兰、奥地利、瑞典、芬兰以及新加坡，中国台湾地区位列第 8 位。爱尔兰和奥地利的非国防研发支出大约相当于其 GDP 的 1%，新加坡领先于其他亚洲国家，花费其 GDP 的 0.78%在非国防研发上，中国在这一方面则相对落后，非国防研发支出占 GDP 比重为 0.3%，远低于此项指标评价均值 0.48%，列第 42 位。另一方面，与国防研发支出恰恰相反，俄罗斯、英国和美国在这一方面远远落后，非国防研发支出占 GDP 的比重分别为 0.47%、0.43%和 0.31%。

第四，高等教育研发绩效。高等教育研发绩效是衡量科学研发在高等教育部门业绩，以此实现准确地反映一国或地区的创新生态系统。高等教育研发绩效领先的国家是瑞典、丹麦、瑞士，这三个国家高等教育研发投入占 GDP 的比重均超过 0.7%。中国、俄罗斯和印度在此项指标的评分较为靠后。中国排名第 43 位，高等教育研发投入占 GDP 比重为 0.12%，远低于此项指标评价均值 0.34%。

第五，产业集群发展。产业集群的发展，意味着共有资源的利用，更好促进劳动力市场匹配与知识共享，促进知识转化。评价结果显示，意大利、中国台湾地区、日本分别位列前 3 位，与其相关的产业集群评价等级得分分别为 5.5 分、5.4 分、5.4 分，说明这些国家和地区有较发达的产业集群。中国的产业集群发展评分处于中间位置，得分为 4.7 分，高于此项指标评价均值 4.2 分，位列第 16 位。排名靠后的有俄罗斯、以色列、土耳其等。

三、借鉴启示

政府的科学研发政策对经济增长的传导机制有两个：一方面，通过企业的研发活动，增加整个社会知识的存量，直接促进社会科学技术进步；另一方面，政府科学研发政策的不同方式通过溢出效应等途径改变企业科研行为的边际条件，进而促进企业加大对科研的投入。① 当前，我国正处

① 许治：《政府公共 R&D 与内生经济增长》，西北大学博士学位论文（2006 年）。

于战略机遇期，加强自主创新能力、建设创新型国家已成为国家发展的战略之一。因此，如何更有效发挥我国政府科学研发政策在经济增长中的促进作用，提高自主创新能力，在当前就显得紧迫而具有现实意义。

（一）优化国家创新政策协调机制

当前，一个国家的生产力越来越取决于自身的科学研发及其贸易伙伴科学研发共同努力的作用结果。区域创新生态系统中互不合作的孤立企业的集合，不会产生好的集群效果。针对科学研发单项政策难于达到全面协调的成效，以及传统的科学机构和经济部门分割难于充分协调政策等问题，国家应促进战略与政策的协同一致，开发多样化的科学研发政策组合工具，加强科技政策协调管理体制改革及服务机构建设。

（二）继续加大政府科研投入

科学研发是社会知识积累的重要来源，也是技术创新的源泉，它代表和反映着一个国家的科技水平，也是一个国家科技、经济和社会发展的潜力和后劲所在。由于科学研发同时也带有公共产品的特征，因此政府对科学研发的投入应是研发经费的主要来源之一，实际上各国基础研究的主体基本上是其公共研发部门。因此政府科学研发政策的重要职能之一便是促进社会知识的积累。而要提高社会知识积累的绩效，就要求政府部门对科学研发有正确的认识和为其提供充足稳定的经费支持。2012 年，中国用于研究开发活动的支出达 10240 亿元，占 GDP 的 1.97%，① 其中，中央政府对科学技术的投入达 2285.4 亿元人民币，占全社会研发活动支出的 22.3%。② 从发达国家的研发投入比例看，政府对国家总体经济引导的必需比例基本是政府占 1/3、企业占 2/3 的格局。③ 依据这一研究结论，现今我国政府对科学研发活动的投入仍有待加强。

---

① 数据来源于国家统计局网站。

② 数据来源于温家宝《2012 年政府工作报告》。

③ 杨洵、师萍：《中国政府科技投入对企业研发支出的影响》，《云南社会科学》2006 年第 1 期。

（三）完善科研税收激励政策

科学研发税收激励是政府科学研发政策中对企业研发活动负面效应最小的，同时也是增长效应最大的政策。科研税收激励政策的最大优点在于：科学研发投资决策不是由政府决定的，而是市场导向的。企业根据市场信息，自行决定、选择、运作和预算科研项目，具有相当的制度性比较优势。

当前，我国制定的科研税收激励政策比较多，影响范围较广、效果较好的科研税收激励政策之一，是 2008 年国家税务总局出台的《企业研究开发费用税前扣除管理办法（试行）》，其中规定企业为开发新技术、新产品、新工艺发生的研究开发费用，未形成无形资产计入当期损益的，在按规定据实扣除的基础上，按照研究开发费用的 50%加计扣除；形成无形资产的，按照无形资产成本的 150%摊销，该项政策在鼓励企业自主创新，引导企业增加研发投入方面发挥了有效的推动作用。但仍存在法律规范过于概括、原则和笼统，弹性较大，优惠的方式和手段比较单一等问题。按现行的科研税收激励政策，只有已经盈利的科研活动才可以享受税收减免的政策，这样势必造成企业受益面小。我国可以借鉴美国研发企业税收优惠的办法，免税的额度取决于企业实际的研发支出，并允许企业在以后一定时间内逐步实现其过去未能使用和尚未使用的免税研发额度。① 还要结合企业所得税和企业财务制度改革，鼓励企业建立技术研究开发专项资金制度。

（四）培育良好的产业集群

在地理上集中的行业体现更高的生产率，就业和工资的增长以及更高层次的专利权。产业集群使公司利用共有资源，如劳动力的特殊技能培训，技术学院或一个共同的供应基地，以便于更好促进劳动力市场匹配与

① 詹正茂、于君博：《美国科技与研发政策述评》，《科学与管理研究》2010 年第 3 期。

知识共享。这个过程与产业相关，更多地依赖于新知识的创造或使用。此外，产业集群还能促进知识转化。我国科学研发政策以及相关行为应促进产业集群的培育和发展，促进集群企业的外部合作和积极学习，开发功能区域创新生态系统，为企业发展提供良好环境，促进行业生产率的提升。促进产业集群良好发展，一要将政府的工作重点从简单的给钱给物转向更广领域的扶持和服务，二要从扶持几个简单的项目转向产业创新链打造，三要使政策重点向促进产业网络、促进专业化、促进创新、促进集群、促进要素的整合转变。

第四节　中国国内市场竞争与创业政策国际比较

创新政策是创新能力的重要影响因素，人才创业是区域政策的关注焦点之一，国内市场是全球创新的关键阵地，鼓励竞争是创新管理的基本取向。实施创新驱动发展战略，落实人才强国战略，需要进一步激活国内市场力量，理顺国际与国内、政府与市场、垄断与竞争等市场关系，完善人才创新创业的制度规则。全球创新政策指数报告对55个国家和地区国内市场竞争与创业领域的创新政策进行了评价，其中关于中国的评价结果，值得参考借鉴。

一、领域排名

评价结果显示，中国在国内市场竞争与创业领域的综合排名相对落后，为“中低级”，显示中国与其他国家存在较大的差距。中国在55个国家和地区中的排名情况如表10—4所示。中国排名在第一等级的指标包括执行合同的成本、监管和行政行为的透明度、报酬对于生产力的影响、新公司的数量、地方竞争强度、购买/租赁资产的流程、市场支配地位的程度等，均值为12. 7；排名在第二等级的指标包括执行合同的时间、关闭企业的时间、创业成本、执行合同的程序、刚性就业、规章制度效率、购买/租赁资产的时间等，均值为24；排名在第三等级的指标包括创业程序、关闭企业的成本、创业时间、行政阻碍、竞争壁垒、关闭企业时的回报率以及不正常的付款和贿赂等，均值为43.3。可以看出，中国各单项指标排名在三个等级中的分布基本平均，第二、三等级的均值相对较大，排名靠后的指标也较多。排名靠后的指标基本集中于两个领域：一个是企业的创办与关闭，在中国创办和关闭企业需要繁杂的审批手续，这导致了企业创办和关闭需要过长的时间和过高的成本；另一个是政府行政运行效率，行政阻碍过大，竞争壁垒过高，也存在着较严重的腐败现象，且规章制度效率相对低下。二者均和行政权力过度介入市场有关，需要引起重视。

表10—4　国内市场竞争与创业各单项指标评价中国排名情况

第一等级	指标	执行合同的成本	监管和行政行为的透明度	报酬对于生产力的影响
	排名	5	10	11
	指标	新公司的数量	地方竞争强度	购买/租赁资产的流程
	排名	13	15	17
	指标	市场支配地位的程度		
	排名	18		
第二等级	指标	执行合同时间	关闭企业所需时间	创业成本
	排名	20	22	27
	指标	执行合同的程序	刚性就业	规章制度效率
	排名	29	29	30
	指标	购买/租赁资产的时间		
	排名	31		
第三等级	指标	关闭企业时的回报率	不正常的付款和贿赂	竞争壁垒
	排名	38	38	38
	指标	行政阻碍	创业时间	关闭企业的成本
	排名	39	49	50
	指标	创业程序		
	排名	51		

二、指标分析

第一，创业程序。在加拿大和新西兰，创业只需要经过 1 道（审批）程序，澳大利亚和斯洛文尼亚需要 2 道，而在印度则需要 12 道程序，阿根廷和中国需要 14 道，巴西、希腊和菲律宾是 15 道。在经合组织成员国和欧盟国家创办新企业最为容易，平均要求少于 6 道程序，而在亚太经合组织国家则需要 6.8 道程序。

第二，创业时间。在新西兰只需要花 1 天时间就可以开展业务，澳大利亚需要 2 天，新加坡需要 3 天，中国需要 38 天，越南是 44 天，印度尼西亚和西班牙需要 47 天。最长的是巴西，需要花费 120 天。

第三，创办新企业的成本。在丹麦和斯洛文尼亚几乎没有成本，在加拿大、爱尔兰和新西兰只占人均收入的 0.4%，中国的创业成本占人均收入的 4.5%，不算很高。但在意大利、希腊、印度尼西亚、菲律宾的创业成本在人均收入中占了相当大的比重，尤其是印度，其高昂的成本几乎是占到了人均收入的 56.5%。这无疑会抑制这些国家的创业精神。

第四，刚性就业。这个指标主要用来衡量劳动力市场的流动性。一些亚太经合组织国家和地区，特别是澳大利亚、中国香港特别行政区、新加坡和美国，拥有世界上流动性最好的劳动力市场。加拿大、丹麦、新西兰和瑞士也体现出高度灵活的劳动力市场。与此相反，西班牙、希腊、爱沙尼亚、法国、斯洛文尼亚和卢森堡劳动市场的流动性是最差的。中国的劳动力市场刚性值为 31 分，大于所有国家的平均分值，说明劳动力市场流动性较差。

第五，关闭企业的成本。各国政府在企业破产关闭方面的政策规定，会为企业的关闭造成一定的成本。在中国，关闭企业的成本相当高，占到企业价值的 22%。而挪威和新加坡只有 1%，差距相当明显。

第六，关闭企业所需时间。爱尔兰、日本、加拿大、新加坡、比利时、芬兰、挪威允许企业（不到 1 年）以最快的速度歇业，在中国需要 1.7 年，相对较快。而在印度却需要长达 7 年时间，在菲律宾为 5.7 年，在印度尼西亚为 5.5 年，越南则为 5.0 年。这种异乎寻常的长时间阻止了劳动和资本在经济中的配置，难以发挥它们更大的生产效率。

第七，不正常的付款和贿赂。评价结果显示，新西兰、新加坡、瑞典、丹麦、芬兰非正常支付和贿赂程度的评分范围从 6.7 分至 6.5 分（7 分是最高分），发生率最低，情况良好。相比之下，菲律宾、阿根廷、越南、俄罗斯、印度尼西亚、保加利亚在这一指标上的得分最低，为 2.8 分至 3.5 分，大大低于所有国家的平均指数 5.0 分。中国的得分为 4.1 分。

第八，规章制度效率。中国香港特别行政区和瑞典得分最高，卢森堡、芬兰、瑞士紧跟其后。相比之下，阿根廷得分最低，斯洛伐克、意大利、保加利亚、匈牙利、拉脱维亚、菲律宾、俄罗斯这些国家分数也较低。中国的规章制度效率也相对较低，得分为 4.0 分，低于所有国家的平均分。

第九，竞争壁垒。根据经合组织的数据，英国、爱尔兰、瑞典、斯洛伐克和荷兰竞争壁垒的数值最低。其次是西班牙、新西兰、捷克、智利和奥地利。与此相反，中国、爱尔兰、美国、以色列和墨西哥在39 个国家的评价中拥有最高分值的竞争壁垒。

第十，行政阻碍。根据经合组织的数据，爱尔兰、德国、新西兰、英国、丹麦对创业形成的政府行政阻碍最小。相比之下，中国、印度、墨西哥、智利、波兰则施加了很大的政府行政负担和压力。中国是所有国家平均水平的 3 倍以上，政府行政阻碍较为严重。

三、借鉴启示

创业人才成长和创业成功与创业环境密切相关，而自由、公平、有序的国内市场竞争是营造良好创业环境的基础。中国创新政策发展应该更加关注促进国内市场竞争，营造和优化人才创业环境。

（一）提高行政运行效率，防止权力过度干预市场

评价结果显示，政府行政运转效率相对低下是导致中国创新创业政策评价排名落后的一个主要原因。政府制定创新创业政策的着力点应该放在减少行政阻碍，去除竞争壁垒，提高规章制度效率，营造一个廉洁无腐败

的监管环境上。中国行政阻碍过多，是所有国家平均水平的3倍以上。过高的行政阻碍和竞争壁垒必然会给创业活动造成不利影响。中国的规章制度效率也相对较低，得分低于所有国家的平均分。腐败问题也同样不容忽视，腐败对保持经济的长期增长来说是一个重大威胁，应该着力营造一个廉洁无腐败的监管环境。在企业创办和关闭方面，为了促进国内市场的竞争和企业的成长，应采取有力措施使得创办新企业和企业关闭的流程更便利、更容易，简化繁杂的审批手续，减少企业创办（关闭）所需审批时间，降低企业创办（关闭）所需成本。另外，也需通过有效措施降低劳动力市场刚性，为劳动者顺利就业创业提供一个流动性良好的劳动力市场。

（二）激活国内市场竞争

以自由、公平、有序为原则的竞争性国内市场，一方面有利于为人才创业营造良好的创业环境，另一方面有助于扩大内需，促进经济结构转型，实现国内经济增长。创新政策体系建设，不仅要关注人才和创业本身，还要关注那些可以促进竞争性国内市场发展的政策。应进一步扩大对内开放和对外开放，实现国内市场一体化，消除民营企业的区域市场进入壁垒。另外，也应进一步预防和制止垄断行为，保护市场公平竞争，提高经济运行效率。

第五节　中国知识产权政策国际比较

知识产权制度是各国创新政策必不可少的组成部分。有效的知识产权保护制度对激励创新活动、促进知识溢出和扩散、降低交易成本和推动国际贸易等方面都起着积极作用。我国已将知识产权保护制度作为建设创新型国家的重要制度保障，并逐渐建立起一套较为完善的知识产权法律制度。2013年11月，党的十八届三中全会通过《中共中央关于全面深化改革若干重大问题的决定》提出："加强知识产权运用和保护，健全技术创新激励机制，探索建立知识产权法院。"全球创新政策指数报告对各国知识产权立法、执法以及保护环境状况等进行了较为全面的比较和评价，其中关于中国知识产权政策的评价结果，为我国进一步完善知识产权保护制度提供了重要参考。

一、领域排名

全球创新政策指数报告使用了帕克指数、知识产权保护指数、知识产权法律体系、法律和政治环境、软件盗版侵权率以及美国“特别 301 条款”观察名单等 6 项指标，评价各国对知识产权保护的程度、执行知识产权制度的成效以及知识产权侵权的程度（详见本书第五章表 5—1）。

在对 55 个国家和地区的各项指标评价中，中国排名情况如表 10—5 所示。中国排名在第一等级的指标仅有帕克指数变化幅度一项，居于第 4 位；排名在第二等级的指标有知识产权保护指数、知识产权法律体系、2005 年帕克指数三项，分别位于第 32 位、第 33 位和第 34 位；排名在第三等级的指标也有三项，分别是 2000 年帕克指数、法律与政治环境和软件侵权率，分别位列第 46 位、第 49 位和第 53 位。综合以上各项指标的排名情况，我国的知识产权保护级别属于“中低级”，并被美国列入“特别 301 条款重点观察国家名单”①。

表 10—5　知识产权各单项指标评价中国排名情况

第一等级	指标	帕克指数变化幅度		
	排名	4		

① 美国的“特别 301 条款”源于美国《1974 年贸易法》，明确以保护知识产权为主旨，《1988 年综合贸易与竞争法》对其做出了重大修订。“特别 301 条款”的正式名称是“确定那些拒绝为知识产权提供足够保护的国家”。美国贸易代表从法律生效起每年都要根据“特别 301 条款”调查其他国家涉及诸如专利、著作权、商标和计算机软件等知识产权保护的情况，并视其存在问题的程度，分别列入“重点国家”、“重点观察国家”、“一般观察国家”，以及“306 条款监督国家”。一旦被确定为“重点观察国家”，美国贸易代表便会对其发起调查，并且通过磋商和贸易制裁等手段，迫使其改变在知识产权保护及市场准入方面有问题的法律、政策和做法。如果在 6—9 个月的调查期内双方无法达成协议，美国将采取报复行动。同样，美国贸易代表可以按该条款的规定，根据调查和磋商结果随时决定将某个国家从“重点观察国家”名单中删除或者将之增加到其中。

续表

第二等级	指标	知识产权法律体系	知识产权保护制度	2005 年帕克指数
	排名	32	33	34
第三等级	指标	2000 年帕克指数	法律与政治环境	软件侵权率
	排名	46	49	53

二、指标分析

第一，帕克指数。由专利的覆盖面、国际条约的成员资格、专利保护期限、专利执法机制以及对专利权的限制等 5 个独立评分标准组成的指标体系——帕克指数，旨在表征国家专利保护的强度，被认为是衡量国家知识产权保护的最佳工具之一。根据 2005 年帕克指数，美国的专利保护制度世界最强，丹麦、芬兰、法国、爱尔兰、意大利、日本、荷兰紧随其后。泰国、印度尼西亚、越南和秘鲁的专利制度最薄弱。从帕克指数评分的提高情况看，印度、斯洛伐克、捷克、中国和立陶宛表现出最大的进步。中国 2000 年帕克指数排名第 46 位，2005 年跃升至第 34 位，排名提升幅度达到 32%，居于帕克指数变动幅度第 4 位，反映出中国在专利申请和授权以及专利权保护方面的飞速进步，但在 55 个国家和地区中的排位仍然处于中等偏后。

第二，知识产权法律体系。法律体系的整体性指标包含两方面的组成部分："法律"评价法律制度的强度和公正性，而"秩序"评价公众遵守法律的意识。在"知识产权法律体系"指标上，奥地利、加拿大、丹麦、芬兰、冰岛、爱尔兰、卢森堡、荷兰、挪威和瑞典等获得了满分 10 分，巴西的得分最低（3.33 分），阿根廷、保加利亚、菲律宾、南非和泰国略高于巴西。中国获得了 7.5 分的评分。与其他指标相比较，中国在这一指标上获得的评价相对较高，紧随美国（8.33 分）之后，在 55 个国家和地区中排名第 32 位。这说明我国在知识产权法律制度的制定和完善方面所做的努力得到了国际机构的肯定。

第三，知识产权保护制度。世界经济论坛提供的行政官员们对各国

“知识产权保护制度”（包括反对假冒的措施）的指标评分，芬兰、瑞典、新加坡、卢森堡和瑞士排名最高，得分均在6分以上（满分为7分）；阿根廷排名最低，仅为2.5分；保加利亚、秘鲁等略高于阿根廷。中国得到4分，低于平均分4.38分，排名第33位，与“知识产权法律体系”的指标排名相仿，居于中间位置，说明国际机构对我国知识产权保护措施并不满意，但仍然得到一定认可。

第四，法律与政治环境。该指标由司法独立、法治、政治稳定和控制腐败的程度四个亚指标组成，得出一个国家和地区支持知识产权保护的法律与政治环境综合得分。根据评分，芬兰、新西兰、瑞典、丹麦、卢森堡、挪威和瑞士具有支持知识产权的最佳法律和政治环境；我国获得4.5分（满分为10分），排在第49位，与俄罗斯、菲律宾、秘鲁、阿根廷、墨西哥、印度尼西亚同为知识产权保护法律环境最为薄弱的国家。

第五，软件侵权率。在知识产权执法方面，全球创新政策指数报告以“软件盗版侵权率”为代表，根据商业软件联盟与国际数据公司提供的数据，美国、日本、卢森堡和新西兰未授权软件的安装数占所有软件总额的比例最低，均在22%以下；中国与印度尼西亚、越南、泰国同属软件盗版发生率最高的国家，中国软件盗版率为79%，仅次于印度尼西亚（75%）和越南（85%），中国的知识产权执法评价得分较低。

三、借鉴启示

全球创新政策指数报告认为，有效的知识产权保护可以鼓励创新者对技术研发和商业化过程进行投资，有利于技术扩散。尽管各国发展水平不同，但知识产权制度的改进对一国的经济发展往往会产生良好效果。反之，如果知识产权保护不力，会导致外国直接投资和技术转移减少，进而导致综合创新能力降低，对所有国家均不利。因此，我国知识产权保护的法治环境和侵权执法实效需要不断提升。

（一）加快法治国家建设进程，为知识产权保护提供良好的法治环境

知识产权是由法律创设的一种民事权利，知识产权保护制度的实质就是法律制度。因此，一个国家的知识产权保护政策要取得良好的效果，离不开社会的整体法治环境做保障。法治的目标与价值最终需要通过严格执法、公正司法和全民守法来实现。只有我国法治化进程得到不断推进，知识产权制度对激励创新、促进创新成果的流转和应用、消除国内外贸易的障碍等方面的作用才能愈加充分地体现。

（二）健全行政执法机制，提升知识产权行政执法效果

在全球创新政策指数报告中，我国各项指标中评价最低的就是与知识产权法律执行效果相关的指标，因此改善知识产权执法是当今完善知识产权保护中最为迫切的问题。当前，应重视研究出台专属行政执法人员的专利侵权判定标准，解决知识产权执法与司法之间衔接不畅通，不同知识产权执法部门之间条块分割，全国知识产权系统执法机构较弱等问题。①也应借鉴美国、德国等国家在知识产权执法方面的经验，②尽快出台知识产权执法的专门立法，建立和完善知识产权统筹协调机制，形成快速灵活、合理长效的知识产权执法体制和国内外统筹协调的工作机制，提高我国知识产

① 赫然：《关于我国知识产权执法问题的调查与分析》，《当代法学（双月刊）》2011 年第 5 期。

② 2010 年 6 月 22 日，美国知识产权执法协调员（Intellectual Property Enforcement Coordinator，简称 IPEC）正式发布美国历史上第一份《知识产权执法联合战略计划》。立法渊源是 2008 年 9 月 26 日美国参议院通过的《优化知识产权资源与组织法案》（PrioritizingResources and Organization for Intellectual PropertyAct of 2008，简称 PRO IP Act），该法案 2008 年 10 月 13 日经时任总统布什签署成为正式法令。《知识产权执法联合战略计划》中执法措施不仅是针对美国本土的知识产权保护，也会涉及海外市场，特别是和国际贸易有关的假冒商品和侵权货物，意在维护贸易大国的地位和利益。2008 年 5 月 23 日，德国通过《知识产权执法法》，经德国总统签字后于 2008 年 8 月 1 日开始实施。该法旨在贯彻欧共体 2004/48/EU 号知识产权执法指令，针对原有的知识产权实体法进行了部分内容的修改。

权保护的综合能力。

（三）完善司法救济途径，提高对侵权盗版行为的威慑力

当前，我国知识产权权利人在权利受侵害时，主要倾向寻求行政保护，较少寻求司法救济，这种现象在最具创新活力的中小企业和自然人中尤为突出。造成权利人“不愿打官司”的原因主要是我国当前司法保护与行政保护相比并没有明显的优势，知识产权诉讼立案门槛较高，原告的举证责任重、维权成本高，同时诉讼周期一般较长、诉前保护较为薄弱。对此，应优化案件管辖格局，简化救济程序，缩短维权周期，加强诉前保护，适当分配举证责任，提高当事人寻求司法保护的积极性。司法审判的结果是“看得见的正义”，通过大量知识产权侵权赔偿案件的判决，不断积累公众对知识产权法律制度的信心，才能建立起知识产权制度的公信力，对侵权盗版行为人产生震慑，从根本上控制和减少侵权盗版行为。

第六节　中国数字、信息通信技术政策国际比较

信息通信技术代表着当今先进生产力的发展方向，其广泛应用能够更高效地进行资源优化配置，从而推动创新和进步，提高社会劳动生产率和社会运行效率。各国纷纷出台和实施了相关的数字化政策，形成了一个基于信息通信技术的创新生态系统。全球创新政策指数报告从信息技术基础设施与政策的竞争力、国际社会对信息通信技术的认可和市场竞争、法律环境和信息技术的使用等方面对 55 个国家和地区的数字化政策做了评价，其中对中国的评价结果应当引起我们重视。

一、领域排名

评价结果显示，中国在数字、信息通信技术政策领域的综合排名相对落后，为“中低级”。在对 55 个国家和地区各单项指标评价中，中国排名情况如表 10—6 所示。中国排名在第一等级的有住宅固定线路的价格指数、移动电话价格指数、互联网价格指数、信息通信技术对政府未来规划的重

要性、长途终端费用、国家宽带规划、政府部门推广信息通信技术的成就、企业的支出、政府对信息通信技术的优先权等 9 个指标，均值为 7；在第二等级的有互联网接入学校、固定电话市场的竞争、信息通信技术应用与政府效率、公共部门信息通信技术支出、开放的互联协议、电子参与指数、信息通信技术对新服务和新产品的影响、移动网络覆盖率、信息通信技术对新组织模式影响等 9 个指标，均值为 25.1；在第三等级的有移动电话市场的竞争、有关信息通信技术的法律以及企业互联网使用程度、国外电信部门参与、在线服务指数、虚拟社交网络使用率、无监管的网络电话、国际长途通信市场的竞争、宽带普及率、互联网用户（每百人）、信息通信技术产品关税、独立监管机构、移动电话用户（每百人）等 14 个指标，均值为 44.6。

可以看出，中国各单项指标排名在三个等级中的分布相对平均，各等级包含的指标数目基本相当，第三等级的各指标均值相对较大，排名相对靠后的指标也较多。排名靠后的指标基本集中于三个方面：一是信息通信技术法律法规方面；二是信息通信技术市场自由化和国际开放度方面；三是信息通信技术的应用程度方面。

表 10—6　数字、信息通信技术各单项指标评价中国排名情况

第一等级	指标	住宅固定线路的价格指数	移动电话价格指数	互联网价格指数
	排名	1	5	6
	指标	信息通信技术对政府未来规划的重要性	长途终端费用	国家宽带规划
	排名	6	6	8
	指标	政府部门推广信息通信技术的成就	企业的支出	政府对信息通信技术的优先权
	排名	10	10	11

续表

第二等级	指标	互联网接入学校	固定电话市场的竞争	信息通信技术应用与政府效率
	排名	21	22	23
	指标	公共部门信息通信技术支出	开放的互联协议	电子参与指数
	排名	24	25	26
	指标	信息通信技术对新产品（服务）的影响	移动网络覆盖率	信息通信技术对新组织模式影响
	排名	27	29	29
第三等级	指标	移动电话市场的竞争	有关信息通信技术的法律	知识产权、隐私、网络犯罪
	排名	38	38	39
	指标	企业互联网使用程度	国外电信部门参与	在线服务指数
	排名	40	41	43
	指标	虚拟社交网络使用率	无监管的网络电话	国际长途通信市场的竞争
	排名	43	45	45
	指标	宽带普及率	互联网用户（每百人）	信息通信技术产品关税
	排名	46	48	51
	指标	独立监管机构	移动电话用户（每百人）	
	排名	54	54	

二、指标分析

移动电话用户（每百人）。根据报告的结果，中国每百人拥有移动电话 55.5 部，远低于所有国家平均值（115.1 部），排名基本垫底。值得注意的是，报告使用的是 2008 年的数据。近几年中国移动用户增长迅速，截至 2012 年底，中国移动电话用户数达到 11.46 亿户，普及率提升到了 84.9%。①

独立监管机构。根据报告的结果，除了中国和越南，其他国家和地区都设立有独立的监管机构。这个结果需要引起重视。

信息通信技术产品关税。报告中提到的信息通信技术产品主要是指印刷电路板、移动电话、显示器、打印机、复印机、传真机、电视机、数码相机等。中国对信息通信技术产品征收高额关税，此项指标中国的排名是 51 位，远远落后于多数国家和地区。

宽带普及率、互联网用户（每百人）。这两项指标中国分别排在第 46、48 位，表明虽然中国的宽带和互联网发展较快，但与其他国家相比，还存在较大的差距。

国际长途通信市场的竞争、移动电话市场的竞争。报告认为，中国的国际长途通信市场和移动电话市场均属于局部竞争市场，而其他多数国家和地区则属于完全竞争市场，这表明中国电信通信市场的市场化程度还有待提高。

国外电信部门参与、无监管的网络电话。中国在这两项指标的得分较低，分别排在第 38 位和第 41 位。这反映了中国电信市场的市场准入门槛较高，开放性不足。

有关信息通信技术的法律以及知识产权、隐私、网络犯罪。前一项指标中国的得分为 4.4 分，排名 38 位。第二项指标的得分为 59.5 分，排名为 39 位。二者得分均低于所有国家和地区的平均分，表明中国在信息通信技术法律环境方面还有很大的改善空间。

---

① 参见 http://gb.cri.cn/42071/2013/05/20/5951s4120755.htm。

三、借鉴启示

（一）加强法律法规建设，改善互联网法律环境

从国际比较的情况来看，中国信息通信技术法律环境与发达国家相比仍有较大的差距。全球创新政策指数报告评价结果显示，有关信息通信技术的法律以及知识产权、隐私、网络犯罪这两项指标中国的得分都较低，排名相对靠后。目前，从互联网相关法律的制定和实施上看，我国先后出台了一系列相关法律法规，并取得了较大的成效。互联网相关法律主要包括《关于维护互联网安全的决定》（第九届全国人民代表大会常务委员会第十九次会议 2000 年 12 月 28 日通过）、《中华人民共和国电子签名法》（第十届全国人民代表大会常务委员会第十一次会议 2004 年 8 月 28 日通过）以及一些涉及互联网的非针对性法律，如专利法、商标法、著作权法、反垄断法和反不正当竞争法等。从总体上看，互联网相关法律法规尽管在数量和规范性上取得很大进步，但仍然不够完善。互联网监管体制、对少年儿童互联网领域保护、有关个人数据保护、隐私权保护等方面仍是薄弱地带。

（二）促进信息通信市场自由化，提高国际开放程度

全球创新政策指数报告指出，市场自由化和市场开放的政策，有利于促进信息通信技术在全球市场的竞争从而提高市场效率，通过战略联盟或国际商家之间的兼并和收购，激励世界各地创新技术的推广。如果一些核心技术和信息技术资源受到国界限制或禁止自由流动，生产体系的投入就无法优化，就会降低国家创新生态体系的总体能力。从评价结果来看，中国在国外电信部门参与、无监管的网络电话、国际长途通信市场的竞争、信息通信技术产品关税等指标方面都排名靠后，表明中国信息技术市场的自由化程度和国际开放程度还有待提高。

在促进信息通信市场自由化方面，要重点关注市场结构方面的问题。根据全球创新政策指数报告结果，信息通信技术领域多个子市场被认为是

局部竞争市场，而从我国信息技术领域的发展实践来看，部分子市场的确存在着不完全竞争和不正当竞争的事实。在互联网行业，市场集中度已经相当高，部分大型互联网企业已经形成部分垄断，虽然这种垄断是由竞争而非行政力量形成，但同样值得我们重视。[①] 垄断的存在使得创业成本增加，导致创业企业生存环境不断恶化，这将会进一步阻碍创新。在提高市场国际开放程度方面，应该兼顾开放和安全。适度降低信息通信技术产品关税，放宽市场准入，允许和鼓励国外电信部门参与国内竞争，提高开放程度。同时，在一些敏感的产业领域要进一步加强监控和管理，确保国家信息安全和经济安全。

（三）提高信息通信技术的应用程度

信息通信技术最大的好处在于它的广泛应用，提高信息通信技术的应用程度应该成为数字化政策的重点。全球创新政策指数报告评价结果显示，中国企业互联网使用程度、虚拟社交网络使用率、宽带普及率、互联网用户（每百人）、移动电话用户（每百人）等指标的得分都很低，排名相对落后，这表明虽然中国近年来信息技术产业发展迅猛，但与发达国家相比，在信息通信技术应用程度方面仍存在相当大的差距。因此，在制定和实施数字化政策的方向上，应该进一步加大信息基础设施投入，加快智慧城市建设，积极引导企业和政府参与信息通信技术的使用，提高宽带、手机和固定电话的普及率，促进信息通信技术的广泛应用。同时，加强互联网行业的监管和行业自律，降低网民维权成本，改善网民生存状况，为消费者提供一个良好的互联网使用环境。

第七节　中国政府采购政策国际比较

政府采购向来被发达国家视为最为有力的政策工具。数量庞大的公共资金的支出所能产生的集聚效应和示范效应，早已被西方国家和国际社会

① 参见 http://tech.sina.com.cn/z/360qq2013/index.shtml。

所瞩目。同样，政府采购作为政府支持创新的重要政策工具，通过首购、定购等政府采购方式，为新产品提供第一市场，促进企业创新。全球创新政策指数报告采用参与世界贸易组织政府采购协议、国有企业投资指数和投资比重、政府清廉指数、政府采购先进技术产品等方面的指数对各个国家政府采购政策情况进行了分析和评价，其中关于中国政府采购政策的评价结果，对于我们进一步完善政府采购政策，支持企业创新、维护市场公平秩序具有借鉴价值。

一、领域排名

在对55个国家的各项指标评价中，中国排名情况如表10—7所示。中国排名在第一等级的指标仅有政府采购高新技术产品一项，居于第8位；没有指标排在第二等级；排名在第三等级的指标有三项，分别是政府清廉指数（第45位）、国有企业投资评级（第54位）和国有企业投资在总投资中所占比重（第54位）。综合各项指标的排名情况，我国的政府采购政策评价级别属于“低级”。

表10—7　政府采购各单项指标评价中国排名情况

第一等级	指标	政府采购先进技术产品		
	排名	8		
第二等级	指标			
	排名			
第三等级	指标	政府清廉指数	国有企业投资指数	国有企业投资在总投资中所占比重
	排名	45	54	54

二、指标分析

第一，政府清廉指数。全球创新政策指数报告认为，腐败行为滥用行政权力谋取个人利益，会导致国家财政的巨额负担和巨大的社会成本，造成经济关系中不安全感和不确定感，削弱经济自由。根据2010年清廉指数显示，丹麦、新西兰和新加坡在公共和私营企业贪污情况最少，清廉指数为9.3分，处于清廉的世界领先水平；芬兰和瑞典，分值为9.2分，清廉指数较高；阿根廷、印度尼西亚、越南、菲律宾和俄罗斯的分值都低于3分，在清廉指数方面表现差。我国的得分较低，居第45位。值得注意的是，全球创新政策指数报告在这一指数评价上采用的是2010年的数据，反映的是国际机构对当年情况的评价，而且也要辩证地分析和认识，不断加以完善和改进这方面的工作。

第二，国有企业的投资指数和投资比重。全球创新政策指数报告认为在政府采购中，国有企业的投资比例过高，将会导致市场自由竞争的削弱，因此该指标将分数从10到0排序，国有企业占比重较少或者很少、政府投资占总投资额比例低于15%的国家得分为10分，而以国有企业为主导、政府投资占总投资额比例高于50%的国家得分为0分。按此标准，在所有统计评价的国家中，澳大利亚、奥地利、比利时等26个国家政府投资占总投资额比例低于15%，其中塞浦路斯政府投资比例最低，仅为3.1%。我国政府投资占比最高，政府投资占总投资额比例为53.2%，因此得分为0分，对此也要根据我国国情进行清醒分析和认识。

第三，政府采购先进技术产品。对政府采购先进技术产品情况的评价，在以7分为最优、1分为最差的评分标准中，中国台湾地区、芬兰、卢森堡、马来西亚、新加坡和美国得分最高，在5.4—4.7分；阿根廷、菲律宾和斯洛伐克得分最低，均为2.7分。我国政府采购引进高新技术产品的情况良好，获得了4.5分，紧随美国、丹麦之后排名第8位，领先平均分0.6分（平均分为3.9分），反映出我国的政府采购政策在支持创新方面起到了较为显著的作用。

三、借鉴启示

全球创新政策指数报告对中国的政府采购政策总体评价很低，尤其是由于国有企业在政府采购中所占比例过高，挤占了民营中小企业的竞争机会，一定程度上降低了政府采购市场竞争的自由度。不过，中国在政府采购高新技术产品方面表现优异，居于领先行列。全球创新政策指数报告认为，政府应该合理定位采购政策，使之成为创新的强驱动力；政府采购应该基于政府的价值最大化，而非国家偏好；政府采购政策应该是透明的、无歧视的、开放性竞争的以及以绩效为基础的；各国应避免采取具有本地化倾向的采购政策。

（一）完善政府采购立法，增强法规的可操作性

政府采购的规范运行需要以法律规定作为依据，政府采购能否实现支持本国企业创新发展的目标，取决于是否有完善的法律和政策体系。美国通过严格的立法保护政府强制采购国货，相关的法律制度有《购买美国产品法》、《贸易协定法》、《联邦政府采购条例》等，形成了完整的法律体系。《购买美国产品法》规定，政府出于公共目的必须购买本国产品，除非有关机构或部门的负责人断定本国所供应的货物或服务的价格“不合理”或者不符合美国的公共利益。《联邦采购条例》就“美国产品”做出了界定，定义为“在美国生产或者制造的零部件的成本要超过所有零部件成本的50%”。与之相比，我国的政府采购法对政府采购的目标定位过于原则，没有对执行标准做出规定。虽然规定了政府采购必须购买本国货物、服务和工程，但对何为“本国货物”缺乏明确界定。这种过于宽泛和笼统的规定使得各地区各部门在执行过程中按照各自的理解出台具体的政策措施，难免出现政策执行中的不一致甚至相互矛盾。因此，完善政府采购政策首先需要在立法层面明确政府采购法的实施细则，使各地区各部门的政府采购行为能够规范统一、公平合理。

（二）运用多种政策手段，给予民营中小企业更多竞争机会

从全球创新政策指数报告对我国政府采购的评价可以看出，我国政府采购国有企业所占比重过多，导致私营企业尤其是中小企业难以获得竞争机会，从而削弱了市场的自由度和公平性。中小企业是一个国家经济最具活力的部分，也是各国进行科技创新的主力军。为了给中小企业分享政府采购利益创造条件，各国都利用政府采购政策扶持中小企业发展。如美国

规定了小企业政府采购政策囊括管理机构、报价优惠、合同预留、比例限制等各种政策手段。英国为使中小企业在采购中获得优势，将大宗采购尽量拆分，并专门规定中小企业创新采购占全部政府研发经费的份额。有的国家甚至还对小企业和中小企业再进行细分，使政策更具有针对性和可操作性。①我国的政府采购政策在支持中小企业发展方面，缺乏具体支持采购中小企业产品和服务的落实措施，如价格评审方面的优惠，法定采购比例的要求等。针对这些问题，我国应借鉴他国的成功经验，建立完善扶持中小企业的相关制度，使更多的中小企业通过参与政府采购拓宽企业创新发展道路。

（三）支持企业创新，提高企业核心竞争力

支持企业创新是政府采购政策主要出发点之一。为了支持企业创新，美国政府利用优先采购政策给予高科技产业第一推动力，美国的航空工业、计算机和半导体工业的建立和发展都与政府采购政策扶持不无相关。澳大利亚规定在国际采购中，若国外产品中标，外国供应商应与本国企业或者科研机构进行联合开发和研究，这种附带“义务”的招标方式很好地将国外技术嫁接到国内企业身上，最终促进国内企业创新能力的提高。我国虽然在政府采购高科技产品方面取得了较好的成效，但是与他国相比，在支持方式和手段上还显得比较单一，支持力度还略显不足。应借鉴他国经验，完善政府的首购制度，帮助和引导市场对创新产品的认可和接受，有效地降低创新产品的销售风险。同时积极探索研发合同、联合研究等多种形式，将政府采购产品的生产和研发紧密结合，提升企业创新能力。

第八节　中国高技术移民政策国际比较

高技术移民（high skilled migrant）是国际流动人口群体中具有较高教

---

① 姜爱华、王斐：《典型国家和地区利用政府采购政策促进科技创新的实践经验》，《中国政府采购》2011 年第 6 期。

育程度及文化水准、受过相关产业训练、具备一定工作经验的群体，也是一个国家人力资源中相对活跃、创造力较强并具有国际化特征的人才群体。在全球化深入发展的形势下，吸引和争夺境外优秀高技术移民，积极构建一个大型的高技术人才库对优化我国人力资源结构，提升国际化水平，促进区域经济增长至关重要。目前，中国的高技术移民政策已取得一定的成效，在政策制定方面也进行了一些创新性的尝试。但从总体上来看，中国高技术移民政策创新力度较小，缺乏大的突破，与美国等发达国家相比仍有很大的差距。如果中国高技术移民政策在未来没有大的创新和突破，那么差距将会被进一步拉大。全球创新政策指数报告对55个国家和地区的高技术移民政策进行了评价，其中关于中国高技术移民政策的评价结果，对于优化我国的高技术移民政策具有较强的借鉴价值。

一、领域排名

在对55个国家和地区各单项指标评价中，全球创新政策指数报告使用了三个关键指标、高技术移民的选择率、高技术移民选择率与低技术移民选择率的比率；高技术移民占总人口的比例。评价结果显示，中国在高技术移民领域的综合排名相对落后，为中低级。等级为“高级”的只有加拿大、中国台湾地区、中国香港特别行政区、以色列和新加坡等五个国家和地区，这表示它们在吸引大量外国人才方面拥有最成功的移民政策。排在“中高级”的包括澳大利亚、日本、拉脱维亚、马来西亚、新西兰、菲律宾、南非和美国。其余国家和地区排在“中低级”和“低级”。

二、指标分析

第一，高技术移民的选择率。“选择率”是指高技术移民占移民总人口的比重。许多国家的移民选择系统都尽力确保在引入高学历外籍劳工时有较高的选择率。全球创新政策指数报告使用的数据来源于达克尔（Docquier）等人提供的国际移民数据集。评价结果如表8—3所示。中国高技术移民的选择率为48%，排在第18位。中国台湾地区高技术移民的选择率最高，为78%；其次是菲律宾、日本、南非、中国香港特别行政区、印度、加拿大。选择率最低的是土耳其，为8.8%，其余选择率低于20%的有葡萄牙、墨西哥、保加利亚、意大利。

第二，高技术移民的选择率与低技术移民选择率的比率。中国的该项比率为1.6%，排名26位，低于55个国家和地区的平均值（2.2%），位居中游。中国台湾地区的该项比率最高（11.1%）。其次是加拿大、日本、南非和菲律宾。高技术移民选择率低于低技术移民选择率的国家包括保加利亚、捷克、芬兰、爱尔兰、意大利、希腊、立陶宛、卢森堡、马耳他、墨西哥、葡萄牙、罗马尼亚、斯洛伐克、斯洛文尼亚、西班牙和土耳其。

第三，高技术移民占总人口的百分比。表8—5显示了各国和地区高技术移民与总人口的百分比。中国香港特别行政区、以色列、新加坡的这一百分比最高。澳大利亚、加拿大、新西兰和瑞士也有很高的水平，这些国家和地区由于对高技术人才的涌入持开放态度而获益良多。越南、印度尼西亚、秘鲁等国排名靠后。“人才循环”可以为社会带来新观念、新知识、人才甚至技术。中国的此项百分比为0.05%，远低于各国平均值4.4%，排名倒数第2位，仅好于越南，需要引起重视。

三、借鉴启示

“国际人才梦”是“中国梦”的应有之义，把中国打造成为全球人才的向往之地是实现“中国梦”的必经之路。面对新形势，中国应该顺应国际发展趋势，依据自身国情与实际，探索和完善既符合国际惯例又具有中国特色的高技术移民政策，充分发挥高技术移民在推动经济发展和社会进步方面的积极作用。

（一）提高政策开放度，扩大高技术移民群体规模

从目前中国高技术移民人口的相对数量和未来经济发展的潜在需求来看，高技术移民人口的规模仍有待扩大。全球创新政策指数报告研究结果显示，在中国，高技术移民人口占全部人口的比例仅为0.05%，排在倒数第2位。虽然各个国家和地区由于自身历史传统、文化等方面的不同而导致在高技术移民数量上有所差异，但相对来说，中国高技术移民的总体数

量还是太少。以全部55个国家和地区的平均值4.4%为标准，中国达到平均水平至少还需要引进6000万左右的高技术移民，而目前中国的常住外国专家只有几十万，还有相当大的差距。如果仅仅考虑持有《外国人永久居留证》的外国人数量，那么存在的差距更加巨大。我们应该充分认识到高技术移民群体为经济社会等各方面带来的潜在正面效益，重新审视和调整长期以来采取的从严管理外国人入境工作和排斥外国人获得中国永久居留权与入籍的政策，提高移民政策开放度，在评估安全风险的基础上适度放宽准入标准，推动技术移民立法研究与实践，简化申请审批程序，加快扩大高技术移民群体规模的进程。

（二）以市场调节机制为基础，优化技术移民结构

优化技术移民结构的一个方向是重点引进高技术移民，适当限制中级和低级技术移民，扩大高技术移民人口在全部移民人口中的比例。我国人力资源配置方面存在的基本问题是：一方面是国内普通劳动力市场供大于求，而另一方面则是高级专业人才相对紧缺，特别是在某些行业和技术等级存在较大人才缺口。因此，应该立足于本国人力资源市场现实情况，以市场调节机制为基础，以补充国内人才资源为原则，适度向高技术移民倾斜，优化技术移民结构。优化技术移民结构的一个重要方面应是明确移民政策定位，加大外国籍高技术移民引进力度。目前针对海外人才推出的政策，其实施对象基本都是“留学人员”“优秀留学回国人员”“海外高层次留学人才”等。但从长远来看，我国的高技术移民政策应以非中国籍的外国人才为引进重点。

第九节　中国创新政策No.2.0（升级版）体系建设参考借鉴

全球创新政策指数报告对55个国家和地区的创新政策进行了综合评价，评价结果显示，18个国家和地区处于高级，15个国家和地区处于中高级，13个国家和地区处于中低级，9个国家和地区处于低级。中国创新

政策综合评价为中低级，总体排名相对滞后。其中7个核心政策领域单项评价中，中国只有科学研发领域评价处于“中高级”，国内市场竞争、知识产权、数字化政策和高技术移民四个领域处于“中低级”，而贸易与外国直接投资和政府采购两个领域则处于“低级”。这一定程度上说明，中国的创新政策虽然取得了较大的进步和较好的效果，但总体水平与发达国家相比还存在很大的差距，我们的创新政策体系还存在许多不适应、不协调、不持续的问题。

当前，中国正处于建设创新型国家的决定性阶段，必须更多依靠有效并富有建设性的创新政策来推动创新活动的发展。中国的创新政策体系需要进一步升级转型以适应经济发展升级的要求，打造中国创新政策 No. 2.0（升级版）是中国创新政策未来发展的主要方向。我们需要以更广阔的国际视野、更开放的政策理念、更务实的改革精神来直面中国创新政策中存在的种种问题，积极借鉴吸收国内外先进的研究成果，进一步推进中国创新政策的科学化进程。根据全球创新政策指数报告的评价结果和中国创新政策的实际情况，中国创新政策 No. 2.0 体系建设应该更加关注以下五个要素。

一、政策理念

理念是对事物最本质特征的概括，体现着人类实践活动的核心价值观。先进科学清晰的政策理念应是中国创新政策 No. 2.0 体系的思想基础。全球创新政策指数报告贯穿的一些政策新理念，特别是体现在7大核心政策领域中的政策思想及其评价标准，体现了积极的政策理性精神，值得我们学习和借鉴。全球创新政策指数报告更加强调市场主导、公平竞争、简政放权等，全球创新政策指数中国评价结果排名落后的指标，多与此有关。全球创新政策指数报告同时强调全球创新、开放共赢、生态系统等，强调正确理解本国利益最大化与全球整体创新能力提升的辩证关系，积极寻找二者之间的平衡点以促进各国经济的共同发展等。这些都为我们认识政策本质，倡导政策理性，指导政策实践，提供了价值观、认识论和方法论基础。

二、政策取向

全球创新政策指数报告中关于我国创新的市场环境和制度环境评价相对较低，一定程度上说明我们仍存在重创新供应推力、轻市场需求拉力和环境影响张力的现象。近年来，越来越多的国家逐渐认识到需求侧和环境侧创新政策的重要性，需求侧和环境侧创新政策正逐步整合到各国的创新政策体系中。新的发展阶段，我们的政策着力点要重视从发展科技的政策向科技发展的政策转变，要强调市场基础作用发挥，要重视科技政策向创新政策转变的发展趋势。通过有效的需求侧政策工具和构建良好的政策环境来促进创新的发展。

从供应侧向需求侧和环境侧的政策重心转移应成为中国创新政策 No. 2. 0 体系的发展取向。从创新政策对创新活动的作用方式来看，创新政策主要通过推力、拉力和张力等三种力来影响创新活动。推力一般是由供给侧创新政策产生，该类政策主要包括为企业提供创新种子资金，高等教育机构为企业提供人员等；拉力主要由需求侧创新政策产生，该类政策主要包括地方和中央政府的政府采购政策，帮助企业开拓国际市场等；张力一般由环境侧创新政策产生，政策环境对创新活动并不直接产生推力或拉力，而是具有一种类似于表面张力的作用，通过营造良好的政策环境，诱使创新活动发生和推进。环境侧创新政策主要包括行业相关的法律和法规、企业的税收优惠以及信用担保等。①

三、政策结构

创新政策结构优化应成为中国创新政策 No. 2. 0 体系建设的重要内容。全球创新政策指数报告中关于我国创新政策评价排名较为落后的涉及税率、世界贸易组织规则、国有企业比重、审批程序繁杂、信用体系不健全、软件盗版率、市场准入等指标。尽管只是一家之言，也一定程度上揭

① 有研究人员认为，法规和税收等环境政策可归类于需求政策。这种观点上的差异可能和需求政策定义的边界不同有关。

示了我们的政策“短板”。创新政策要从重视创新要素政策到重视创新系统政策转变，注重科技政策、经济政策、社会政策的整合，促进政策链与创新链对接。创新政策结构优化，要关注各省市创新政策的开放和协同，克服创新要素市场分割，促进要素自由流动和资源高效配置，避免零和竞争，发挥政策的协同效应，推动国家整体经济的健康发展。同时要注意立足中国国情，突出创新政策的中国特色。全球创新政策指数报告中的55个国家和地区拥有不同的国情，在全球创新生态系统中扮演不同的角色，其创新活动也分别处于全球创新链的不同环节。

创新战略决定创新政策，创新政策支撑创新战略。因此，好的创新政策只能借鉴，不能照搬。对中国而言，就是要更加立足中国国情，审慎考虑自己拥有的资源和能力，制定和实施有针对性的创新政策，引导创新资源流向全球创新链中最适合中国或中国在其中可能大有可为的环节，提升中国在全球创新生态系统中的地位。

四、政策对话

创新政策的国际对话与交流合作应是中国创新政策 No. 2.0 体系建设的重要要求。增强中国科技国际竞争力要与扩大中国创新政策国际影响力同频共振。全球创新政策指数报告对中国部分领域创新政策的评价结果，如关于中国存在操纵汇率、中国政府采购政策不够公平等偏颇观点，一定程度上反映了国外学术界、产业界对我国自主创新政策的误解或歪曲，也说明了同步加强我国在科技创新国际化进程中相关政策体系建设的重要性和紧迫性。应该把创新政策的国际对话与内外协调作为我国国际科技交流与合作特别是科技外交工作的重要内容，积极参与国际科技规则规范制度建设，加强中国与世界科技的沟通和协调，增进理解和信任。

五、政策评价

政策评价应成为中国创新政策 No. 2.0 体系建设的形势要求。什么是好政策？政策是否越多越好？政策过程需要重点关注哪些利益相关者？政策质量和效果已得到越来越多的关注，政策评价已成为越来越重要的课题。没有评价，就没有管理。全球创新政策指数建构的创新政策评价指标和方法，无疑对推进中国科技创新政策评价工作具有直接参考意义。当前，总体上我国科技政策的跟踪、监测、评价工作仍较为滞后，急需推进中国包括地方科技政策跟踪、监测、评价工作，发挥以评价促发展的作用。政策需要评价，评价有利于发展。

附录一
基金会简介

美国信息技术与创新基金会简介

美国信息技术与创新基金会（The Information Technology and Innovation Foundation，简称 ITIF）成立于 2006 年，是一个活跃于华盛顿的非营利非党派的技术政策方面的智库。自我定位为致力于构思和促进 21 世纪所需的有关技术驱动的生产力、竞争力和全球化的新思维，着重开发新颖并具有创造性的政策建议，从支撑创新和生产力的视角分析现有的政策问题，反对阻碍数字化改造和创新的政策等。美国知名科技博客媒体（Ars Technica）认为该基金会是“最领先的、最多产的智库之一”。美国宾夕法尼亚大学智库和公民社会研究项目评价其是世界上排名第 5 位、美国排名第 3 位的最权威的科技智库。

信息技术与创新基金会主席罗伯特·D. 阿特金森博士（Robert D. Atkinson）曾任美国进步政策研究会（PPI）技术创新和新经济项目小组主任、美国国家创新和竞争力战略顾问、白宫科学和政策办公室中美创新政策联合专家组组长等职，也是《创新经济学：争夺全球优势》（耶鲁大学出版社，2012 年）等书的作者。

美国信息技术与创新基金会网址：http://www. itif. org。

考夫曼基金会简介

20 世纪 60 年代中期成立的美国考夫曼基金会（The Kauffman Founda-

tion），是全美第26大基金会，也是全美唯一一家致力于推动创业的大型基金会。该基金会秉承“构建创业社会、推动个人创业、促进社区发展”理念，致力于推动全美创业环境的发展，为促进就业、创新创业、经济腾飞做贡献。内容包括：研究创业的经济影响力，培训新一代创业领袖，推广旨在提升创业能力和技术的活动，促进创业环境的完善等。

考夫曼基金会网址：http://www.kauffman.org；http://www.twitter.com/kauffmanfdn；http://www.facebook.com/kauffmanfdn。

附录二
专业词汇表

a bedrock pillar：支柱（第九章）

A Priority Watch List：重点观察名单（第五章）

a win-win proposition：双赢的提案（做法、局面）（第八章）

Acquiring Property：资产获得（第四章）

Administrative Opacity：行政透明度（第四章）

Affordability：可购性（第六章）

Barrier：壁垒（第四章）

Bayh-dole Act：拜杜法案（第三章）

brain circulation：人才环流（第八章）

Bribe：贿赂（第四章）

BRIC：金砖四国（第三章）

Broadband Penetration：宽带普及（第六章）

“buy local” policy：购买国货政策（第七章）

competition effect：竞争效应（第二章）

Consumer Price Index（CPI）：居民价格消费指数（第七章）

Core innovation policy：核心创新政策（第一章）

Corruption-Free：无腐败（第四章）

currency manipulation：汇率操纵（第九章）

Cyclical feedback：周期性反馈（第五章）

Digital policy：数字政策（第六章）

domestic investment rates：国内投资率（第四章）

Domestic Market Competition：国内市场竞争（第四章）

duty-free importation：免税进口（第二章）

e-government applications：电子政务应用程序（第七章）

e-government services：电子政务服务（第六章）

EIU（The Economist Intelligence Unit）：经济学人集团（第六章）

employer-led selection：雇主提名制（第八章）

Enabling technology：使能技术（第五章）

Enforcing contract：执行合同（第四章）

Entrepreneurship：创业（第四章）

exchange rate manipulation：汇率操纵（第二章）

FDI：外国直接投资（第一章）

FTA（Free Trade Agreement）：自由贸易协定（第二章）

Global innovation：全球创新（第三章）

Global North：发达国家（第五章）

Global South：发展中国家（第五章）

Global Trade Alert（GTA）：全球贸易预警组织（第七章）

Government Procurement：政府采购（第七章）

Government R&D Expenditure on Defense：国防研发支出（第三章）

Group of Seven：七国集团（第一章）

High-Skilled Immigration：高技术移民（第八章）

ICT（ Information And Communications Technology）：信息与通信技术（第六章）

illegal immigration：非法移民（第八章）

Industrial cluster：产业集群（第三章）

Industry policy：产业政策（第一章）

Infrastructure Access：基础设施接入（第六章）

Innovation capacity：创新能力（第五章）

Innovation ecosystem：创新生态系统（第一章）

Innovation tragedy：创新战略（第一章）

Intellectual Property Theft：知识产权侵权（第五章）

Intellectual property：知识产权（第三章）

invisible barrier：无形障碍（第六章）

IP-intensive industry：知识密集型产业（第五章）

（ITA）Information Technology Agreement：信息技术协议（第六章）

ITIF（The Information Technology and Innovation Foundation）：信息技术与创新基金会（第一章）

Knowledge spillover：知识溢出（第五章）

Labor Markets：劳动力市场（第四章）

labor resource constraints：劳动力资源限制（第八章）

marginal cost：边际成本（第二章）

Market Access Policy：市场准入政策（第六章）

market access：市场准入（第九章）

Market Dominance：市场垄断（第四章）

maximum ad valorem duty：最高从价税（第六章）

nominal tariff：名义关税（第六章）

Non-Defense Government R&D Expenditure：非国防研发支出（第三章）

non-tariff barrier：非关税壁垒（第二章）

OECD（Organization for Economic Co-operation and Development）：经济合作与发展组织（经合组织）（第一章）

Patent thickets：专利丛林（第五章）

points-based system：计点积分制（第八章）

positive-sum game：正和博弈（第二章）

PRS Group：政治风险服务集团（第五章）

R&D tax incentive：研发税收激励（第三章）

R&D（Research & Development）：研发（第三章）

Recovery Rate：回收率（第四章）

Regional innovation：区域创新（第三章）

regulatory：监管（第四章）

Rigidity of Employment：刚性就业（第四章）

RIP（Reference Interconnection Offer）：互联双边协议（第六章）

selection rate：选择率，筛选比率（第八章）

Silicon valley：硅谷（第三章）

SMEs（small and medium-size enterprise）：中小企业（第四章）

SNS（social networks）：虚拟社交网络（第六章）

spectrum reform：频谱改革（第六章）

spillover effect：溢出效应（第二章）

Synergistic effect：协同效应（第三章）

talent pool：人才库（第八章）

tariff barriers：关税壁垒（第九章）

tariff barrier：关税壁垒（第二章）

Tax credit：税收抵免（第三章）

Technology transfer：技术转让（第五章）

the BRIC countries：金砖四国（第七章）

the dynamic gains：动态收益（第二章）

The Innovation Policy Triangle：创新政策三角（第一章）

the National Development Reform Commission：（中国）国家发展和改革委员会（发改委）（第七章）

The Patent Right index：专利权指数（第五章）

The spillover effect：溢出效应（第五章）

the static gains：静态收益（第二章）

The U. S. A Trade Representative Office's Special 301：美国贸易代表办公室特别 301 报告（第五章）

the World Trade Organization's Government Procurement Agreement（GPA）：世贸组织政府采购协议（第七章）

the world trading system：世界贸易体系（第七章）

Total factor productivity：全要素生产率（第一章）

trade facilitation：贸易便利化（第二章）

trade liberalization：贸易自由化（第二章）

trade-distorting implementations：扭曲贸易实现（第七章）

transparency international's corruption perceptions index：透明国际所作的清廉指数（第七章）

Valley of death：死谷（第三章）

value chain：价值链（第二章）

VINNOVA：瑞典国家创新局（第七章）

Virtuous cycle：良性循环（第五章）

Watch List：观察名单（第五章）

WEF（World Economic Forum）：世界经济论坛（第六章）

Zhongguancun science and technology park：中关村科技园（第三章）

后　记

本次编译工作由上海科学技术政策研究所（1987年经上海市科委批准成立，隶属上海科技管理干部学院）杨耀武所长主持完成，上海科技管理干部学院王建平院长给予了热情指导和大力支持。全书统稿工作由郭华、魏喜武具体负责，最后由杨耀武审校通过。上海科学技术政策研究所、上海科技管理干部学院外语系与管理系多位老师共同参加。

各部分翻译者为：序（杨耀武），摘要（魏喜武、郭华），第一章（潘晓燕、吴媛媛），第二章（顾承卫、吴媛媛），第三章（吴媛媛、顾玲琍），第四章（沈晓维、刘振峰、凌媛媛），第五章（龚晨、郭华），第六章（沈晓维、张新民），第七章（吴媛媛、薛霞），第八章（郭华、魏喜武），第九章（魏喜武、郭华），第十章（杨耀武、魏喜武、龚晨、顾玲琍）。

本书的顺利出版，得益于上海市科委发展研究处骆大进、段晓阳等同志的大力支持，得益于中国人事科学研究院原院长吴江研究员、副院长柳学智研究员、国外人力资源研究室主任苗月霞研究员以及有关工作人员的热情指导，得益于党建读物出版社编辑的辛勤劳动。对于他们的支持和帮助，在此深表感谢。

政策张力是创新活力的重要因素。创新驱动发展，经济转型升级，将越来越需要重视推进科技政策科学化进程。新形势下中国特色科技创新政策模式转变和体系建设，将是重要的实践课题。书中如有疏漏之处，欢迎批评指正，期待共建共享。

编译者

2014 年 6 月

图书在版编目(CIP)数据

全球创新政策指数报告. 2012 / (美)阿特金森,(美)埃泽尔,(美)斯图尔特著 ; 杨耀武等编译 ; 中国人事科学研究院编. —北京 : 党建读物出版社,2014. 6

(人才强国研究出版工程. 国外人才发展丛书)

ISBN 978-7-5099-0469-5

Ⅰ. ①全… Ⅱ. ①阿… ②埃… ③斯… ④杨… ⑤中… Ⅲ. ①人才政策—研究报告—世界—2012 Ⅳ. ①C964. 1

中国版本图书馆 CIP 数据核字(2013)第 284693 号

全球创新政策指数报告

QUANQIU CHUANGXIN ZHENGCE ZHISHU BAOGAO

(2012)

(美)阿特金森,(美)埃泽尔,(美)斯图尔特 著

杨耀武,郭华,魏喜武 等编译

中国人事科学研究院 编

责任编辑:杜念峰 **责任校对:**张学民 **封面设计:**创造力

党建读物出版社出版发行

http://www.djcb71.com

(北京市西城区南横东街 6 号 邮编:100052 电话:010-58587632 / 7681)

新华书店经销 保定市中画美凯印刷有限公司印刷

710 毫米×1000 毫米 16 开本 21.25 印张 337 千字

2014 年 6 月第 1 版 2014 年 6 月第 1 次印刷

印数: 1—3000

ISBN 978-7-5099-0469-5 定价: 53. 00 元